做幸福的教育人

ZUO XINGFU DE JIAOYUREN

陈 俊◎著

本书由安徽师范大学教育基金会宝文基金资助出版

安徽师范大学出版社
·芜湖·

责任编辑:童　睿　彭京亚
装帧设计:丁奕奕
责任印制:郭行洲

图书在版编目(CIP)数据

做幸福的教育人/陈俊 著.—芜湖:安徽师范大学出版社,2015.1
ISBN 978-7-5676-1719-3

Ⅰ.①做… Ⅱ.①陈… Ⅲ.①英语课—教学研究—中小学 Ⅳ.①G633.412

中国版本图书馆 CIP 数据核字(2014)第 290968 号

做幸福的教育人
陈　俊　著

出版发行:安徽师范大学出版社
芜湖市九华南路 189 号安徽师范大学花津校区　　邮政编码:241002
网　　址:http://www.ahnupress.com/
发 行 部:0553-3883578 5910327 5910310(传真)　E-mail:asdcbsfxb@126.com
印　　刷:安徽宣城海峰印刷包装有限公司
版　　次:2015 年 1 月第 1 版
印　　次:2015 年 1 月第 1 次印刷
规　　格:787×1092　1/16
印　　张:18
字　　数:470 千
书　　号:ISBN 978-7-5676-1719-3
定　　价:38.00 元

做幸福的教育人

——让优秀成为一种习惯(代序)

树立幸福教育的梦想

30年前,父亲担着我的行李,送我到长风中学。从此,我的教育生涯开始了。

长风中学,坐落在安庆远郊的一座山头上,一旦下起雨来,鞋底上会粘着一层厚厚的泥土,饮用的水会沉淀不少黄土……这里的条件是我始料未及的,也是一般人难以想象的,虽然如此,我依然“苦中作乐”,因为这里有我热爱的学生,有我钟爱的教育事业。这一切也缘于从教的父亲对我长期的教育和熏陶,感谢父亲的教诲,我才有了今天些许的进步。

人生应该有梦想,我们的梦想应该与教育的梦想结合起来。一个教师的价值不在于他教了多少年书,而在于他用心教了多少年书。志存高远,向教育科研要质量,做思考的实践者,做实践的思考者,做一名充满智慧和诗意的幸福教师。而建立良好的师生关系,进行心灵的交流,看到学生的点滴进步,就像自己进步了一样,这就是幸福教育的朴素表现。我将学生的40多篇英语习作推荐发表在《英语画刊》等报刊上,我为我的学生感到自豪的同时也感到幸福。

教研员在教研活动中不只是组织者,而且还是参与者、引领者。一位优秀的教研员就是一支优秀的学科教师队伍。

我力求在每次教研活动中都给教师们带来新的理念、有益的见解,为教师进修和教研服务。我的讲座“校本教研,教师成长的良田沃土”发表于《中国民族教育》,“新课程 新理念 新景观——英语课程标准与英语教学”与“任务型教学理论与实践”连载于《英语周报》达半年之久,“走进新课程 实践新理念”发表于《英语学习辅导》等。这些成果不仅激励着我不断前进,也让我更加坚定了幸福教育的梦想。

构筑专业成长的梦想

教研员被誉为“教师的教师”,对教师的成长起着唤醒、点拨、引领的作用。教研员引导教师并通过教师引导学生迈上更高的台阶;引导教师不断地完善自身,提高能力,追求成功。教师的专业成长主要靠内在的动力,我们要向名师学习,像名师那样关爱学生,拥有一颗爱心,拥有一颗进取心,加强反思,形成独特的教学思想;我在实践中始终努力践行着这样的理念,开设了“与名师为友 创精彩人生”等讲座,讲座发言稿曾发表于全国核心期刊《中小学教师培训》。

阅读经典使教师站在大师的肩膀上前行。近年来,我们组织开展了新春读书报告会,激发了教师的读书热情。这样,学生在学校能看到"精神明亮的人",能找到人生的精神标杆,能跟随真正的读书人一起学习。

教研员与校长一样,要有大海般的胸怀,真诚地帮助教师,看到教师的进步犹如自己进步了一样。我们开设了"修炼内功 走向成功""成为有思想的教师""行走在理想与现实之间"及"How to Be a Successful English Teacher"等有关教师成长的主题讲座,"投身课程改革 做研究型教师"连载于《英语周报》,"务实创新 追求卓越 做理想的教师"发表于《教育艺术》,"探寻名师成长规律 提升教师队伍素质"发表于《中小学校长》。

追求生命课堂的梦想

一节好课是激情与智慧和谐统一、师生和谐相处的生态课堂。针对课堂教学,我们举行了"关于课堂教学的几点思考"(发表于《基础英语教育》)、"创造生态课堂 促进师生发展"(发表于《英语周报》)、"同课异构 和谐共进""Enthusiasm, Wisdom, Actirity and Development"等讲座,在主持开展国家级课题"任务型教学理论与实践"实验中,我们提出了生态课堂的主张,在构建生态课堂上做出了积极的探索,取得了有益的成效。课题成果《实施任务型教学 享受教育的幸福》获中国教育学会外语教学专业委员会优秀科研成果一等奖,讲座"创造充满生命活力的课堂"获中央教科所全国优质教育成果一等奖。

探寻教育主张的梦想

一位有梦想的优秀教师应当有也必须有自己的教学思想,唯有此,我们才能释放出一种精神感召力,才能谱就出一首快乐、幸福的当代教育的和谐乐章。我不懈努力,探索创新,形成了"激发兴趣 指导交际 精讲知识 培养能力 加强反馈"20字英语教学法(刊于《中学教学参考》,获中国外语学习学研究会优秀科研成果一等奖)、英语比较教学法(刊于全国核心期刊《中小学英语教学与研究》,主张英语语音、词汇、语法、文化可以通过比较来教学)、"兴趣开路 任务推进 学会学习"英语学习方式(刊于《中学外语教与学》,获中国教育学会外语教学专业委员会优秀科研成果一等奖,主张英语学习兴趣优先,学习活动化,活动生活化,变学会为会学,倡导主动发展)、"纵向搜索 横向贯通 综合演练"英语三轮复习法(刊于《中国高校招生》,主张课本为经、纵向搜索、夯实基础,语法为纬、横向贯通、形成网络,纵横交织、综合演练、深化提高,运用该复习法可全面提高学生运用语音、词汇、语法进行听、说、读、写的交际能力)及"归纳 浏览 联想"复习法(刊于《学英语》,依据考点分类归纳,使学生复习能举一反三,以一当十,既见树木又见森林,起到事半功倍之效;这两种复习法被

20 多家报刊转载,配套用书由新世界出版社、江苏教育出版社及青岛出版社出版)。

成就科研兴教的梦想

课程改革要求我们成为一名研究者,成为一名研究型的教师。当一名幸福的研究型教师,是当代教师追寻的目标。教育科研是名师与普通教师的分水岭。教育科研不可畏,用心感悟,反思前行,积累、沉淀、思考、总结、内化、升华就是从事教育科研的有效做法。

教学是研究不竭的源头活水,研究是教学富有生命与活力的有力保障。教育研究与写作使教师站在自己的肩膀上攀升,教育研究与写作尤其是课题实验为教师的成长插上了腾飞的翅膀。善于反思必定受益无穷。反思要从我们的日常生活开始,关注我们每天都要进行的备课、上课、听课与研课活动。

一线教师具有丰富的教学实践经验。教研员是一座桥梁,有责任、有义务、更有优势引导教师将实践经验上升为理论成果,用先进理论指导实践。做有心人,做有用功,成就学生,成就自我。我与一线教师共研究同成长,指导教师发表教学案例、论文 50 余篇,辅导学生发表习作 40 余篇。我们主办了"庆入世 迎奥运"英语演讲大赛,我将大赛作品整理、完善,形成了《新世纪中学生英语演讲精粹》(初、高中版),由新世界出版社出版;我把新课改以来的讲座、研究成果进行了归类、梳理,由吉林教育出版社出版了著作《新课程理念下的英语教学》;我们主持开展了国家级课题"任务型教学理论与实践",作出了积极的探索,课题著作《任务型教学理论与实践》由团结出版社出版,并获安徽省十年课改成果一等奖。

笔者主办过"与名师为友 创精彩人生""关于课堂教学的几点思考""校本教研,教师成长的良田沃土"等讲座 200 多场次,在《光明日报》《中国民族教育》《中小学教师培训》《中国高校招生》等报刊上发表了 400 余篇论文,《英语基础教育前瞻》《基础教育英语教学法探讨》等 10 余篇被中国人民大学书报资料中心刊物全文转载,《农村基础教育的困境和出路》《加强教育反思 做研究型教师》《中考英语命题述评与展望》等 30 余篇获全国优秀论文或成果一等奖。完成了"名师成长经验研究""农村英语教学现状与改造方法""任务型教学的理论与实践""创建双语特色学校理论与实践研究"等五项省级以上课题的研究,出版的著作有《课程标准新教案》《中、高考英语词汇手册》《阅读科普》一套八册系列丛书和《职业教育英语教材》。笔者被评为安徽省特级教师、全国优秀外语教师、全国外语教师园丁奖、全国中小学英语教学能手、安徽省学术和技术带头人、安徽省优秀教师、安徽省课程改革先进个人,享受安徽省人民政府津贴。

实施科研兴教,有力地促进了安庆市英语课程改革的发展。科研是源,教学是流。近年来,安庆市英语教师在省级以上报刊发表论文、案例、课题实验成果报告千余篇,其中 10 余篇被中国人民大学书报资料中心刊物全文转载;获省级以上论文奖项100余次，指导学生发表英语习作100余篇，出版理论专著两册；四位教师的教学设计入选《全国名师新秀大课堂》一书；《英语学习辅导》刊物曾开辟专栏“吴老师课堂”分6期刊载吴雄英老师指导学生学习的文章；近年来，安庆市英语教师荣获全国优秀外语教师称号、全国外语教师园丁奖10余人，被评为省教坛新星、特级教师、学科带头人40余人次。

“功崇惟志，业广惟勤。”圆中国梦、教育梦，需要我们每一个人继续付出辛勤劳动和艰苦努力。我们要志存高远，增长才干，树立幸福教育的梦想，构筑专业成长的梦想，追求生命课堂的梦想，探寻教育主张的梦想，成就科研兴教的梦想，让生命在时代进步中焕发出绚丽的光彩。

我们都是怀揣激情、怀抱梦想的人，我们都有一个复兴民族、强大国家、幸福家庭、完善自我的“中国梦”“教育梦”，让我们共同做一个美丽的“中国梦”、多彩的“教育梦”。

让优秀成为一种习惯，做幸福的教育人，是我一生的追求。这本书正是我30年教育生涯的纪实，愿与您分享。

2014年12月27日

CONTENTS 目 录

——·学习策略与方法篇·——

——·教育评价篇·——

——·教育研究篇·——

——·教师成长篇·——

——·课程改革篇·——

走进新课程　实践新理念

走进新课程,是一种全新的体验,全新的感受:我们构建"学习活动化,活动生活化"的任务型乐学课堂(task-based language learning),关注"全人教育"(whole-person education),关注学生的学习兴趣和已有的生活经验、学习经验,关注学生在教学过程中的体验、情感、态度和价值观的形成,关注学生的发展;走进新课程,我们创造出民主、轻松、和谐的学习氛围,学生相互合作,个性得到张扬,英语课堂充满活力;走进新课程,我们注重语言实践,注重学习过程,学生的语言技能、语言知识、情感态度、学习策略和文化意识等语言综合素养得到提高;走进新课程,我们组织、促进与引导学生学习,师生互动,共同成长;走进新课程,我们涉猎其他领域,博采众长,不断更新、完善自己的知识结构,发展多元智能(multiple intelligences)。

英语课程的学习,既是学生通过英语学习和实践活动,逐步掌握英语知识和技能,提高语言实际运用能力的过程;又是他们磨砺意志、陶冶情操、拓展视野、丰富生活经历、开发思维能力、发展个性和提高人文素养的过程。

基础教育阶段英语课程的任务是:激发和培养学生学习英语的兴趣,使学生树立自信心,养成良好的学习习惯和形成有效的学习策略,发展自主学习的能力和合作精神;使学生掌握一定的英语基础知识和听、说、读、写技能,形成一定的综合语言运用能力;培养学生的观察、记忆、思维、想象能力和创新精神;帮助学生了解世界和中西方文化的差异,拓展视野,培养爱国主义精神,形成健康的人生观,为他们的终身学习和发展打下良好的基础。

一、素质教育观:注重素质教育,体现语言学习对学生发展的价值

基础教育阶段英语课程的总体目标是培养学生的综合语言运用能力,为他们继续学习英语和未来发展创造有利条件。语言既是交流的工具,也是思维的工具。学习一门外语能够促进人的心智发展,有助于学生认识世界的多样性,在体验中外文化

的异同中形成跨文化意识，增进国际理解，弘扬爱国主义精神，形成社会责任感和创新意识，提高人文素养。

素质教育就是在实施智力教育的同时开展品格教育，关注学生的情感，激发他们学习英语的兴趣，帮助他们建立学习的自信心和成就感，学会学习，提高人文素养，增强实践能力，培养创新精神。

素质教育是为学生的一生负责。新课改以来，素质教育的优势越来越显现：

	应试教育	素质教育
教学观	知识为本	以人为本
教学方法	封闭型：讲解、传授	开放：启发、发现
教学模式	教师、课本、教室	学生、活动、任务
互动模式	单向传输	双向互动、多向交流
学生角色	被动听讲、死记硬背	主动参与、合作学习
教师	知识传授	传授、组织、指导、咨询
教学要求	统一标准	面向全体、尊重差异
教学评价	统一测试与标准	综合评价、过程与结果

二、人本主义教育观：面向全体学生，关注语言学习者的不同特点和个体差异

以人为本，促进学生的发展是英语课程的出发点和归宿。语言是最重要的交际工具，也是最重要的文化载体，语言学科的基本属性就是工具性与人文性的和谐统一：其工具性只有与人文性统一，才能焕发强大的生命力；其人文性只有以工具性为基础，才能成为有源之水，源远流长，发挥学科育人的功能。课堂教学的目标是根据知识和能力，过程和方法，情感、态度和价值观 3 个维度设计，前两个维度体现工具性，后一个维度体现人文性；三个维度相互渗透，融为一体，就是工具性、人文性统一的体现。学生学习英语的过程，也是增长知识，掌握技能，学习文化，提高语言运用能力，丰富情感，陶冶情操，启发想象，展开联想，进行创造性思维，促进人际沟通、社会交往，培养合作精神、健康个性和良好习惯的过程。英语课程在目标设定、教学过程、课程评价和教学资源的开发等方面都突出以学生为主体的思想，我们要面向全体，尊重差异，因材施教，用一把钥匙开一把锁，使每个学生都各得其所，通过英语教学发展学生的语言、音乐、运动、思维、内省、人际交往等多元智能。

英语课程应成为学生在教师的指导下构建知识、发展技能、拓展视野、活跃思维、展现个性的过程。由于学生在年龄、性格、认知方式、生活环境等方面存在差异，他们具有不同的学习需求和学习特点。只有最大限度地满足个体需求，才有可能获得最大化的整体教学效益。

三、综合语言运用能力观：整体设计目标，充分考虑语言学习的渐进性和持续性

在英语课堂上，学生不仅仅要掌握一定的语言知识、提高语言技能，更重要的是要发展乐于交流的情感态度、任务型的学习策略及一定的文化意识，培养英语综合语言运用能力。新课标将课程目标各级别以学生“能够做某事”具体描述，这体现学生能力发展循序渐进的过程和课程要求的有机衔接，保证新课标的整体性、灵活性和开放性。

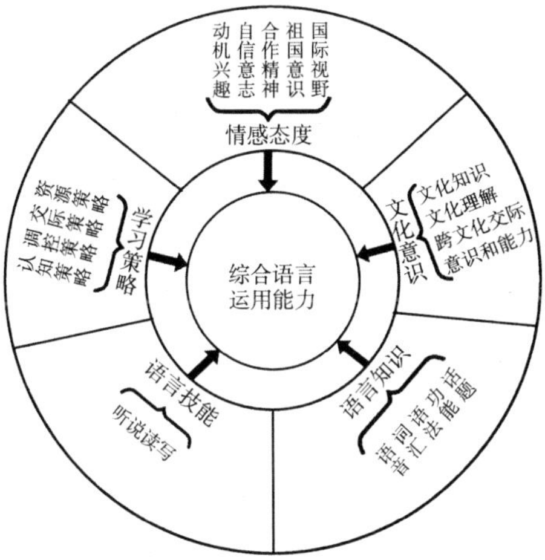

英语学习具有明显的渐进性和持续性特点。语言学习持续时间长，而且需要逐渐积累。基础教育阶段英语课程的目标设为9个级别，旨在体现小学、初中和高中各学段课程的有机衔接和各学段学生英语语言能力循序渐进的发展特点，保证英语课程的整体性、渐进性和持续性。英语课程应按照学生的语言水平及相应的等级要求组织教学和评价活动。

四、实践性语言学习观：强调学习过程，重视语言学习的实践性和应用性

现代外语教育注重语言学习的过程，强调语言学习的实践性，主张学生在语境中接触、体验和理解真实语言，并在此基础上学习和运用语言。英语课程提倡采用既强调语言学习过程又有利于提高学生学习成效的语言教学途径和方法，尽可能多地为学生创造在真实语境中运用语言的机会。

教学的目的是帮助每一个学生进行有效的学习，使每一个学生得到充分的发展。走进新课程，我们通过任务型教学等途径，扬起一面“为学习服务”的大旗，引导学生

运用语言去做事、去做有意义的事，通过感知、体验、实践、参与、探究和合作等方式，实现任务的目标，发现语言规律，逐步掌握语言知识和技能，不断调整情感态度，形成有效的学习策略，发展自主学习能力。

五、发展性评价观：优化评价方式，着重评价学生的综合语言运用能力

英语课程评价体系要有利于促进学生综合语言运用能力的发展，要通过采用多元优化的评价方式，评价学生综合语言运用能力的发展水平，并通过评价激发学生的学习兴趣，促进学生的自主学习能力、思维能力、文化意识和健康人格的发展。评价体系应包括形成性评价和终结性评价。日常教学中的评价以形成性评价为主，关注学生在学习过程中的表现和进步；终结性评价着重考查学生的综合语言运用能力，包括语言技能、语言知识、情感态度、学习策略和文化意识等方面。

注重过程评价，促进学生发展。多一把尺子就多一批好学生，学生各具特色，在各自的领域表现出自己的聪明才智，我们要用千人千面的观点、多元智能理论、发展性的眼光评价学生，呵护他们的自尊心，培养他们的自信心和成就感，鼓励他们的发展。

六、全新的课程资源观：丰富课程资源，拓展英语学习渠道

全新的课程资源观是一节优秀课不可或缺的要素。语言学习需要大量的输入，丰富多样的课程资源对英语学习尤其重要。英语课程应根据教和学的需求，提供贴近学生、贴近生活、贴近时代的英语学习资源。创造性地开发和利用现实生活中鲜活的英语学习资源，积极利用音像、广播、电视、书报杂志、网络信息等，拓展学生学习和运用英语的渠道，帮助学生学得积极有效、轻松愉快。

基础教育课程改革是一项“为了中华民族的复兴，为了每个学生的发展”的、关系到几代人的宏伟工程，伴随着新一轮课程改革的深入实施，新课程生机盎然、万象更新的春日走进了我们的生活。我们不仅要做课程的实施者，更要做课程的研究者和发展者，做专家型、学者型的教师，争当教育家，不做教书匠。让我们一起走进新课程，抓住课改的契机，认真学习有关文件，切实领会新课标的精神实质，提升自我，与时俱进，实践新理念，以人为本，投身课改，积极实践，大胆探索，采用多元有效的教学途径，创造更具生命活力的课堂，倡导体验参与，发挥学生的多元智能，诱发学生的内驱力，注重发展性评价，教会学生学会求知、学会做事、学会做人、学会生存（learn to know, learn to do, learn to be and learn to live），促进全体学生全面、主动地发展，用我们的热情、智慧和无穷的创造精神，谱写英语教育的美好未来。

关于中小学外语教学的几点思考

随着21世纪的到来,人类进入信息化时代,科技发展日新月异。社会生活的信息化和经济活动的全球化使外语,尤其是英语,日益成为我国对外开放和与各国交往的重要工具。

改革开放以来,我国中小学外语教育取得了令人瞩目的成就。尤其是1996年李岚清副总理在全国外语教学座谈会上的谈话发表之后,全国的外语教研氛围空前浓厚,广大外语教师的教学观念得到了更新,教学方法有了一定改进,外语教学有了长足的发展,全国每两年举行一次中学英语优质课、小学英语优质课评选活动,涌现出一大批优秀教师、教坛新星、专家、学者型的教师……令人欣慰不已!

在肯定成绩的同时,我们也要正视存在的不足。我们曾进行过一次英语教师问卷调查,内容涉及教师的基本情况、对现行教材的评价及改进意见、对本学科教学现状的评价与建议、在教学中有何成功的做法、在教学与教研中有何困惑、对本学科教研有何建议。现将调查结果、我们的工作见闻和体会略作概述。

一、对中小学外语教学现状的分析与对策

有些外语教师由于长期使用统编教材或过去接受的是统编教材的培训,习惯了统编教材教法,一支粉笔、一块黑板一成不变,贪图省事,因循守旧,“穿新鞋,走老路”,课堂教学“一言堂”,对学生强注硬灌,罚抄单词、课文数十遍者依然存在,应试教育色彩甚浓,科研意识不强,患“聋哑综合症”的学生依然不少,农村地区尤其如此,教学总体上“费时较多,收效较低”,陷入“勤勤恳恳地教书,辛辛苦苦地害人”的误区和怪圈,阻碍了学生的主动发展和个性培养,扼杀了学生的学习兴趣,致使其厌学、偏科。另一种现象就是:一味地强调交际,而忽视对基础知识的传授,导致学生的学习是“课上热闹,课下忘掉,测试低效”。我们的外语教学由“重知识,轻能力”转向了“重能力,轻知识”的极端;由于知识严重不足,无系统性可言,导致各项“能力”成为无源之水、无本之木。能力的培养必须以知识作为基石,急功近利只会出现“豆腐渣”工程。因此,提高广大外语教师的素质,更新教育观念,加强教学改革,实施科研兴教,充分利用现代化教育资源,迫在眉睫,势在必行!我们的外语教学应真正做到:以教师为指导,以学生为主体;不要处处包办代替,要抛弃“保姆式的教育”,把学习主动权还给学生;激发兴趣,减负增效;面向全体,因材施教;创设情境,突出运用;精讲善练(有专家指出教师讲授的时间一般不应超过课时的30%),打好双基,培养能力;授人以渔,主动发展。外语教师应勇于创新,锐意改革,切实进行期望教育、情感

教育、愉快教育、成功教育，通过多媒体辅助教学，优化课堂内容，培养学生的创新精神、实践能力，激励思考，引导学生积极、主动地参与教学，培养其学习能力，使学生学得生动活泼、轻松愉快、扎实有效，促进其个性心理品质的健康发展。

有人说，中考、高考是教学的“指挥棒”，怎么考，就会怎么教，怎么学。国家《义务教育英语课程标准(2011 年版)》和《普通高中英语课程标准(实验)》(以下统称为《英语课程标准》)在教学评价上进行了较大的调整，提出了形成性评价和终结性评价并重的原则，要求适当减少客观题、增加主观题的比例等。近几年的中、高考英语试题在这方面作出了有益的尝试，尤其是看图书面表达等开放性试题，既考查了学生的观察力，又考查了其书面表达能力，有利于发挥学生的想象力、创新能力及运用英语解决实际问题的能力。教学评价的改革有待于我们广大外语教育工作者不断探索，不断完善。不同层次的听、说、读、写、译练习和测试应贯彻始终，从而使得教学改革能够真正打开局面，以免出现教、学、考失衡的现象。

北京外国语大学教授胡文仲说：“外国语学校具有一些特殊条件，非一般中学所可比拟。但是，他们遵循的教学原则和具体的教学经验仍然有普遍的指导意义。”目前，还有一些省市还没有成规模的外国语学校，我们是否可以现在起步，建立若干所像样的外国语学校、外语特色学校，在办学、管理、教学、科研诸方面作一些有益的探索呢？

我们中小学教师不仅要当教学能手，而且要力做教育家，我们在搞好教学的同时，要不断加强教学研究，我们是教学法的使用者，也要力做教学法的创造者。创新教育来自教育创新，交际法、整体语言教学法、全身动作反应法、任务型教学途径、张思中外语教学法等各有所长，这些都是我们的研究对象，我们要在教学中不断实验、探索，立足自我，洋为中用，相互学习，兼收并蓄，集众之所长，为我所用，创造出适合中国学生学习英语的、有中国特色的英语教学法。

二、对现行教材的评价及改进意见

十几年来，我们的教材建设取得了不错的成绩，“一套教材打天下”的局面已不复存在，现行的英语教材呈现“一纲多本”“多纲多本”的可喜局面，教育部制定了《英语课程标准》，与之相适应的教材有人教版、北师大版、译林牛津版等，上海则有自己的课程标准和教材。在《英语课程标准》颁布后，我们的小学英语教材如雨后春笋般地涌现出来，到目前已有 30 多套教材经全国中小学教材审查委员会审查通过试用。这种百花齐放的景象符合各地发展不平衡的实际，适应不同层次学校的需要，课程教材的多元化必将给外语教育带来全新气象。但是，现行教材也存在一些不足之处：

(1)教材内容过多、过繁，每周四课时(小学两课时)无法完成教学任务。我们过去的统编教材虽然过时，但并非一无是处，其简捷明了、脉络清晰仍是一大特点，我们应从新编教材和统编教材中寻找一个结合点，要具体问题具体分析而非一棍子打死，要扬弃而非抛弃。

(2)教材的词汇量仍有增加的可能。根据清华大学程慕胜教授对中外学生每课时英语词汇量的比较和青少年学生记忆力强的特点,我国学生每课时只需记忆两个单词,不及过去、不及国外,这个词汇量要求翻倍也不为多。国家《英语课程标准》就此已做出具体的要求,这是一个可喜的兆头。

(3)教材内容除了体现西方文化外,应该适当体现中国文化。语言和文化密不可分。南京大学从丛教授于2000年10月19日在《光明日报》上发表了题为《"中国文化失语":我国英语教学的缺陷》的文章,提出应该把中国文化的英语表达教育贯穿到各层次的英语教学之中,这是值得我们广大外语教育工作者引起重视的一个观点。我们的教材、教学应该渗透中国文化,让学生在学习英语国家文化的同时,也能学习到祖国的文化,体味祖国文化的优美,感受长江、长城、黄山、黄河的伟大;许国璋英语使我国几代学子、数千万读者受益,其奥秘就在于许老前辈抓住了中国人学英语的特点,选取的素材适合中国人的口味。所以,我们的教材完全可以也完全应该编入一些中国人写中国、外国人看中国的题材,加强学生对中国的了解,便于学生用英语进行国际间的文化交流,进一步完善教材编写的思想。外研社版《小学英语》(安徽)等教材在这一方面做了有益的尝试,这套教材8册中每册均有一个中国文化单元,给人崭新、亲切之感。

(4)教材、教学要进一步渗透数学、物理、化学、历史、地理、生物、音乐、体育、美术等跨学科的内容,进一步体现最新科学成就,充分显现英语学科的工具性和教材编写的时代性。人教社出版的双语教材《数学》《物理》《化学》《生物》《地理》就是一种积极的探索。

(5)我们的英语教学是TEFL(Teaching English as a Foreign Language),而非TESL(Teaching English as a Second Language)。我们要立足于"学得(Learning)"理论,而不囿于"习得(Acquisition)"理论,进行教材编写,因为我们的学生不是从出生开始就学习英语,"没有规矩不成方圆",掌握语法是中国人学英语的一根好拐杖,有助于学生多、快、好、省地学习英语,不宜过早放弃语法教学,我们的教材编写与日常教学要将功能、话题、结构有机地结合起来。

(6)教材的编写可以更趋多样化:譬如小学到初二设立基础版本(以听、说为主,兼顾读、写),初三以上设立提高版本(以读、写为主,兼顾听、说),《英语课程标准》列出的日常交际用语可在基础版本中安排完毕,这也是避免教材内容过多过杂的有效途径之一;城乡差距较大的地方可以编写城市版、农村版教材,从而使教材的可读性更强、收效更大。我们要针对不同的地区编写起点不同的、从小学贯穿到高中阶段的"一条龙"英语教材,避免以往各阶段英语教材互相不衔接或重复浪费的问题;人教社的PEP English与外研社版的《新标准英语》等很好地体现了这一思想。听、读材料应纳入教材建设、教材审订之列,这样才能保证听、读的输入量。

外语教材应充分反映思想性、时代性、科学性，内容生活化、现代化、趣味化，选材地道、适量，适合中国学生学习英语的特点，加强听、读输入，发展说、写输出，保证学生掌握必要的语言基础知识，逐步发展运用英语的能力，培养思维能力和自主学习的能力。教材建设直接影响到教师观念的更新、方法的使用和人才的培养，我们期待着更多优秀教材的问世，期待着高质量的教材进入课堂。

三、外语教师队伍的现状与建设

高质量的教师队伍，是全面推进素质教育的一个基本保证。师资是决定外语教学成败的重要因素，任何好的外语政策、教法和教材都必须由合格的教师来实施。

外语教师的学历基本达标，但农村外语教师仍有一部分未达标或非专业人士。有些教师学历达标，但能力不能达标，其专业知识老化，教学观念陈旧，方法过时，电教设备不利用、懒得用，多媒体成为摆设，为考试而教，教死书、死教书，不愿意、不勤于充电、探索和研究，继续教育在一些地区流于形式，未能收到实效，教学实验与调查在一些地方几乎是空白，教研员成了行政机关的勤杂员，致使相当一部分教师"摸着石头过河"，不能够用科学的理论和方法来指导教学实践，学生跟着教师转，缺乏主动参与、探索的学习品质和能力，说、写的运用能力薄弱……

小学外语师资力量不足，农村地区尤甚。我们要鼓励本科生、研究生到小学任教，大学外语系应开设小学教育学、心理学、小学外语教学法课程，有目的、有计划地培养一批合格的小学外语教育后备人才，为落实教育部最新的中小学外语课程开设计划作准备；建议有关部门组织专家编写小学英语教师的继续教育教材，主办符合小学教师特点的培训班，以此提高在职小学英语教师的素质，加强小学英语教师队伍的建设。

教育是科学，也是艺术。我们要用全新的教育理念来指导教育教学实践，实施任务型的教学途径，进行发展性评价，积极开发、利用课程资源，培养学生语言知识、情感态度、学习策略、文化意识的综合素养，将素质教育落到实处。

我们要多渠道、多途径地组织教师钻研业务、加强进修，规范继续教育行为，切实提高听、说、读、写、译、演、唱、画八项教学基本功，使外语教师的知识融汇成一条奔腾不息的河流，源远流长。科研是"源"，教学是"流"，科研应成为教学的一部分，并走在教学的前头；科研工作能使教师以理性的态度、全新视角、更高层次的认识水平去审视自己所从事的教育教学工作。我们外语教师应加强教育科学研究，掌握先进的教育、教学理论，并用之指导实践，开展教学实验和调查，实施科研兴教工程。我们要积极搭设舞台，为外语教师的成长铺路架桥，鼓励和支持教师冒尖，鼓励和支持教师当领头雁，将外籍专家请进国门，选送优秀教师走出国门，走入高校接受短训，使教坛新星、优秀教研员、优质课的评选和评比制度化，积极开展讲座、特色培训、示范课等活动，充分发挥教研工作者、先进教师的模范带头作用，以点带面，影响一片，培养一批名师,着力实施跨世纪园丁工程!

语言素质是人的基本素质,外语素质是21世纪人才的必备素质,外语水平是一个国家综合国力的重要部分,因此外语教学的重要性毋庸置疑。我们一定要抓住课堂改革的契机,认真学习国家《英语课程标准》,切实领会新课程标准的精神实质,不断更新教育观念,与时俱进,以人为本,采用活动途径,倡导体验参与,将“学得”与“习得”有机地结合起来,发挥学生的多元智能(语言智能、逻辑智能、音乐智能、空间智能、运动智能、交往智能、自省智能等),注重激励性评价,不让一个孩子掉队(Never leave one child behind),积极实践,大胆探索,一切为了学生,为了一切学生,为了学生的一切,进行“全人的教育”,教会学生学会求知、学会做事、学会做人、学会生存,促进全体学生全面主动地发展。为了彻底改变外语教学中“费时较多,收效较低”的现状,我们一定要加大对“教师、教材、教法”的研究力度,努力培养出合格的外语教师,编写出丰富多彩、高效实用的外语教材,创造出博采众长的外语教学法,用我们的热情、智慧和无穷的创造精神,面向21世纪,去迎接我国基础教育“万紫千红春满园”的美好未来!

基础教育英语学科前沿动态综述

《基础教育课程改革纲要(试行)》的颁布,标志着我国基础教育已进入一个崭新的时代——课程改革时代。《义务教育英语课程标准(2011 年版)》如同一缕春风,给我国基础教育英语教学带来了春的气息,带来了勃勃生机。

新课程理念立足于"为了每个学生都能得到充分的发展""为学生的终身学习和发展打基础"的价值取向,着力改变过去课程过于注重书本知识传授的倾向,加强课程内容与学生生活以及现代社会和科技发展的联系。

一、课程改革时代英语教学的目标

英语课程的制订以邓小平同志的"三个面向"为指导思想,以素质教育和学生的发展为根本宗旨,以培养学生的综合语言能力为目的,根据外语学习规律和我国目前外语教育发展的现状与需求,从英语教学的目的、目标、观念、内容、实施、策略、手段和评价等各方面进行重大改革,使基础教育阶段的英语教育水平有较大提高,以满足 21 世纪人才培养的需要。

《义务教育英语课程标准(2011 年版)》充分体现了素质教育的思想,突出对学生综合语言能力的培养。在语言技能和语言知识方面、在培养学生的学习兴趣与动机方面、在发展学生的智力和培养学生的自我管理能力以及在学习文化知识和发展跨文化交际的意识与能力等方面,均提出教学内容与目标要求,它以促进学生整体素质发展为根本,注重学生在技能、知识、情感、策略和文化素质方面的综合发展。

基础教育阶段英语课程的任务是:激发和培养学生学习英语的兴趣,使学生树立自信心,养成良好的学习习惯和形成有效的学习策略,发展自主学习的能力和合作精神;使学生掌握一定的英语基础知识和听、说、读、写技能,形成一定的综合语言运用能力;培养学生的观察、记忆、思维、想象能力和创新精神;帮助学生了解世界和中西方文化的差异,拓展视野,培养爱国主义精神,形成健康的人生观,为他们的终身学习和发展打下良好的基础。

根据小学生的生理和心理特点以及发展需求,小学阶段英语课程的目的是激发学生学习英语的兴趣,培养他们英语学习的积极态度,使他们建立初步的学习英语的自信心;培养学生一定的语感和良好语音、语调基础;使他们形成初步用英语进行简单日常交流的能力,为进一步学习打下基础。

二、英语教材的最新发展

过去的统编教材以语法为纲，过分强调语言知识的系统性，但对语言的运用能力训练不够；2001 年秋季以来，依据《义务教育英语课程标准(2011 年版)》编写的英语教材极大地摒弃了统编教材的弊端。新教材的基本特点是：重视培养思想情感和提高文化素质；结构、功能和话题相结合，使学生的语言实践活动更具目的性，更有意义；循环地、系统地安排教学内容，教学内容紧密结合学生生活实际和使用英语的需要，设计了比较真实的实际情景；把语言形式和意义联系起来，学用结合；改一本书教学为立体化教学，以教科书为主，配套教材有练习册、教师教学用书、口语录音带、听力训练录音带、阅读训练等，系列教材使教学立体化，为学生提供了地道的语言材料和标准的语音语调朗读，使学生直接理解所学英语，增加使用英语的机会，综合训练听、说、读、写四项技能。新版教材增加了语言量和信息量，小学要求学习 600 ~ 700 个单词，掌握 423 个核心词，初中要求学习 1600 个单词，这有利于学生顺利地用英语进行简单的交谈，更好地获取听、读信息。《义务教育英语课程标准(2011 年版)》对听、说、读、写语言技能的要求作了具体的描述，增加了听、读输入量，提出了不同的泛听要求和泛读要求，明确提出阅读的目的是为了获取信息，获得乐趣，把对技能和能力的要求落到了实处，有利于减少"哑巴英语"和"聋子英语"的现象。

10 多年来，我们的教材建设取得了很大的成绩，"一套教材打天下"的局面已是过去，我国的英语教材已经呈现"一个标准多个版本"的可喜局面，教育部制订了国家《义务教育英语课程标准(2011 年版)》，与之相应的小学教材有人教版 PEP 小学英语、新版小学英语、外研版新标准英语、安徽小学英语、清华小学英语、四川版新路径英语、江苏版牛津小学英语等近 30 个版本，与之相应的初中教材有人教版新目标英语、外研版新标准英语、江苏版牛津初中英语、冀教版初中英语等。这种百花齐放的景象符合各地发展不平衡的实际，适应不同层次学校的需要，课程教材的多元化必将给外语教育带来全新气象。教材的编写可以更趋多样化，譬如设立基础版本和提高版本，《义务教育英语课程标准(2011 年版)》列出的功能意念项目可在基础版本中安排完毕，词汇量还有待增加，编排必须具有科学性，符合青少年学生的记忆规律，有利于他们更好地记忆。在今后的一段时间内，我们要建立一个面向 21 世纪的、适应素质教育要求的、有中国特色的英语基础教育教材体系，使其具有思想性、时代性、科学性、实践性和趣味性。

三、英语教学法的改革动态

自 2001 年实施新课标、使用新教材以来，我国基础外语教育有了长足的发展，取得了可喜的成效。但有两种倾向值得我们广大外语教师关注：其一是"穿新鞋，走老路"，也就是，虽使用了新教材，但一些教师理念没有更新、教法未变，仍然因循守旧，进行大量的知识灌输,忽视能力的培养,致使“高分低能”“聋哑英语”难以消失;其二是一味地强调交际,而忽视对最基础知识的传授。这两种极端的现象都背离了新教材结构、功能和话题相结合的编写意图,因此,切实进行英语教学法的研究与改革势在必行。

我们必须改革教学过程中过分注重接受、记忆、模仿学习的倾向,倡导学生主动参与、交流、合作、探究等多种学习活动,改进学习方式,使学生真正成为学习的主人。外语教学要突出语言的实践性,注重培养学生综合语言运用能力。在时间分配上教师要控制讲授的比例,讲授的时间一般不应超过课时的 30%。外语教学将彻底淘汰满堂灌的“一言堂”作法,面向全体,因材施教,保护学生学习的积极性,充分体现学生的主体地位,发挥教师的指导作用,精讲知识,授人以渔,培养能力,教学气氛和谐;充分利用、积极开发有效的课程资源,有利于拓展学用渠道,开发智力,启迪思维,有效学习;创设情境,突出运用,学生置身于情境教学之中,在课堂上唱主角,课堂活动显著增加,有利于学生学会学习,主动发展。第二课堂丰富多彩,朗诵、唱歌、演剧、英语角、英语班会、读书会、故事会、书法比赛、影视欣赏、知识竞猜、阅报读刊及国际交流等将有利于发展学生的学习兴趣,扩展语言实践的深度和广度,提高学生的自主学习能力和语言综合应用能力,发展个性,培养学生的合作精神、创新精神和实践能力,推进素质教育的实施。

《义务教育英语课程标准(2011 年版)》的理念是:面向全体学生,注重素质教育;整体设计目标,体现灵活开放;突出学生主体,尊重个体差异;采用活动途径,倡导体验参与;注重过程评价,促进学生发展;开发课程资源,拓展学用渠道。其中,最引人注目的是采用活动途径,倡导体验参与,即倡导任务型的教学模式,把综合语言运用能力的培养落实在教学过程中,倡导体验、实践、参与、交流和合作的学习方式,实现任务的目标,感受成功,强调学生能用英语做事情(learning by doing things)。只有在活动中学生才自始至终是自觉主动的语言实践者和学习者,而不是教师的追随者。

采用活动途径,倡导体验参与,任务型教学以学生为主体,以任务为中心,以活动为方式,实现课堂教学交际化,交际教学活动化,活动教学任务化,任务教学真实化,课外作业项目化,评价方式过程化,学生在趋于真实的任务中运用英语去做事、做有意义的事,他们在实践中自主学习、感知体验、交流协作、张扬个性、探索发展;在任务型教学中我们领略的是“全人教育”,学生面临真实的个人选择,经历真实的情感体验,进行真实的人际交往,是一种“全人”的投入,英语课堂更趋鲜活,焕发出生命的活力!

四、日趋完善的英语评价体系

教学评价应该具有人文性(学生主体性)、民主性、全面性、综合性、过程性、实践性与发展性,因此,我们要改革评价考试过分偏重知识记忆,强调选拔与甄别功能的倾向,形成评价指标多元化,评价方式多样化的局面,不以学期、学年的一次考试评定学生,要注重对学生在学习过程中进展情况的评价,坚持形成性评价和终结性评价并重的原则,既关注结果,又关注过程。

形成性评价的结果在学生的学业评价中应占一定比例,应重视形成性评价对学生英语语言学习的激励作用。我们要通过考查、观察和与学生的交流,对学生的书面作业、口头问答、演讲、朗诵等课内外学习行为和学生的学习能力、态度、参与程序、合作精神等作出评价。形成性评价还应包括学生相互评价和学生自我评价等方式。对学生的学习情感、习惯和态度等方面的评价应采用宽松、开放式的描述性评价形式。评价要有益于树立学生的自信心,培养学生的学习能力,形成学生继续进步的动力。

终结性评价的方式包括听力、口试和笔试的期末考试等。听力测试的比例应不少于试卷的20%,小学可达到30%,应着重检测学生理解和获取信息的能力,不要将脱离语境的单纯辨音题作为测试内容。笔试应取消单纯语音知识题,减少单纯的语法知识题,并降低语法试题的难度,增加具有语境的应用性试题,适当减少客观题、增加主观题的比例,不出偏题和怪题,按照《义务教育英语课程标准(2011年版)》规定的教学目标命题,提高命题的科学性和质量,侧重考查学生实际运用英语的能力,注重发挥学生的创造性,科学评价,重在激励,使学生"抬起头来走路"。

五、英语教师的幸福之路

苏霍姆林斯基说:"如果你想让教师的劳动能够给教师带来乐趣,使天天上课不至于变成一种单调无味的义务,那你就应当引导每一位教师走上从事研究这条幸福的道路上来。"

在新课程中,教师的角色发生了重大变化:教师不仅教英语,而且要育人;要有以学生为中心的意识,明确不是学生配合教师上课,而是教师要服务于学生的发展;教师的指导作用主要是引导和帮助学生学习英语,教会学生如何使用英语,而不是仅仅懂点英语知识;要广阅博览,具有创造力、联想力和想象力,有驾驭教材的能力,有组织活动的能力,有表达能力;要面向全体,因材施教,善解人意,了解学生,给学生参与的机会,鼓励他们学习。

课程改革要求我们成为一名研究者,成为一名研究型的教师。在传统的教学当中,教师的角色是课程标准、教材的解说者,知识的传授者、灌输者,应对各种考试的组织者,教师可以凭借自己已有的知识和经验较好地完成教学任务。但新的课程改革要求我们不仅要做课程的实施者,成为学生学习的组织者、引导者和合作者,更要做课程的研究者和发展者,做专家型、学者型的教师。

校本教研是引领教师可持续发展的一盏明灯。教师通过校本教研,使教育过程成为实现和提升生命价值的过程。在教育过程中,教师通过激发学生的生活热情、挖掘他们的巨大潜能、塑造他们的健全人格,实现自己的精神追求,丰富自己的情感生活,释放人生的光辉智慧,实现自己的幸福理想。

诱发创新兴趣　启迪创新思维　培养创新能力

——兼谈英语教学中的创新教育

知识经济时代教育的核心是培养人的创新素质。江泽民同志曾指出:“创新是一个民族进步的灵魂,是一个国家兴旺发达的不竭动力”。《面向二十一世纪教育振兴行动计划》与第三次全国教育工作会议要求整体推进素质教育,全面提高国民素质和民族创新能力,并强调创新是素质教育的核心。

创新教育,是指在教育实践中,运用科学的艺术的形式和方法,全面培养学生的创新意识、创新精神和创新能力。创新教育以发掘人的创新潜能、弘扬人的创新主体精神、促进人的个性的和谐发展为宗旨,通过对传统教育的扬弃,探索与构建一种新的教育理论与模式,并使之逐渐丰富和完善。

应试教育是“淘汰教育”,很可能已经或正在淘汰、埋没无数个爱迪生、达尔文那样幼时被称为“捣蛋鬼”“糊涂虫”的优秀科学家。应试教育严重地束缚着学生的创新精神,阻碍着学生个性的发展,迫使学生走入“读死书”“死读书”的死胡同,逐渐失去创新意识和创新能力。由此可见,实施素质教育下的创新教育迫在眉睫。

我们基础教育工作者应积极努力探索创新教育的途径,将培养学生的创新意识、创新精神、创新习惯及创新能力摆到素质教育的突出位置,为将来造就“创新型”人才奠定全面的素质基础。

培养学生的创新能力不仅需要以知识和智能为基础,而且需要培养其情感和兴趣。创新兴趣对创新能力的形成与发展有启动、导向功能,为创新能力提供动力支持。我们要以创新者的身份进入所设置的情境之中,为学生提供敢想善思的创造性学习的情境;通过实施成功教育、改革课堂教学、加强情感教育、丰富课外活动等诸多方法激发学生的创新兴趣,调动学生的思维积极性,点燃学生心中探求新知的思想火花,促使其主动学习。

在教学中,我们要不失时机地为学生铺设探索的路径,启迪学生的创新思维,启发他们通过自身的努力去化解难点,推陈出新。创新思维就是指善于运用已有的知识去分析研究面临的事实或问题,从而找到创造性解释这些事实或解决这些问题的新途径、新方法或新结论的一种优良的心理品质。在英语教学中,运用创新思维记忆单词,学生印象深刻,不易遗忘;运用创新思维分析句子,可以举一反三,由表及里;运用创新思维理解课文,可促进学生全方位地感知课文内容,挖掘其内涵。教师应积极鼓励、赏识学生的创新思维、创新行为,点燃其智慧创造的火花。

学起于思,思缘于疑。创造从怀疑开始,怀疑就是思考,就是批判。在教学中,我们要创设恰当的问题情境,促使学生不断地思考、分析、判断,鼓励学生善于大胆地质疑问题、展开讨论、各抒己见,不盲从教师和书本,不拘泥于现成的答案,敢于求异创新。在培养学生质疑意识的同时,还要训练学生解疑的能力,使他们在解疑的过程中掌握科学思维的方法。

思维有两个翅膀,一是求同,一是求异,二者缺一,思维就不能起飞。求同思维又称集中思维、辐合思维,其方式就是归纳推理,发现规律,认识事物共性;不善于求同,就只能永远在"感性"的世界里碰撞。求异思维又称发散思维、辐射思维,其方式就是演绎推理,发现特点,认识事物的个性;不善于求异,就永远也不能真正理解、驾驭多姿多彩的世界。发现规律与发现特点就是发现事物的本质,就是"创造"。

发散思维是创造性思维的核心。其内涵就是指思维主体在展开思维活动时,围绕某个中心问题向四面八方进行辐射的积极的思考与联想,广泛的搜集与这一中心问题有关的各种感性材料、相关的信息和思维观点,横向拓展思路,纵向深入探索,逆向反复比较,主动探索知识,多方面、多角度、创造性地解决问题,从而鼓励一系列相关的发明与发现的思维品质。发散思维体现在教学中就是在知识网络空间各个知识点之间寻找联系,以某一知识点的特征为联想触发点,对平时学习的零星的分散的知识点按相同、相似、相异、相反等特征进行分类组合,将同类知识串联起来,将这些知识形成链环,形成系列,并随着知识的增多使其逐步延伸拓展,成为有机体系。发散思维的主要形式有纵向发散、横向发散、比较发散、逆向反散、转化发散、综合发散、应用发散、语境发散等。掌握发散思维,学生可以由此及彼、由已知探索未知、触其一点而联想其类,不因循守旧、不墨守成规、不死搬统一模式,主动开拓思维新途径,克服思维定势的消极影响,培养创新精神,收到举一反三、触类旁通、标新立异、事半功倍之效。例如:由 orange(橘子)发散到相关的 apple, banana, pear, peach, strawberry 等;由 orange(橙色的)发散到相关的 red, blue, green, white, gray, brown 等,记忆成串,形成网络。又如:可根据我国与西方英语国家文化习俗的差异进行比较发散、语境发散等。

丰富的想象是创造的翅膀,无论是创造想象还是再造想象,对培养学生创造性思维、进行创新性劳动和掌握知识都非常重要。根据英语教材图文并茂的特点,我们可充分利用这些插图,启发学生看图说话,提高学生口、笔头交际活动能力,加强联想训练,培养其创造想象、再造想象的能力;亦可根据某一段文字绘制一幅或几幅图画来激发学生的创新兴趣,启迪其创新思维,发挥其想象力,培养其创新能力,强化学生对相关知识的记忆、巩固及应用。

为了培养学生的创新能力,必须优化创新教育的主渠道——课堂教学。创设温馨和谐的、宽松的教学气氛,缩短师生心距,发挥教师的主导作用,突出学生的主体地位,将课堂的主角让给学生,给他们充分的实践机会进行听、说、读、写训练,精讲语言基础知识,培养学生的交际能力。教师应走下神圣的讲坛,实现由"师道尊严"到师生民主平等的转变,在 pair work, group work, team work, chain drill(连锁操练),back chain drill(倒连锁操练),ripple chain(波浪式操练)等操练、练习活动中,与学生打成一片,一起进行角色表演、游戏、复述课文、看图说(写)话等,实现师生之间的信息传递、情感交流、思维碰撞;让学生主动参与教学,允许操练中的错误,他们才可能有所创新,才会有创新的体验。正视学生间的差异,平等地对待学生,因材施教,力求为每一个学生提供表现的机会,实行有差异的发展,使学生体验成功的喜悦。我们要加强创新研究,勇于进行教学改革,实施情境教学、愉快教育、成功教育、创造教育,通过现代化的教学手段把教学内容直观地呈现在学生面前,为其提供美好的学习资源,使学生思维驰骋于美好的情境之中,探求新知,体会到创造性思考带给他们的快乐!

开设学法课,实施学习教育,交给学生钥匙,使学生学会学习,掌握终身学习的本领,进行创造性的学习。指导学生勤听、敢说、多读、乐写,培养听、说、读、写的习惯,教给学生拼读记忆法、构词记忆法、卡片记忆法、归类记忆法、图表记忆法、比较记忆法、循环记忆法,使学生多、快、好、省地记忆单词;在"用英语教英语"的过程中,培养学生用英语思维的良好品质。当学生获得了科学、正确的学法时,他们在学习中就会变被动为主动、变压力为动力,以主人翁的态度积极主动地参与到英语教学之中并获得全面发展,进而促进其创新能力的形成与发展。

开设多姿多彩的第二课堂,发展学生的创新能力。课外活动内容丰富,形式多样,有利于学生发挥才智、展示才华,是发展学生创新能力的广阔天地。我们可通过单词接力赛、演讲赛、征文大赛、英语角、文艺会演、版报、墙报、课余泛读等诸多活动培养学生"试一试"的精神,让他们通过亲自实践,有所发现,有所体验,有所创造,获取真知,提高素质。学生一旦能够积极主动地参与课外实践,必定会爆发无限的创造力火花。

在教育教学实践中,我们要重视学生健康的心理品质的培养,尊重和发展学生良好的个性;满腔热忱地对待学生,进行自信心教育、成功教育,鼓励学生展开思维的翅膀,自由思考,自由想象;对于他们标新立异的构思、与众不同的见解、超乎寻常的回答、新颖独特的思路,即使只有一点儿新意,也要给予肯定,让学生抬起头来走路,不可轻率否定乃至横加指责;对于其合理的、有价值的一面,我们要引导学生进一步思考,扩大思维领域的闪光因素,充分地展示自我,勇于实现自我,久而久之,学生就能变化角度地发现事物的特点,提出独创的见解,创造性地分析问题、解决问题,使其个性得到充分的、自由的发展。

改革课程教材,构建与完善适应素质教育要求的课程体系,使课程的门类、教材的内容与现代化建设相适应,以利于学生全面发展,符合不同年龄段青少年的身心特点。减轻过重的课业负担,完善教育评价机制,逐步建立学生全面发展的多元的科学评价指标体系,重心向创新能力倾斜,以学习主体和谐发展为目的,改变单纯以分数为评价标准的状况,实行等级分制及通过激励性评语促进学生进步的作法,使学生能客观地、全面地了解自己,接受素质教育,勇于创新,体验成功,正视不足,明确努力方向。我们要营造一种健康有序、宽松和谐、开放高效、激励上进的教育环境,以利于创新型人才脱颖而出,整体推进素质教育,全面提高国民素质和民族创新能力。

——·课堂教学篇·——

关于课堂教学的几点思考

——有感于第六届全国小学英语教学观摩研讨会

为进一步推进我国小学英语课程改革，提升小学英语教师的专业水平和课堂教学质量，特别是探索小学英语会话教学和阅读教学的有效途径，中国教育学会外语教学专业委员会于 2012 年 10 月 27 日～29 日在山西省太原市举办第六届全国小学英语教学观摩研讨会，来自全国各地的 3000 多名代表参加现场观摩听课，研讨交流。

第六届全国小学英语教学观摩研讨会 17 节展示课目录

选手	课文标题	单元名称	教材版本	授课年级
安徽　朱顺美	A football match (Part B Let's read)	Unit 2 What's the matter, Mike?	PEP(Book8)	Grade 6
北京　朱晓媛	Poppet	无	Penguin Young Readers	Grade 5
福建　张　萍	I worn warm clothes	Module 5 Unit 2	新标准英语	Grade 4
广东　王　莉	Endangered animals	Dinosaurs	New Parade	Grade 6
河南　樊怡丽	My new friend	Unit 4 I have a new pen pal	PEP(Book7)	Grade 6
黑龙江 田　溪	Ken's home	In the bathroom	EEC 小学英语	Grade 5
吉林　于　洋	Shapes	Module 3 Unit 1	上海版牛津英语	Grade 4

选手	课文标题	单元名称	教材版本	授课年级
江苏 李 磊	Healthy food	Unit 2 Healthy food	义务教育教科书(译林版)	Grade 6
江西 谢文婷	Part B Let's learn	Unit 2 My days of the week	PEP(Book5)	Grade 5
辽宁 张雪琦	Ben's noisy day	Different noises	牛津英语 5B	Grade 5
宁夏 张 姗	We went to the Grade Wall	We went to the Grate Wall	外研社版	Grade 4
青海 马海桂	Don't feed the duck	Module 1 Unit 2	外研社版	Grade 4
山东 孟 娜	I'm going to plant trees	Unit 3 What are you going to do?	PEP	Grade 6
山西 赵 莉	This is what I need	Module 1 Getting to know you	牛津英语	Grade 5
陕西 刘 博	New York is in the east	Module 8 Unit 1	外研社版	Grade 5
上海 潘俊卿	A smart crow	Module 1 Unit 3 How do you feel?	牛津英语	Grade 5
浙江 马一帆	Where do they sit?	Part 1 Unit 4	Reading Success I compass publishing	Grade 6

选手们注重情境的创设,将会话教学置于真实的情境中,让学生在情境中进行语言的交流,体会到学习英语的乐趣,学生的语言交流能力也因此得到了锻炼和提高。注重课堂气氛的营造,在学生进行分组活动时,播放舒缓的音乐,缓解学生的学习压力,让学生轻松学习、快乐学习。教学以语篇带动词句学习,关注语言内容与情感,整体思考教学设计,凸显语用情感体验,实现全语境式教学,改变课貌、课质、课效。

选手们的课堂各有特点,有的激情四溢,有的沉稳大方,安徽的朱顺美用一个足球贯穿整节课教学,课堂生动,具有浓浓的生活气息。选手们各显神通,其扎实的基本功,精彩的课堂设计,赢得了与会代表的阵阵掌声;吉林的于洋充分调动学生的积极性和创造性,利用已学知识开展形状拼摆;上海的潘俊卿用风靡一时的“中国好声音”导入教学,形式多样。

一、关注教学目标的达成

知识与技能、过程与方法、情感态度与价值观是教学目标的三个维度，既有层次，更是一个整体。这可以用美国作家海明威的冰山原理来形象地解释：知识与技能是显性的，是冰山浮出海面的那部分；过程与方法、情感态度与价值观往往是隐性的，却撑起整座冰山。教学目标的制订基于内容和学生，同时教师又基于设定的目标来设定教学过程，一切远离教学内容与教学主题的所有活动都是无效的；教学目标定位应准确适切，具有可检测性，表述清晰规范。选手们能依据《义务教育英语课程标准（2011 年版）》的一二级目标、教材内容以及学生实际设计教学目标，通过 Singing, Chanting, Pairwork, Groupwork, Read, Think, Judge, Discuss 等过程、方法使学生达成知识与技能的目标，培养学生学习兴趣、积极性、自信心和成就感，鼓励学生乐于交流、合作；在语言表述上，大多数选手能突出学生的主体意识。以语篇、语境带动语言学习以及语用提升与情感体验，来自吉林于洋所上的"Shapes"一课，在学完几种物品形状词后，让学生利用教师发的各种形状卡片拼凑成一种物体，既锻炼了学生运用英语表达自己的思想的习惯，又培养了学生动手合作和思维创新的能力，学生的团队精神由此形成。情感的挖掘要有确切的指向，切忌太空洞，牵强附会。

一个好的教学目标的制订应以学生的最大收益为标准。学生在教师设计的教学过程中通过自己阅读、提取、对话、感受、体验获取到的知识多少，是课堂成功的关键。安徽朱顺美通过"A football match"培养学生强身健体、团结协作、永不放弃的精神，并升华到 Reading and sports make us strong. We are strong, so China is strong。吉林于洋通过"Shapes"教学，让学生受到情感的熏陶，Everything is a shape. Shapes are everywhere. We are together. We are the best. 这彰显了世界和谐之美。陕西刘博所执教的"New York is in the east"一课最后以谚语 East or west, home is the best. 结束教学，升华主题，使学生感知美国文化，同时培养爱国情感；在本节课中教师不仅做到了基于内容为学生设定目标，而且还做到了基于内容和目标设定教学过程。

有人说，"美国教育一个月的知识量只相当于中国教育一天的知识量。相差 29 天，这 29 天就是感悟的时间。美国教育通过让孩子感悟比中国教育多产生了一个东西：智慧。美国学生比中国学生多产生了一个东西：创新能力。"

教师对学生的影响，不仅仅停留在学科的、课堂的、教学的层面，也不仅仅停留在知识和能力的层面，归根结底，是人对人的影响，生命对生命的感召，心灵对心灵的启迪。

二、关注学生的课堂表现

课堂教学的目的就是促进学生的发展，关注学是教的根本，所以，必须关注学生的课堂表现。无论公开课还是平时的日常教学，教师一定要重视学生的收获，而不是把课堂当做教师表演的舞台,进行才艺展示。一节课成功与否,是要看学生学到了多少,积极参与的学生有多少,在生活中能用到多少,而不仅仅在于课堂的花架子有多少。有的时候,最实用、最简单的往往是最好最直接的。做到了"真实"和"扎实","落实"就不难了。

关注学生的情绪状态,引领学生积极主动发展,教师激情似火,学生则热情高涨。有经验的教师从不把学生看作容器,而是看作期待点燃的火把。课堂教学要体现教师的生命价值和崇高师德,必须要有"精"(精力充沛)、"气"(气势旺盛)、"神"(神采飞扬)。江西谢文婷一堂课下来自始至终笑容满面,营造了宽松和谐的教学氛围,学生学习情绪高涨。

关注学生的参与状态,不仅仅是动态的表现,而且有静态的思考与想象、课堂的留白;关注学生的交往状态,全员、全程和全身心的投入,做到教学活动化,活动生活化,学生之间合作交流,和谐共进。吉林于洋让学生猜谜语,It's black. It's a rectangle (the blackboard). It's red and yellow. It's a circle(the sun).培养了学生的思维能力与想象能力。

李希贵先生曾经对全国英语优质课一等奖的一节课作出分析,发现教师在课上说的句子为72句,而全班学生一共只讲了7句,这种不平衡值得我们深思。在目前的课堂上仍然存在着这样的现象,教师讲学生听,教师命令学生服从,师生之间平等对话太少,教师的"霸主"地位依旧。因此,我们要研究怎样讲,讲解要坚持"三讲三不讲"。"三讲"就是讲易混点、易错点、易漏点,讲就讲到点子上,讲透,关注知识的迁移、规律的总结、方法的指导和题目的变式,变式尤为重要,以防止思维定势;"三不讲"就是敢于取舍,敢于不面面俱到,学生懂了的不讲,不讲也能懂的不讲,怎么讲也不懂的不讲。

以教师为主导,以学生为主体,教学要加强学生之间的互动,避免"假象热闹"。上课不应该是教学技巧的炫耀,而是一种沟通、一种充满亲和力的过程。我们要换位思考,与学生的思维接轨,与学生的活动合拍,形态可以是对话,实质必须是沟通。教学的要义就是一系列的沟通。

陶行知先生说:"我以为好的先生不是教书,不是教学生,乃是教学生学。"安徽朱顺美、辽宁张雪琦、江苏李磊等教给学生 reading strategies、learning tips,授人以渔,则终身受用不尽。

选手们各有所长,有的侧重培养学生的发散性思维,吉林于洋 What is a square? 学生的答案丰富多彩,blackboard, table, desk... 江苏李磊让学生进行 brainstorming, talk about food and drink 发展了学生的发散性思维;有的重点培养学生在课堂上的自我评价能力,有的注重培养学生小组合作能力,还有的善于调动学生的课堂积极性,培养学生动口、动手、动脑的习惯,有的语言幽默,表情丰富,整节课都能吸引学生们的眼球。虽然教学风格各不相同,但他们的共同之处就是准确地把握了新课标的要求，体现学生是课堂的主体，创设情境，将所学知识与实际生活相联系，做到了学以致用。

关注学生语用能力的培养。选手们利用各种直观手段讲解英语语言知识，重视通过板书和在多媒体等创设的情景对语言知识进行归纳，通过表格、问题等手段启迪学生思维，分析掌握课文内容，从而发展学生的思维能力，深层次地理解整体语篇，如上海潘俊卿的课例展示，没有明显的新授痕迹，学生在教师的引导下阅读绘本，沉浸在阅读的快乐中，化"学语言"为"用语言"。教师的一个个追问就像是一层层浪花，掀起学生思维的涟漪，教师培养的不仅仅是孩子的语言能力，更是一种思维能力。

关注学生学习技能的培养，如学生的看图预测技能、听的能力等，听力设计注意层次性，培养学生有层次地听，有目的性地听。

三、关注教学策略的选择

1. 整体语言教学策略

教学设计注重整体性。随着新课程改革的不断深入，小学英语教学已由强调单词、句型等英语知识性的传授，逐渐过渡到重视学生综合语用能力的培养上来，此次教学观摩中很少看到选手在语篇教学中，为了急于去解决一个小的词汇或语言点，对课文进行肢解，导致学生不能整体感受语言，完整理解语篇。选手更多的是将文本与学生的实际生活和认知通过教学设计巧妙地联系起来，通过巧妙地创设语境把单词融入到句子中，从整体文本入手，展现给学生一个完整的语言概念，引领学生感知整个语篇的意义，激活学生对语篇学习的兴趣，使学生在积极主动、活跃的思维状态下进行语篇的学习。

关注文本的逐层推进，读前预测，读中感知，读后建构，While-reading 中词汇的处理，不打断整体思路。篇章教学强调学生的理解在前，词句的运用在后，以内容带动词句、结构的学习，不在小短篇、小故事上浪费过多的时间抓单词、句型教学，没有只顾句型结构而忘却语篇内容。整体语言教学的基本路径是从整体到细节，再回到整体。吉林于洋在 Presentation 时放课件 The story of shapes 故事动画，让学生整体感知本课所学的内容；Watch the cartoon again，领会 circle，square，rectangle，triangle 和 star 的含义；在 Production 环节让学生利用七巧板拼图，用英语汇报作品，这节课正是整体语言教学的范例。

语义、语境和语法是语言学习的三大要素，小学英语教学尽量淡化语法教学，将知识点贯穿于真实的语境进行教学才具有意义。上海潘俊卿所执教的"A smart crow"是一篇绘本故事教学，教学中教师给学生描述了乌鸦喝水的故事，并在这个大的语境中设计了逐层推进的环节让学生去感知体验和参与，使学生渴望通过学习来帮助乌鸦喝到水，解决了乌鸦口渴这一问题，教师在这个完整的语境中做到了文本再构，语篇推进，细节处理以及关注语义。刘兆义认为，我们在教学中应该更多的关注语义和语境,因为在真实的情境中语言的得体运用比语法的正确性更重要。

朱浦指出,英语教学在教研、教学方面存在的问题主要概括为缺乏课程意识、缺乏实证的分析、缺乏教学设计的整体性。教师在教学过程中如果没有课程意识的指引,教学研究只凭借个人的经验,对于教学设计没有整体的设计,会使英语教学沦为单纯的单词与句子的讲授,造成“只见树木不见森林”的现状。

2. 自主性教学策略

正如叶圣陶先生所言:“教是为了不教。”不教之教是最高明的教。在现实课堂中,学生自主的时间空间不足:教师留给学生的读书时间大多不足两分钟,讨论时间也大多不足两分钟,课堂上的“空白”不足,学生阅读文本获得体验的时间不充分。我们要把握“有为”与“无为”。“有为”,就是说,教师要在学生不知、不会、不能处“有为”,该出手时就出手。“不为”,首先要注意把握“不为”的时机,“该为之处不可不为”,教师要知道什么时候不该出现,什么地方不能出现,该放手时就放手;其次,要把握好“不为”的分寸,教师不要越俎代庖,但也不是简单的袖手旁观。安徽朱顺美在大屏幕上设计倒计时给学生充分的自主阅读时间,使自主学习落到实处,不再是一句空话,这样做也避免了随意性;有的选手虽然也给学生活动时间,但未把握确切,致使活动流于形式,如有选手设计的任务 Talk about your weekend in pairs. 给学生 4 分钟,实际只有一半时间,有选手让学生 Retell the story 时有点赶时间。

3. 合作探究性策略

爱德加·戴尔提出,学习效果在 30% 以下的几种传统方式,都是个人学习或被动学习;而学习效果在 50% 以上的,都是团队学习、主动学习和参与式学习。

第一种学习方式 Lecture 就是传统的讲授法,教师讲,学生听,学习效果最低,两周以后学习的内容只能留下 5%;而效率最好的学习方式是第六种 Practice by doing(做中学)和第七种 Teaching others(实际演练),可以记住 75% 以上的学习内容(见下表)。

序号	学习方式	平均学习保持率	属性
1	Lecture(讲授法)	5%	个人学习或被动学习
2	Reading(阅读)	10%	
3	Audio Visual(视听)	20%	
4	Demonstration(示范或演示)	30%	
5	Discussion Group(小组讨论)	50%	团队学习或主动学习
6	Practice by doing(做中学)	75%	
7	Teaching others(应用或教别人)	90%	

学习金字塔给我们的启示是,教师教的知识学生只能接受 5%,而学生自己合作、探究获得的知识能掌握 50%。我们应该减少教师提问、学生个别回答的模式,而增加 pair work,group work 等合作学习的时间,培养学生合作探究的习惯与能力。

任务设计：

任何任务都要与文本结合，否则就失去了意义。让学生在文本语境中预测、提问、复述、寻读，扩大教学的深度。利用文本信息来完成语言的运用。

设计任务，使学生在做事情的过程中，自主学习、感知体验、交流协作、张扬个性、实践提高、探索发展。这是课堂教学追求的最高境界。安徽朱顺美设计了 Read and find out the answers to the questions. Read and number. Commenting the passage. 等任务；福建张萍设计了 Talk about Lucy's story with six pictures. Make a story 等任务，辽宁张雪琦设计了 Guess what your classmates did in the past. 的小组合作任务，宁夏张姗设计了 Talk about your photos. 任务，青海马海桂设计了 Think of rules for your farm/class，体现学习过程，培养学生思维能力，发展语言能力，促进情感交流。

教学过程注重交际性。此次展示课改变了教师讲、学生听，教师读、学生跟，教师念、学生写等枯燥乏味的教学形式，教的痕迹淡化了，教学过程始终把握语言的交际性原则，将语言技能的训练、语言知识的传授、学习策略的指导、情感态度和文化意识的培养有效地结合起来，给学生提供了一个自我的思索、实践、修正，再思索、再实践，进而获取知识，增强能力，展现自信的平台。教学中，大多数选手根据学生的生活经验和认知水平，对教学内容适当拓展，增加话题讨论，为学生创造更多的话语机会，让学生通过独立思考、讨论、交流、调查等任务型教学活动，促进学生学会"用英语解决问题"，在活动中学会合作、做中学、体验学习的语言实践。

为了更好地实施任务型教学，现提出以下几点建议：任务前的准备与示范要充分；任务服务于语言的学习，不能本末倒置，这就要求我们关注任务的深度（meaningful）与效度（effective），吉林于洋让学生用所学图形 make pictures，过程中学生运用语言做事情，避免了为任务而任务；尽可能使所有的学生有事可做、参与任务，不能长时间地把大多数学生晾在那儿无所事事；关注学生的发展，加强学生之间的互动（interaction），避免过多的鹦鹉学舌、师问生答、"假象热闹"，学生要在教师的引领下自主发展。构建趋于真实的交流，关注交际的有效性，如" Whose marker is this?" " It's mine. "通过 group work 显然比 pair work 有效，这样，交际就存在一定的"信息沟"（information gap）。课外作业力求项目化，以减轻学生课业负担，江西谢文婷、陕西刘博分别设计了 Design your dream weekend. Draw a map of your hometown. 项目化的作业。在任务中，教师是组织者、引领者、激励者和帮手。

4. 激励性教学策略：发展性评价

发展性评价的运用要注意两点。一是从结果评价走向过程评价。把评价放在促进学生发展的基点上，注重个体的"垂直"成长，淡化群体的"平行"比较。缺乏发展性，评价乃一纸空文。二是从静态评价走向动态评价。以个人基础为评价的基准，衡量学生进步的幅度大小，用幅度去评价学生，使每个学生都有成就感。安徽朱顺美、福建张萍通过男女生或小组间的合作与竞争实施发展性评价，激励学生学习；通过激励性的语言 Don't /Never give up. Where there's a will, there's a way. Practice makes perfect. 培养学生积极向上的自信心。吉林于洋通过 Can you give us a riddle? (学生 It's red and yellow. It's a circle. -The sun.)激励学生发问。江苏李磊设计了学生自我评价,I can read and underline. I can read and judge... 这些都是有益的尝试。

个别选手虽然也使用了男女生竞争性的评价,但由于教师评价不及时,想起来才给评价,以至于评价的激励作用大打折扣。关注评价语言的适切性、有效性,避免泛滥、无效,如有的选手对学生的回答不假分辨使用 clever、super 等,就不能充分发挥评价的作用。

四、关注教学流程

吉林于洋以 Look, listen and answer(How many shapes?)热身;通过 What's a circle/square/triangle/rectangle? How many circles/...? Is this a... Guess what it is in the cartoon. What shapes have you got? Find words for these shapes. 呈现新知;通过 Fold shapes. Find something to stick your shape words on. Riddles about shapes. Tell shapes of these things. 进行练习运用;示范之后让学生用七巧板制作各种形状的图片,然后用目标语汇报,最后总结提升 We are together. We are the best. 将 shapes 与学生有机地联系起来,达到拓展提高,整节课一气呵成。

练习部分可以运用的方法有:机械操练(mechanical drill),即跟着来,不走样;意义操练(meaningful drill),带有一定的情感,教师可以控制答案;交际性运用(communicative practice),有交际的信息差,即教师不能控制答案。在教学中要关注导课、过渡、结课的艺术,安徽朱顺美直入主题 I want to be strong. Do you want to be strong? My favorite sport is basketball. But today we're going to talk about a football match. 课堂教学努力做到结构优美,自然呈现,巧妙过渡,层层推进,跌宕起伏,前后呼应,形成一个整体,陕西刘博所执教的"New York is in the east"一课设计了中国在地图中位于东部,以此导入新课,并且在结尾时又回到了中国山西,前后呼应;环节思路清晰,层次递进,逐步深入,引人入胜,让人感到探究的韵味。

五、关注课程资源的开发

课程资源的开发利用是一节优秀课不同凡响不可或缺的要素,优秀的教师会合理地利用、积极地开发贴近学生实际、贴近生活、贴近时代、内容健康的课程资源,借助优秀的书刊、音像、电视和网络信息资源,拓展学习和运用的渠道,促进学生学得积极有效、轻松愉快。

开发、利用课程资源的原则是直观、易行及有效。常见的课程资源有实物、图片、卡片、简笔画、课件、体态语、声音。如江西谢文婷的 video of a student's day;陕西刘博的兵马俑课件、印有地图的 T-shirt、太原景观;安徽朱顺美的足球与 video of a football match;辽宁张雪琦的 video of scoring a goal;山西赵莉的 video about what Mr. Lee needs 等。

六、关注教学个性的张扬

撒切尔夫人说过,“你们根本不用担心中国,因为中国在未来几十年,甚至一百年内,无法给世界提供任何新思想。”这是值得我们国人尤其是教育人深思的。温家宝同志谈及什么是好的大学时说:“关键在于有自己独特的灵魂,这就是独立的思考、自由的表达。”教育何尝不是这样 ,如果没有精神的自由和表达的自由,就没有批判;没有批判,就没有创造。作为教师,我们要有思想、有主张,体现个性特点。

一节课,既要有骨架(知识结构),又要有载体(师生活动),更要有灵魂(核心思想、教学主张、教学风格、课堂文化)。江西谢文婷 loving smile from A to Z,陕西刘博的幽默与智慧(脱去外衣里面是印有中国地图的 T-shirt),江苏李磊的幽默与夸张。教学主张是名师之所以为名师的重要原因,是具有影响力的名师与一般名师的显著区别。真正的名师应当有自己的教学主张,不仅以他的教学经验、教学特色影响着教师,更应以他的教学主张,即个性化的教育思想影响着、改变着其他教师。即便是教学经验,也应是以教学主张为支撑的教学经验,才能真正影响教师。

教学风格是教学主张的表现形式,其形成有四个阶段:(1)梳理自己的经验;(2)从经验走向特色;(3)从特色走向理论建构;(4)验证和完善。其中最核心的环节定为课题,通过课题来完善和实施。

七、关注教学的简约与有效

莎士比亚说:“简洁是智慧的灵魂。”课堂教学要删繁就简,凸显平实之风,彰显简约之美,促进学生和谐发展。我们要始终思考 How to make classes easy? 不简简单单地上课,却要上出简简单单的课,要深入浅出,把教材变浅,把教法变简,使效果更明显。做到目标简约、设计简约、方法简约、任务简约、资源简约、问题简约、语言简约和板书简约。回归课堂,把课堂还给学生,关注课堂教学的有效性,把握“三大策略”:大道至简——课堂形态没有花架子;大智若愚——教师的思维要还原简化;大成若缺——教学时空,留有余地。

八、关注教学的预设与生成

课前的预设一定要到位,如果学生掌握得很好,一定要赋予他们更多的内容,如果掌握不好,可以随机改变策略。

教案的设计既要基于文本,也要不被文本束缚,超越文本,拓展创新。备课必须注重单元的整体性,语用教学、文化情感目标必须渗透到整节课中,万不能等到最后才突然强调。

不做无用功:不必要的目标不要设定,不必要的活动不要实施。远离主题和内容的活动即使再精彩也是无效的。

有效设计文本。朱浦认为,英语课堂教学的有效设计包括文本内容、文本语言和文本情感,以语篇、语境带动语言学习以及语用提升与情感体验;在教学中关注文本内容,提高学生的信息处理能力、关注文本语言,发展学生的语言学习能力、关注文本情感,提升学生的语言文化素养。广东王莉在"Endangered animals"一课中,通过图片、视频和语言文字等方式对濒危动物的解读和教学,十分自然地激发了学生保护这些稀有动物的情感,进而意识到要改变自己不良的生活习惯;江苏李磊"Healthy food"一课,设计了层次性的问题来关注学生对语言的学习和理解,在语言知识的建构中学生达到了能力的提升;辽宁张雪琦的"Ben's noisy day"一课,通过让学生对文本进行读前预测,读中整体呈现、分段处理,读后认知再构、输出运用这三个阶段,培养学生对文本的信息处理能力以及语用能力。

重新审视板书设计。选手们的板书大多设计精美,功能性很强。首先在板书的帮助下学生能提取文本信息,理解教学内容,基于此,学生能根据板书来复述本课所学的内容。板书的内容则提供给学生一个完整情景;板书的布局与结构是对文本知识点的建构,学生能在其帮助下,对所学内容进行逐层的理解,同时也发展了学生的思维能力。也有少数选手板书贴标签,不能起到示范引领的作用。江苏李磊结合教学内容"Healthy food"设计的金字塔式板书切中主题,颇有创意。

九、关注素质提升与微技巧运用

我们要注重个人素质的提升,避免不必要的低级错误或失误,如有选手使用repeat again,Where did you go before? Yesterday I went to Taiyuan.(选手本来身处太原)提高教学设计的规范性和准确性,杜绝语言、标点符号等错误的出现。

在日常教学中,尝试新的教学模式,不能永远停滞不前。删除无效环节,给学生更多自主合作探究的空间。

把握正确与恰当的关系。在真正的语言交际过程中,恰当、适当、得体比正确更重要,I'm going to go camping because I'm hungry.这句话不错,但绝不恰当,长期如此,我们就会教出"说着语法正确却不得体的英语的学生"。

语篇教学中的跟录音读是必不可少的环节,特别是学生在一系列的阅读策略指导之后的有感情的跟读,低年级段尤其重要。More input, more output.少数选手听读输入不够,致使学生难以有效输出。

学生做作业时放音乐的目的在于发展学生的潜在能力,这是暗示教育理论的课堂实践。暗示教育理论主要来源于暗示学和心理学,即利用暗示手段,最大限度地开发个人潜力,提高记忆力、想象力和创造力,实现人的自我发展;它主要运用放松、音乐、情境、表演等暗示手段,形成一种欢快愉悦的氛围,激发个人的心理潜能,提高学习效果。

此次课堂教学观摩研讨会是我国小学英语十年课程改革成果的一次大检阅,促进了《义务教育英语课程标准(2011 年版)》的深入贯彻落实,推动了我国小学英语课程改革,广泛交流了小学英语教学研究的最新成果,深入探索了小学英语课堂教学的有效途径,对我国小学英语教学的发展必将起到极大的推进作用。

新课改以来,我们观摩了无数光彩照人的优质课,有了无数个一等奖获得者。但是,随着时间的流逝,不少一等奖的获得者在我们的视线中逐渐消失了。为什么?因为比赛不是教师一个人的功劳,而是集体智慧的结晶。很多年轻教师都是在还没有自己的风格、体会的时候走上讲台的,然后经过大家的无私帮助最终获得了桂冠。然而在比赛之后,一些年轻教师就很少再去研究教学了,所以也就慢慢地"隐迹"了,这种现象值得我们反思。教学与研究是成就名师的"双翼","教"而不"研"则浅,"研"而不"教"则浮。教学是研究不竭的源头活水,研究是教学富有生命与活力的有力保障。教育研究和写作使教师站在自己的肩膀上攀升,教育研究与写作尤其是课题实验为名师插上了腾飞的翅膀,可以说,没有教育研究,名师必然半途"夭折"或者昙花一现。

我们的队伍中不少教师不断地探索创新,追求卓越,形成了自己的教学风格,初尝了教科研的甜头。让我们务实创新,天天构建一节好课,创造充满生命活力的生态课堂!志存高远,向教育科研要质量,做思考的实践者,做实践的思考者,做一名充满智慧和诗意的幸福教师!

构建魅力课堂　引领学生发展

——安徽省第六届高中英语教学观摩研讨会课例展示有感

为了进一步推动英语课程改革，观摩、交流高中英语课堂教学的方法和经验，推广具有典型性、代表性的优秀课例，展示不同的教学风格和教学艺术，检验高中英语教学研究的最新成果，探索高中英语课堂教学的有效途径，安徽省第六届高中英语教学观摩研讨会暨优秀课例展评活动于2014年9月21日~23日在黄山市举行，来自全省各地的700多名代表参加现场观摩听课，研讨交流。

魅力课堂的由来：

课堂教学改革经过了从传统低效课堂→有效课堂→高效课堂→魅力课堂的历史进程。魅力课堂通过改变课堂结构，把学生从"时间+汗水"的应试模式中解救出来，把时间还给学生，把睡眠、健康、灵性、兴趣、发展还给学生；课堂教学改革走过了另一条从单纯追求掌握知识→基础学习能力→终身发展能力的路径。魅力课堂注重"激情与美丽""对话与交流""问题与思考""尊重与激励"，即从关注知识，到关注获得知识的途径、方法、能力，关注人的可持续发展和精神成长，关注到"人"本身。魅力课堂顺应历史发展的趋势。

课堂最缺的不是知识、方法、责任，而是生机、活力、激情、对生命的敬重以及学习的精气神。魅力课堂是"引力场"，魅力课堂是"思维场"，魅力课堂是"情感场"，魅力课堂是人的"生命发展场"。其价值取向是：由"知识课堂"走向"生命化课堂"。魅力课堂教学，是以尊重人的情感体验（积极与快乐）为出发点，是要激发学生学习的"精气神"。其基本方向是提升"三力"：即提高课堂学力，激发学习活力，增强教学魅力。其基本特征是：教师教得轻松，学生学得愉快，考试考得满意。

一、目标适切，达成度高

目标设计遵循SMART原则：具体（specific）、可测（measurable）、可达（acceptable）、可行（realistic）、时限（timing）；体现ABCD要素：教学对象（audience）、行为（behaviour）、条件（condition）和标准（degree）。

方婧雯根据课题"The road to success"设计的情意目标是，Develop awareness of the fact that success can not be achieved one day. Only if we have a good attitude, work hard and never give up can we achieve success.

目标设计存在的问题有，主体学生处于被动地位，如The students will be encouraged to. . . ,To encourage Ss to. . . ,To improve Ss' abilities of; To raise Ss' echo,To develop and strengthen their comprehension; Enable the students to do. . . /Let students learn to do... ;Students will be encouraged/trained to... ,Stimulate Ss' love and respect for sports等。课时目标不等于课程标准总目标,也未必等同于单元目标,不要宽泛,要贴切课时内容。

当目标成为共识,起点就决定了方向。一个好的教学目标的制定以学生的最大收益为标准。学生在教师设计的教学过程中通过自己阅读、提取、对话、感受、体验获取到的知识,是课堂成功的关键。

无论是三维目标,还是自主、合作、探究的教学方式,都在释放一个强烈的思想信号——人,完整的人的发展。以人为本,就是要颠覆过去教育中以他者(知识、权威、成绩等)来压迫人的精神需求的观念,就是要还原教育养育人的精神生命的责任。

教师对学生的影响,不仅仅停留在学科的、课堂的、教学的层面,也不仅仅停留在知识和能力的层面,归根结底,是人对人的影响。黄艳以诗结课点题 Friendship, Friends care. Friends share. We need friends. Everywhere! 实现情感的提升,自然得体。阮兴武结课时通过两则名言 By the time a man realizes that maybe his father was right, he usually has a son who thinks he'swrong(Charles Wadsworth). A father is always making his baby into a little woman, and when she is a woman he turns her back again(Enid Bagnold).点题 Love your dad back,引起学生和观摩教师的共鸣。

二、方法得当,事半功倍

方法的知识,对于个体来说,具有终极的和终身的意义。法国哲学家笛卡尔说:"最有价值的知识是关于方法的知识。"

教育提倡"风筝理论"——教与学犹如放飞风筝,你若攥得太紧,风筝可能飞得不高;你若撒手不管,风筝定会落地。让学生在你的视野之内、在你的风筝线的牵引下自由翱翔,教师握住此线,把最难的交给学生管,一切都在你的掌控之下,让你的思想、理念、制度、文化牵引学生、激励学生成长,恐吓与扣分是囚笼政策。

1. 创设情境,快乐学习

李吉林强调:教育要由境入情,情境交融,以情感人。

选手们通过多维途径,创设切合教学内容的情境,激发学生学习兴趣,提升课堂教学水平。如方婧雯放映 video of American dream,王妍设计了 video of lifelong learning,阮兴武演示 video of Dad,吴丹借助剪纸等资源创设情境等。

2. 整体教学,发展能力

寓词于句,寓句于境,让学生进行整体感知,使其既见树木,又见森林;选手们都能在语境中教授词汇,化难为易,化繁就简,培养了语感,避免了单纯的死记硬背;学生在习得语言的同时也受到人文熏陶及与人合作能力的培养,占昊华结合主题 I have seen amazing things 实现提升, Life today is amazing! Life tomorrow will be better! Cherish today! Look forward to tomorrow!

阅读课整体语言教学的基本路径是整体—细节—整体。具体策略为，粗读了解大意，细读了解细节，读后回归整体，由阅读输入（input）到学生内化（intake）进而说写输出（output）。黄艳、方婧雯等引领学生速读了解大意，细读了解具体信息，读后讨论发表见解或写作输出就是整体语言教学的尝试。

3. 自主学习，积极发展

教是为了不教，不教之教是最高明的教。方婧雯、阮兴武、王妍等阅读课型教师大都设计了默读引导学生自主学习；占昊华在大屏幕上设计倒计时给学生充分的自主阅读时间，使自主学习落到实处，不再是一句空话，也避免了随意性；有的选手虽然也给学生自主活动时间，但唯恐时间不够，任务刚刚布置就匆促结束，致使活动流于形式。

4. 合作探究，携手共进

学习金字塔告诉我们，我们应该减少教师提问、学生个别回答的模式，而增加pair work，group work 等合作学习的时间，培养学生合作探究的习惯与能力 。

任务驱动型教学，就是引导学生在做事情的过程中，自主学习、感知体验、交流协作、张扬个性、实践提高、探索发展。这是课堂教学追求的最高境界。教师在任务实施中是组织者、导演、帮手、激励者。方婧雯设计了任务链 Task 1：Invite students to read the text quickly to get the following information. Task 2：Read the text carefully and answer the following questions. Task 3：Guide students to find time clues which show Wang's growth. Then read the text again and fill in the blanks. (Work in groups) Task 4：What do you learn from Wang Junyan's success? Task 5：Interview (Work in groups) 从低阶到高阶，由浅入深，由易到难，从输入到输出。周霞设计了 Write a simple English poem. 方婧雯设计了 Write a composition on the topic of "The Key to Success". 等项目化的课外作业，有助于培养学生搜集信息、处理问题、完成项目的能力。

5. 激励进取，主动发展

第斯多惠说："教学的艺术不在于传授本领，而在于激励、唤醒和鼓舞。"

以个人基础为评价的基准，衡量学生进步的幅度大小，用幅度去评价学生，使每个学生都有成功感。方婧雯结合教学内容"The road to success"设计了 encouraging assessment card，将学生分为 A、B 两大组 PK 登山，通过小组间的合作与竞争实施发展性评价，激励学生学习；占昊华要求学生 Introduce your invention. 鼓励学生 Vote for me. Please give me a star. 个别选手虽然也使用了竞争性的评价，但往往评价不及时；有几位选手设计了 self-assessment，却流于形式，只是最后涉猎一下而已，不能贯穿始终，以至于评价的激励作用大打折扣；有位选手以实物激励值得商榷。

三、以学定教，积极发展

课堂教学的目的就是促进学生的发展，关注学是教的根本，所以，必须关注学生的课堂表现。无论公开课还是平时的日常教学,一定要重视学生的收获。而不是把课堂当作教师表演的舞台,进行才艺展示。

1. 学生的情绪状态

引领学生积极主动发展,教师的激情能够感染和带动学生。有经验的教师从不把学生看作容器,而是看作期待点燃的火把。课堂教学要体现教师的生命价值和崇高师德,必须要有“精”(精力充沛)、“气”(气势旺盛)、“神”(神采飞扬)。阮兴武从容不迫,亲和力强,营造了宽松和谐的教学氛围,学生学习情绪高涨。周霞在 Poems 教学中,凭借教学素材的特点,情之所至,予人以美的享受。

2. 学生的参与状态

学生的参与,不仅仅是动态的表现,而且有静态的思考与想象。教师的课堂留白,激思启疑,给予学生发展的空间,体现教学的深度与高度,同时也做到动静相宜,扶放相生。

加德纳指出,21 世纪的教育是什么?是思考力的教育。方婧雯的板书设计正是培养学生发散思维的体现,即 different roads to success;阮兴武让学生说出 about Dad 的形容词,答案丰富多彩,tolerant, hardworking, silent, able...;詹昊华设计活动 Let your imagination fly and design a new invention with your imagination. 魅力课堂启迪学生思考。教师要善于设计问题,通过问题推动思考,发展学科思维能力,促进素质全面提升。

3. 学生的交往状态

教学要加强学生之间的互动,避免“假象热闹”。关注学生的交往状态,全员、全程和全身心的投入,做到教学活动化,活动生活化,学生之间合作交流,和谐共进。

选手们的 role play, group work 等体现了生生之间的互动。互动要有目标,富有成效,要 face to face, eye to eye。

四、不断修炼,彰显魅力

1. 修炼语言魅力

不断修炼自我,提高自身素质,关注语音、语调,注意语言的 fluency 与 accuracy,不要自始自终一个调似新闻直播,要讲究抑扬顿挫,体现语言的魅力。

2. 彰显教学魅力

(1)激情与智慧相得益彰。李静纯先生曾指出,an English teacher should have engineers' wisdom, poets' emotion, actors' enthusiasm and cooks' art. 四者相辅相成,不可偏废。

(2)把课堂让给学生。前新加坡教育部长尚达曼在谈到提高教育质量问题时,说了一句很精辟的话:“教得越少,学得越多”。课堂是学生发展的天地,不是教师表演的舞台,把握教师的“有为”与“无为”,以教师为主导,以学生为主体,体现学生的学习过程(情绪、参与、思维、交往状态),从输入(input)到内化(intake),关注学以致用(output,outcome)。

单纯的“教”给学生答案,等于剥夺了学生思考的机会。陶行知说:“我以为好的先生不是教书,不是教学生,乃是教学生学。”教师应该教会学生掌握学习的方法,成为“让孩子自己发现水源,并寻找适合自己的打水工具的指路者。”把课堂“还给”学生,让他们成为课堂真正的“主人”。激活思维,培养想法,引导自学,先学后教,不教而教,让课堂回归学生的世界,让课堂变成阳光灿烂、灵性生长、青春飞扬的舞台。

(3)演绎方法的精髓。实施任务型教学,需要关注任务的有效性,激活学生,尽可能让所有学生参与其中,不能长时间将大多数学生晾在一旁无所事事、看猴表演。如请小组学生展示任务时,向其他学生提一两个问题,则所有学生都能关注任务,而不是事不关己、高高挂起;另外,较难任务教学之前的提示、示范、准备不可或缺,避免学生不知所措。

3.体现微创新的魅力

微创新也是生产力,微创新看起来小,但不仅可能丰富教育科学的宝库,而且可能引发对教育大问题的突破性思考。方婧雯设计的 encouraging assessment card 等正是教学的微创新。

让我们更新观念,问道于生,求道于学,以生为本,以学定教,从改变课堂结构入手,关注微创新,减负增效,提高课堂学力,激发学习活力,增强教学魅力,创造充满生命活力的魅力课堂,逐渐形成自己的教学风格与特色。

启迪学生思维　培养学生能力

课堂教学改革经过了从传统低效课堂→有效课堂→高效课堂→魅力课堂的历史进程。课堂教学的目的是促进学生的发展,关注学是教的根本。魅力课堂是“引力场”,魅力课堂是“思维场”,魅力课堂是“情感场”,魅力课堂是人的“生命发展场”。

加德纳指出,21 世纪的教育是什么? 是思考力的教育。启迪学生思维,可以彰显课堂魅力,提高学生素养,为学生终身可持续发展奠定基础。

一、创造目标语言氛围,培养学生英语思维意识

《普通高中英语课程标准(实验)》指出:“着重提高学生用英语获取信息、处理信息、分析和解决问题的能力;逐步培养学生用英语进行思维和表达的能力。”语言与思维密切联系,思维是语言的内容,语言是思维的载体。人的思维受母语的影响太大,学生在开口讲之前往往先把要讲的中文内容在头脑中翻译成英语,再说出来,还不能完全用英语来思考问题,形成英语的思维。

用英语思维是指排除本族语或本族语的干扰,用英语直接理解、判断和表达的能力。没有经过英语思维能力训练的人,大多是把听的东西译成自己的母语后再储存在记忆里。“你吃饭了吗?”“你去哪儿?”“走好”“慢走”之类的客套话在汉语里司空见惯,若不假思索地移植到英语中“Do you have dinner?”“Where are you going?”“Go slowly.”“Walk slowly.”这样听起来很不自然,这些都是母语在英语交际过程中的“负迁移”。在英语教学中应多让学生听地道的英语,培养他们边听边直接用英语把听到而且理解了的东西储存在记忆里的习惯,以及培养他们克服母语的干扰,善于过渡到直接用英语表达的良好习惯。

通过大量的听、读输入,学生不知不觉中形成英语思维,学会用地道的英语进行说、写的输出。创造目标语言氛围,有助于培养学生的英语思维意识,通过英英释义、用英语组织教学,让学生沉浸于英语语言氛围中,可以培养学生英语思维的能力,如 Mother's/Father's mother/father is grandmother/grandfather。

二、关注学生参与,启迪学生思维

学生思维能力的培养需要适切、积极的教学环境。有些英语课堂,已经热闹过度,丰富的图片、精美的课件、各种形式的游戏、表演及不时的鼓掌声……如此热闹带来的如果是一种表面的繁荣而缺乏内涵,容易滋生浮躁的心态,有时未必能够带来更多智慧的内涵。

学生的参与，不仅仅是动态的表现，而且有静态的思考与想象。教师在教学中还要注意留白。英语学科教学中的留白，就是留给学生知识上、心理上的暂时性“空白”，留给学生思维驰骋的空间，留足学生自由思考的余地，从而突出学生学习的过程，使学生充分享受到“沉浸浓郁，含英咀华”的乐趣。在此过程中，教师的作用“不在于全盘授予，而在于相机引导”，不落痕迹地造就教学中的“阴晴圆缺”，演绎精彩的“补白”。

努力通过课堂教学培养学生的思维能力。发扬教学民主，调动学生参与学习的积极性，主动探索，认真思考，大胆创新。巧设问题，善设疑点，给学生创设一个大胆想象的空间，提供一个自由发挥的语言天地，发展学生综合语言运用能力，培养创新精神，增强实践能力。

三、绘制思维导图，引发学生发散思维

威廉·叶芝说过，“教育不是填满一桶水，而是点燃一个火把。”点燃学生思维的火把，可以使学生振翅飞翔。

学习是基于学生原有知识经验基础上的自我建构，其原有的知识结构对新知的学习具有很重要的作用。要引导学生实现自我建构，学生头脑中的知识结构组织得越好，就越有利于保存和应用。特别是面对新的学习情境时，就越容易提取出来，以适应新知的学习。

思维导图，又叫心智图，是迄今为止可以最完美地表达发散性思维、提高工作效率的辅助性工具。利用它，可以将大脑迸射出来的模糊灵感快速转化成条理清晰、主次分明的树状图形，最终形成严谨的思路。该方法同样可用于日常学习中，帮我们将纷繁的知识点联系起来，最终形成一条完整的知识链。

运用思维导图对所复习的词汇、句型、语法进行发散性分类列举，利用 spider gram 帮助学生建构一个完整的语言知识体系，这就像蜘蛛结网一样对某一内容进行蜘蛛网的扩散，从复习一个词汇达到复习一串词汇的飞跃，培养学生演绎和归纳的能力，使复习效率大大提高。在复习季节时，可由 How many seasons are there in a year？展开复习四个季节的英语名称，然后通过 How's the weather in spring/summer/autumn/winter？来复习描述天气情况的形容词 sunny, rainy, cloudy, windy, snowy，再从描写天气情况的形容词串到与天气有关的名词 sun, rain, wind ,cloud, snow；这样通过 brainstorming 由 seasons→spring, summer, autumn, winter→sunny, rainy, cloudy, windy, snowy→sun, rain, cloud, wind ,cloud, snow，由季节总称→四季→形容词→名词，将词汇通过“串联”产生内在的联系，加深对所学知识的理解和记忆，同时帮助学生形成初步的英语构词法知识，提高学生学习构建英语词汇的能力。此外还可从 sunny, rainy, cloudy, windy, snowy→warm, hot, cool, cold→fly kites, swim, taste oranges, skate /make a snowman/ have a snowball fight，将季节、气候、动作串联起来，激

活学生思维,“联”出一片生机。

四、借助教学素材,发挥学生想象

想象是人脑在原有表象的基础上加工改造形成新形象的过程,是发展儿童思维和语言的一条重要途径。设置疑问,引导学生展开想象,续说对话、故事的多种结果,借以培养学生发散思维的能力。通过想象性质的疑问,扩展学生思路,引导学生按各自的理解去续编对话、故事,既训练了学生的发散思维,又培养了学生实际运用语言的能力。

中小学生擅长形象思维,在课堂教学中利用插图,充分让学生体验表象,发挥想象,并用语言描绘出来,可以有效地发展他们的思维。充分借助插图,既可以训练学生的形象思维,又能提高语言学习的效率。

创设情景是指根据教学内容,在课堂上创设一个与教学内容相关或相似的形象、情境或气氛,以此来引发学生进行再造想象。设计情景让学生有身临其境的感觉,并且产生联想、想象,进而深入教学内容,培养学生再造想象,发展形象思维。

引导学生看图说话,将学生的思维置于想象之中,使学生产生探索和表达的欲望,以填补认知冲突中不平衡的部分,自主地开始学习。将教学内容置于新奇的想象、猜想之中,在新知与旧知之间设置一定悬念,引发认知冲突,鼓励、引导学生利用已学的旧知去对新知进行联系、预测和假设等,再来验证其猜想,既能吸引学生的兴趣,又能有效激发学生的思考,促进知识的主动探究,培养学生的想象力。

让学生猜谜语,启迪学生思考与想象。We can see flowers in it (garden). We can read books in it (library). It's black. It's a rectangle (the blackboard). It's red and yellow. It's a circle (the sun).这些谜语让学生进入丰富的想象空间,可以培养学生的思维能力与想象能力。

五、加强听读输入,培养学生逻辑思维、归纳推理能力

在发展听读能力的同时,我们可以利用听读素材,培养学生逻辑思维、归纳推理的能力。英语阅读课的一个重要目的在于培养学生细致观察的能力以及假设判断、分析归纳、推理检验等逻辑思维能力。

通常而言,需要培养和掌握的主要英语阅读技能有:理解主题和中心思想;略读以掌握主旨大意;跳读搜索具体信息;区分事实和观点;利用上下文及构词法猜测生词义;善于推理;做出合理的结论;体会言外之意;预测篇章内容;辨认作者的态度等。这些阅读技巧的训练能培养逻辑思维、归纳推理的能力,并可极大地激发阅读兴趣、提高阅读效果。在教学“A football match”时,通过引导学生 read and number, choose a title for the story 等,可以培养学生逻辑思维、归纳推理能力。

六、引导学生发表见解，培养欣赏与批判等高阶思维能力

没有创新精神的人很难有创造性的成果。在教学中我们应抓住学生的好奇心理，结合教学的实际需要，灵活地、创造性地使用教材，活化教材，通过扩展教材内容或活动步骤，充分激发学生勤于思考、敢于创新的积极性，鼓励他们多角度、多方面、新颖独特地提出问题、解决问题。提倡一疑多解，鼓励学生敢破常规，使教学向纵深发展。充分挖掘教材内涵，激发学生潜力，活化教材，注重激发和引导，训练学生的求异思维，培养学生思维的流畅性和独创性以及创新意识。

注重培养学生的高阶思维。尤其在八年级以后，避免设计过多的碎片化问题，以免影响学生高阶思维的发展；在日常教学中，注意设计对整篇、整段文章有深度、有内涵的问题。在“A football match”一课教学中，可以引导学生 commenting the body part of the story，在“My weekend”一课的教学中，要求学生 Choose a better weekend plan for Jim. Why? Do you like his plan? Why? (Boring/Busy/Fun...)引导学生学会思考、欣赏与批判。

七、走出思维定式，引领多元思维

引导学生在思维方面出现的错位、缺失，走出思维定式，加以智慧地引领，定能引导学生跳出原有圈子，消除自身的思维定势，进行多元思维，不断提升学生思维的广度与深度，使学生的思维得以百花齐放。

例如——Lucy didn't come to school, did she?

——________. She was ill in bed.

A. No, she did　　　　B. Yes, she did

C. No, she didn't　　　D. Yes, she didn't

分析：本题考查反意疑问句的用法。在回答“前部否定，后部肯定”的反意疑问句时，由于受汉语思维定势的影响，不少考生误选 D，即将“是的，她没上学”硬套成英语；其实，英语这时是从答语后半部的形式上来决定用 Yes，No 的，故选 C。

八、设计任务，激思启疑

心理学研究表明：人的思维是从疑问开始的，疑问能引发学生认知上的矛盾，产生心理上的不平衡，从而激发他们积极地去探索，以解决问题，实现心理平衡。我们在教学时，可依据教学目标并结合教学内容，设计贴近学生生活实际的任务。在导入时就布置任务，激起学生的疑问，让他们带着疑问参与学习过程，通过思考、讨论、交流等方式解决问题，完成学习任务，训练探索性思维。通过任务设疑，激发了学生对学习课文的兴趣，促使学生带着疑问主动获取语言知识；在学习“用英语做事”的过程中发展用英语解决实际问题的能力。经常性地训练，学生思维会更活跃，质疑和释

疑会更积极。

苏霍姆林斯基说:"在人的心灵深处,有一种根深蒂固的需要,这就是希望感到自己是一个发现者、研究者、探索者,而在儿童的精神世界上,这种需要特别强烈。"启思激疑是一种有效的课堂机制,它是在教师引导点拨下,学生从教材的内在联系和特点方面去思考,去激活疑问,激发推想、预测,边读边思,由思促疑。教师要有意识地通过阅读等教学途径,启迪学生思维,引导他们发现问题,研究问题,并逐步训练他们提出问题和解决问题的能力。阅读教学可以有意识地激思启疑,引导学生发现问题、提出问题,并学会解决问题。

让学生带着疑问,在已有学习经验和知识积累的基础上,在教师的点拨下,自主地发现问题、解决问题,是启发学生思维的最自然状态。学习是一个积极主动建构的过程,知识是个体经验的合理化,而不是说明世界的真理。课堂缺失了学生思维的积极建构,所有的知识获得将是苍白的、空洞的。

九、授人以渔,激活思维,学会学习

单纯地"教"给学生答案,等于剥夺了学生思考的机会。教师应该教会学生掌握学习的方法,成为"让孩子自己发现水源,并寻找适合自己的打水工具的指路者。"把课堂"还给"学生,让他们成为课堂真正的"主人"。激活思维,引导自学,先学后教,不教而教,让课堂回归学生的世界,让课堂变成阳光灿烂、灵性生长、青春飞扬的舞台。教给学生 reading strategies、learning tips,授人以渔,则终身受用不尽。有了策略、方法的引领,学生定会文思泉涌,畅游学海。

魅力课堂启迪学生思考。培养学生思维能力的最终目的与最高境界是提高学生的英语素养,培养学生综合运用语言的能力,因此教师教学时要把握时机,引导学生由此及彼,由点到面,立体思维,不断拓展学生的思维空间。

教师要善于设计问题,给予学生一把开启思维之门的钥匙,通过问题推动思考,学会思维,形成思维,发展思维,引导学生智慧转身,逐步学会从"被思维"走向"自主思维",促进素质全面提升。

积极的人生,往往是善于思考的人生,他们有着独特的思考方式。成功的人生,往往是会思考的人生,他们由于不断地用心思考、创新思考,不断地开发了人的思维潜能,提升了人的思维智慧。卓越的人生,往往是不断的学习与借鉴,不断的追问与反思,不断地系统思考、创造思考,创造一系列新思维成果。如果每一位学生都成为课堂的积极思考者,在思考中提升能力,感受到进步与发展,课堂自然也就在思考中增强了魅力。

创造充满生命活力的英语课堂

——安徽省“清华大学大中小学一条龙英语教学实验”课例交流会评述

雨过留下潮湿的印记,雁过留下轻盈的身影。那么,一节课后应该给学生和观摩者留下什么呢?是印象还是体验?是知识还是能力?是华丽还是朴实?是“一言堂”还是“群言堂”?应该是怎样的呢?在观摩安徽省“清华大学大中小学一条龙英语教学实验”课例之后,笔者对这个问题有了更清晰的认识。

一、突现新课程理念,目标设计多维

这次课例交流会的课题涉及清华小学英语一年级到三年级。课例凸显了新课程的新理念:面向全体,注重素质教育;整体设计教学,培养学生综合语言运用能力;突出学生主体,尊重个体差异;采用活动途径,倡导体验参与;注重过程评价,促进学生发展;开发课程资源(如Disney English,生活CD片,声音资源及身体语言资源等),拓展学用渠道。

认知、能力及情意三维目标在教学中均有所体现,而不是拘泥于认知目标。如董晓玲课末引导学生在欣赏短剧 *The rabbit and the turtle* 时,教育学生要做到持之以恒、浮躁不得。

二、依据教学内容,操作方法多元

在教学方法上,选手们能根据语言习得的思想,依据教学内容,通过听、做、说、唱、玩、演的方式,倡导学生体验参与,运用情境教学法、交际法、整体语言教学法、全身动作反应法、任务型教学途径,构建“学习活动化,活动生活化”的乐学课堂。

运用实物、模型、卡片、图画、实景(如洪晨的生活CD片)、课件等创设情境,激励情趣,促进学生有效学习。

整体语言教学主张把语言作为一个整体来教,不把语音、词汇、语法拆开来训练。如董晓玲在教授fast, slow时就是寓词于句、寓句于境,让人既见树木,又见森林,而不是孤立地教单词和语法,学习英语不再是单纯地死记硬背,而是积极思维,主动学习。

全身动作反应法注重学生听觉、视觉、触觉多感官的共同参与,能迅速吸引学生的注意力,让他们在身临其境的实际体验中学习英语,培养学生的自信心和成就感。如:赵新敏通过Touch your head. Touch your eyes. Touch your ears等动作练习热身,可谓是一石二鸟。既活跃了课堂气氛,复习了旧知,又为呈现新知埋下了伏笔。

三、创造生命课堂，促进师生共同成长

任务型教学昭示着外语教学的春天来了，教师有了展现自己生命意义的舞台，学生有了自主发展的“阳光”“空气”和“水”，师生的多元智能在任务型教学中共同生长！选手们以学生为主体，以任务为中心，以活动为方式，学生在趋于真实的任务中去做事、做有意义的事，他们在运用语言的过程中自主学习、感知体验、交流协作、张扬个性、实践提高、探索发展，面临真实的个人选择，经历真实的情感体验，进行真实的人际交往，英语课堂更趋鲜活。如选手们较多地设计了 Listen and number. Listen and match. Listen and check. Guessing game 等任务，陈茜的 Look and say 描述 What's spring like？杨雅君的 Shopping，彭革成的 Talk about your family photos 等。

这次清华小学英语课例交流会充分体现了任务型教学的基本特征：课堂教学交际化，交际教学活动化，活动教学任务化，任务教学真实化，课外作业项目化（如孙霞给学生的作业为，回家观察父母的表情练习 Why are you so happy/sad？让学生能学以致用），评价方式过程化（李学红、雍文芳、陈茜、杨雅君、董晓玲、孙霞、洪晨等结合教学内容把学生分成若干组，奖励红花、红星、笑脸等，使评价贯穿全程）。

展现教与学的过程，促进师生共同发展。兴趣热身、复习过渡、新知呈现、练习运用及拓展延伸五环过渡自然，环环相扣，浑然一体。学生有充足的时间运用语言，培养语言的生成能力，拓展思维（如陈茜要求学生 Talk about the picture，使学生有话可说，答案具有开放性），发展自我，促进语言知识、语言技能、情感态度、学习策略和文化意识综合语言运用能力的提高。在语言的拓展运用中，语言促进了思维，思维进一步发展了语言，学生的语言智能、逻辑智能、内省智能、交往智能等得以发展。

四、创新实践，追求卓越，提高自身综合素养

李静纯先生认为英语教师应该有工程师的头脑、诗人的情怀（富有想象力，追求美的意境）、演员的激情、厨师的精湛技艺。I'm a teacher. I have different kinds of skills. I can show it anywhere anytime.

语言素养：真实洋味（try to be like a native speaker）、流畅准确（fluency as well as accuracy）、真情面对（激活学生，享受课堂）、丰富的体态语（emotional，如陈茜用体态语表演春天的景象，彭革成用体态语表演医护人员等）。行动素养：教学的执行能力，包括教学的规范设计——理念、目的（认知、能力、情意）、手段、方法、过程（渗透意图）及反思，教学的具体实施——组织、指导、参与互动（角色转换）、观察与调整。艺术素养：音乐、绘画、舞蹈、表演的基本功（take off your formal mask）。自主发展的素养：不断充实自我，追求卓越，富有创新精神；善于在教学中开展行动研究，重组一线经验，加强行动反思，改善教学实践。

用心感悟，反思前行。学然后知不足，教然后知困，知困然后能自强也。教育是

面向学生心灵的一门精细活，我们在重视教育教学的成功之时，更应正视困惑，困而后学，用心感悟，反思前行，追求教育的完美境界！

教学本身就是一门需要不断学习的艺术。这次课例交流中有待改进和提高的方面有：第一，把握目标预设与动态生成的关系，预设因生成而精彩；第二，个别选手的语言素质有待提高；第三，板书不可或缺（供学生示范，也是教学重点的体现），不宜贴条取代；第四，任务的设计与实施有待完善（生生之间的互动任务不可少，不能仅有一些表演性质的任务而忽视了大多数；任务实施的目的是为了语言的运用，不能本末倒置；任务实施前准备工作要到位，不能让学生不知所措）；第五，教学激情不可少（High enthusiasm can attract your students and make your class half success.）；第六，发表自己的教研成果，一线教师遍地是黄金，鲜活的文章来自教学实践，耕耘自有收获，付出定有回报，只要我们甘做有心人，写下自己成长的足迹，成功就在我们的笔下。

理想的课堂是以人为本的"生命课堂"，理想的课堂让学生心满意足，意犹未尽，依依不舍的课堂。

在充满生命活力的英语课堂上，师生共享彼此的思想、经验和知识，交流彼此的情感、体验与感悟，丰富教学内容，求得新的发现，从而达到共识、共享、共进的目的，实现教学相长，共同发展。教学过程不仅是一个认识活动过程，更是一个人与人之间平等的精神交流过程，它为学生主体性的凸显、个性的弘扬、创造性的解放提供了自由广阔的空间，只有在这样的课堂上，师生才会全身心投入，他们不仅在教与学，而且在感受着课堂上生命的涌动和成长。正是在这种教学理念指导下，知识才会变得鲜活，学生才会在快乐中学习、成长，英语课堂才会真正焕发生命的活力！

让生命活力早日走进学校，走进课堂，走进师生的心田！

Let's try to create the new English class full of life! Let's try to use a variety of ways to reach all children and to develop their multiple intelligences by carrying out whole-person education!

创造生态课堂　促进师生发展

——安庆市第二届小学英语优秀课例展示活动评述

第一部分　收获与感想

安徽省安庆市第二届小学英语优秀课例展示活动给我们留下了深刻的印象，选手们朝气蓬勃，勇于挑战，各展英姿，那一幕幕精彩的画面仿佛还在眼前……

这次优秀课例展示活动为期三天，每半天为一个课题，分别为外研社版《小学英语》（安徽）Book 2 Unit 3 的 Lesson 1，Lesson 2，Lesson 3 及 Book 4 Unit 2 的 Lesson 1，Lesson 2，Lesson 3。这 20 节课充分体现了国家《义务教育英语课程标准（2011 年版）》倡导的新理念。

一、面向全体学生，注重素质教育（素质教育观）

选手们以人为本，突出学生主体，尊重个体差异，这一做法也体现了人本主义教育观。在实施智力教育的同时开展品格教育，选手们结合教学内容 park，zoo，beach 等培养学生热爱大自然、保护动物的优良品质，通过 fashion show 培养学生崇尚美、热爱美的情操；在学生完成任务、交流对话中培养其团结协作，乐于助人的精神；通过英语语言教学培养学生的语言、音乐、运动、思维等多元智能。

二、整体设计目标，培养学生综合语言运用能力（综合语言运用能力观）

学生在英语课堂上不仅仅提高了语言技能（尤其是听、说方面），获得了一定的语言知识，更重要的是发展了相互交流的情感态度、任务型的学习策略及一定的文化意识。选手们富有亲和力，用自己的激情感染学生，实现师生零距离；当学生的引领者、参与伙伴、促进者、评价者，引导他们在演唱、短剧表演、猜谜、做游戏等活动中学会学习。

三、采用活动途径，倡导体验参与（任务型教学观）

We learn to swim by getting into the water and swimming. We learn football by going and kicking a ball. And we learn English by using it to do something. And not by being told about it. 这次课例展示活动的亮点、夺彩之处就是创新，掀起教学的小高潮，创造性地处理教材，任务的设计源于教材、又高于教材。在上“Family fun”第一课时，选手张华设计了 Fashion show 的任务，学生在轻音乐中 chant：Raincoat（ Sweater / Hat /

Shoes...), raincoat, put on the raincoat. Raincoat, raincoat, I'm wearing a raincoat. 他们学得轻松自如,主动愉快,积极有效,正所谓 Language learning is great fun. 选手谢红在执教"Family fun"第二课时,最后设计了 Who wants to be a tourist? 的任务,通过课件演示教学内容 park, beach, playground, movie theatre,进而拓展延伸到 Beijing, Shanghai, Lhasa, Suzhou 等,练习运用 Do you want to go to...? Yes. Great idea. / No. Maybe not. 让乐于表现的小朋友手执小红旗,举着旅游图,当上小导游,他们栩栩如生的描述令人神往,吸引全班学生一起出游,各奔东西,饱览祖国的大好河山,使整节课达到高潮。选手们还设计了 Listen and number, Listen and match, Look and talk, Quick response(迅速反应,如 May I use the computer? Sure. Go ahead. / No. Maybe not.) Video appreciation. 及 Guessing games(如"I do it and you guess.""What's missing?""I draw / show part of something and you guess.""Touch and guess.""Listen and guess.""Magic performance.")等贴近学生生活实际的任务,正所谓"教学活动化,活动生活化",学生能运用语言去做事、去做有意义的事,他们在实践中感知体验、探索发展。这使我们的小学外语课上升到一个更高的境界,这是教师对教材的深度挖掘,体现了 Tell me and I forget. Show me and I remember. Involve me and I understand. 的真实内涵。

四、注重过程评价,促进学生发展(发展性评价观)

如果一个孩子生活在鼓励的氛围之中,他就学会了自信;如果一个孩子生活在表扬的氛围之中,他就学会了感激。多一把尺子就多一批好学生。一位日本教师说,他的班上没有什么差生,他们各具特色,都是聪明的学生,我们要用千人千面的观点、用多元智能理论来评价我们的学生。选手们就此做了有益的尝试,丰富的语言 Good. Good job. Great. Cool. Right. Wonderful. You're so clever. You're really a man. 及小贴花(Stickers)等多种形式激励着小朋友的发展,呵护着他们的自尊心,培养他们的自信心。

五、开发课程资源,拓展学用渠道(全新的课程资源观)

这是一节优秀课不同凡响不可或缺的一个要素,优秀的教师会合理地利用、积极地开发有效的课程资源。在这次优秀课例展示活动中,选手们开发利用了生活中的英语,如选手程艳录制了短剧 *Lily's life* 呈现新知 Do your homework. Watch TV. Wash your face. Go to bed. 使学生学得轻松愉快,选手齐亚郎在上"At home"一课时,借鉴了 Disney Magic English 上的动画 *Plutou's at home*,让学生在欣赏动画时不知不觉地掌握了 living room, bedroom, bathroom, kitchen 等词语。

一节好课是激情与智慧的和谐统一,是教师生命力的载体与再现,凝聚着教师一生的感悟和追求,闪烁着教师的教学智慧和创造精神;一节好课让学生心满意足,意犹未尽,依依不舍,受益一生,甚至会激发学生一生的追求。愿我们天天构建一节好课!

第二部分 思考与建议

一、加强学习,提高自身素质

问渠哪得清如许,为有源头活水来。学习是润泽人的一生中最积极、最有意义的活动。只有学习精彩,生命才会精彩,只有学习成功,生命才会成功。加强学习,提高自身素质,是我们可持续发展的有效途径。学习是一种"解读",能推动我们观念的变革:人本主义、多元智能、任务驱动型学习、建构性学习、发展性评价等先进理念,我们唯有学习才能融会贯通;学习是一种"唤醒",能激起我们自主学习的愿望;学习是一种"整合",促进我们综合能力的发展;学习是一种激发,能挖掘我们创造的灵感;学习是一种"沟通",能带动我们彼此的合作。这次课例展示也显露出少数选手在语言素质上还有待提高,我们小学外语教师要不断地学习,领会新课标的精神实质,钻研外语专业知识,提高语音语调、语言知识水平、综合语言技能和文化意识。

二、精心备课,写好教学设计

这次优秀课例展示活动的一大特点就是评价标准将教学设计单列了 20 分,所以选手们的教学设计较以往大有进步,编排得具体、翔实,有模有样有特色。但少数设计还存在着一些问题,简单却不明了,如 song、chant 等缺乏内涵;有的校对不力,出现了缺漏字母和标点符号等现象。

一份规范、完整的教学设计一般应有以下栏目:设计理念、教学目的(认知目标、能力目标、情意目标)、教学内容、教学手段、教学方法、教学过程(Warm-up, Review, Introduction, Practice, Wrap-up),在教学过程的各个环节,可添加设计意图;一旦上完这节课,还可以加上教学反思。

三、不断打造,提高教学技能

有益的教研活动常常会造就一些名师。安庆市这次优秀课例展示活动使所有的选手得到了锻炼,使所有的观摩教师受益,有力地促进了安庆市小学英语教学的发展,使一些优秀选手脱颖而出。

通过这次课例展示,我们发现选手们在教学技能上还有待提高:在组织教学上要做到 use English if possible, use Chinese when necessary。在新课导入、教学过渡上一定要有伏笔,要自然有效,符合学生的生理、心理特点和认知规律;任务实施的目的是服务于语言的实际运用,不可本末倒置;关注个体的前提是面向全体,开展任务时不能将大多数学生较长时间地晾在那儿无所事事;教学词汇一定要有情境,要寓词于句,体现语言的整体性教学原则,避免枯燥乏味;师为主导,学为主体,师生的角色要分清,教要到位,不要越位,不要包办代替,学生在教师的引领下自主地发展;进一步拓展教学的辅助手段,挖掘教学资源,充分挖掘学生自身或身边的资源,如师生的声音、表情、服饰等都可能成为教学的资源;勇于创造性地处理教材,不被教材束缚,通过教学的灵活性拓展学生的思维,如在教学 May I use the computer? (Sure. Go ahead.)时,要善于拓展,拓展到学生的学习用品 pen, ruler, eraser 等,培养学生生成语言、学以致用的能力。Being enthusiastic makes a good class while lack of enthusiasm might affect your success in teaching. As we know, enthusiasm is contagious and so is disenthusiasm.

四、坚持反思,做研究型教师

学,然后知不足;教,然后知困。反思,是一个从发现问题、分析问题到解决问题的循环往复的过程,也是教师可持续发展的必由之路。反思就像一面镜子,让我们关注焦点,直面困惑;教师要从问题入手,从案例入手,在教学实践中自觉养成学习、反思、研究的习惯,在校本教研中开展自己的教学研究,解决自己的教学问题,发表自己的教研成果,改善自己的教学实践,构建新课程的教学方式、教研内容、教研网络,形成新的教研文化,做研究型教师。

这次优秀课例展示活动进一步印证了 An average teacher tells. A good teacher explains. A better teacher demonstrates. A great teacher inspires. 这段话。让我们一起学习新课标,提升自我,与时俱进,更新理念,以人为本,投身课改,积极实践,创造出更具生命活力的课堂,采用任务型教学途径,倡导体验参与,发掘学生的多元智能,诱发学生的内驱力,注重发展性评价,促进全体学生全面、主动地发展,谱写英语教学的美好明天!

Enthusiasm, Wisdom ,Activity and Development

English learning is great fun . The more you use English the better you'll learn it.

We learn to swim by getting into the water. We learn to play football by going out and kicking a ball. We learn English by using it to do things, but not just by being told something about it.

Tell me and I'll forget. Show me and I'll remember. Involve me and I'll understand . Please try our best to get the kids involved in class. When we give them a fish, they have a meal. When we teach them how to fish ,they make a living themselves. So we needn't give them too many fish. Please give them more fishing poles so that they can go fishing themselves. Encourage students to use English outside the classroom as much as possible. Develop students' own particular learning style. Learning and using must proceed hand in hand.

It's justified that task-based language teaching approach is effective and successful. It makes kids active, independent, cooperative, confident and successful. We can design many tasks , such as missing games, memory games, magic games, pairwork, group work, role plays, discussions, interviews, surveys, talking about pictures and video appreciations etc.

Mr. Li Jingchun says, An English teacher. should have engineers' wisdom, poets' emotion, actors' enthusiasm and cooks' art. I'm a teacher. I have different skills. I can show it anywhere anytime.

William Yeats says, education is not the filling of a pail, but the lighting of a fire. Love is such a fire that students will love us as well as the English learning. A teacher with love must have great enthusiasm in class. Enthusiasm makes a teacher half success. High enthusiasm can attract your students and make your class half success. Teachers are like water while students are like boats. When water gets higher, so will the boats.

Enthusiasm and wisdom makes a good class. A teacher. with wisdom has the new ideas of student-centred, task-based and encouraging ideas. He or she always thinks how to make classes easy, interesting and effective. Classes are designed with natural introductions, ingenius transitions and wise endings. Everything is carried out step by step according to the students' learning regularity, from easy to hard ,from simple to complex, from old to new.

Every student needs the feeling of success. Appreciation leads to success while complaint leads to failure. To give the students encouragement will make them confident. And confidence makes one success. Encourage students to keep on talking even when they make mistakes because a few mistakes don't usually cause much of a problem in understanding the passage.

Becoming an English teacher is what we have chosen for our career. We can get a great deal of happiness from teaching. We take great pride in the progress and success of students. We feel much younger when we are with students. Let's do our best to be the best teacher. Students are smart in different aspects. Let's try to use a variety of ways to reach all children and to develop their multiple intelligences by carrying out whole-person education!

再构文本　有效教学

《义务教育英语课程标准(2011年版)》指出:“教师要善于结合实际教学需要,灵活地和有创造性地使用教材,对教材的内容、编排顺序、教学方法等方面进行适当的取舍或调整……”

正确处理与活用教材已成为教师的一项基本功,所有教师都有责任与义务对教材进行改编以满足当地学生与教学环境的需求。朱浦指出,“教材不是圣经,它只是主要的教学资源之一;世上没有一套教材是专为你所教的学生而编写的;教师要对教材和教学资源整合、调整和补充。”学生为了学而学,教师为了教而教,说到底只是“教教材”,而非“用教材教”。

一、文本再构解析

朱浦认为,英语教学目前存在的问题主要有:英语课程缺乏课程意识;教学设计缺乏整体思考;教学实践缺乏语段设计。他的建议是:有效整合教材资源,提升教师专业素养;以语篇带动词句学习,关注内容语言情感;整体思考教学设计,凸显语用情感体验;实现全语境式教学,改变课貌(声、形、情)、课质、课效。

文本再构(text reconstruction),即对同一种教材进行从内容、目标、过程三维角度不同程度的整合、优化来适应学生的差异,以得到课堂教学效率最大化。通过文本再构,我们可以突破以往“被教材牵着走”,而是将主动权掌握在手里,让教材为我所用,这是一种基于儿童差异的优化教材的策略。如可以设计课文中的小主人公为了参加其朋友的生日Party而创作的一首小诗,或者为了进行一次野餐而制定一张所需物品清单,这些都是文本再构,但前提是要有语境作为整堂课的支撑。

文本是指大于句子、语义完整的单位,是含有语境、语用和语义目的的独立段落。它具有独立语段、语义功能、语用目的和交流目的的教学材料,比如课文。文本再构就是把教材本来的内容进行重新组合和建构,这种建构是基于教材,又结合所教对象的原有知识情况,把所教授的内容进行再处理整合的一个再构的过程。文本再构的三个特征:基于教材和学生的认知水平,对教材二度开发,在教材原有内容的基础上进行改编与整合;基于学生的实际认知水平,符合学生的认识需要,可从“小语段”入手,逐步过渡“大语段”,不至于让学生看到成篇成段的大篇幅而感到畏惧;基于教师本身的个人素养,教师应根据自身的特点再构具有个性的文本。

文本再构教学又称之为“独立语段”教学。独立语段分书面独立语段和话语独立语段。书面独立语段包括短文、书信、故事等,话语独立语段包括童谣、对话、图语等。文本的基本载体低年级为图语、儿歌、小对话、标识等,中高年级为短文、故事、书信、对话、诗歌等。文本再构指向交际过程,与语义整体、主题内容相对应,它偏重语言的应用性,摒弃了习惯的以词、句为基础带动语篇、语境的学习,文本再构的过程就是语篇带动词汇,再由词汇回到语篇中运用的学习过程。文本分为主文本和辅助文本,辅助文本为主文本提供帮助,但不能冲淡主文本。

独立语段包括:

★ 书面独立语段:短文、书信、故事等

★ 话语独立语段:童谣、对话、图语等

二、文本再构的意义

文本再构的作用体现在:增加了学生的阅读量,文本多以语篇的形式呈现给学生,无形当中增加了学生的语言输入量;课堂设计的整体性有助于建构系统的知识体系,便于学生的认知;情境性、综合性的训练在课堂中占有主体地位,有利于学生在任务中提高综合运用语言的能力;注重了文本的内涵挖掘,增加了学科的教育意义。

1. 开拓学生的创新思维

创新思维是人类创造力的核心和思维的最高级形式,是人类思维活动中最积极、最活跃和最富有成果的一种思维形式。创新思维的培养需要每一位教师在每节课中潜移默化地训练。

文本再构教学,对开拓学生的思维起了积极作用。教师通过文本再构,引导学生将简单的课本内容进行改编、创编、续编,使得原本一个简单的故事丰富起来,同一个话题的内容变得更有话可说。就好比一棵原本只有一根主干的树上长出了枝繁叶茂的分枝,变得茂盛饱满、高大挺拔。

2. 营造真正的语境体验

语境是学习英语知识、掌握英语技能和发展英语综合语用能力的重要环境和基本要素。在英语的教学中,我们必须认识语境,运用语境,创造语境,让语境有效地服务于我们的英语教学,从而进一步地提高英语教学效果。

我们在教学中通过文本再构,可以将凌乱的语言点融合在同一个语境中,使得同一模块的教学内容在同一语境中前后呼应、相得益彰。

3. 引发学生情感共鸣

苏霍姆林斯基曾说:“如果老师不想方设法使学生产生情绪高涨和智力振奋的内心状态就急于传授知识,不动感情的脑力劳动就会带来疲倦,没有欢欣鼓舞的心情,没有学习的兴趣,学习就会成为学生的负担。”

通过文本再构能做到知情同步,不仅能使师生建立起良好的关系,形成融洽的课堂气氛,而且使学生始终在好奇、愉快中学习,既学会和巩固了所教的内容,又提高了学生的综合能力。

独立语段教学应从理解英语新课程的目标、内容入手,通过文本课程,体验课程的过程中关注语量的适度、语境的创设和语用的功能,让学生形成综合运用语言的能力。其关键在于教学中关注文本内容、文本语言和文本情感,通过各种体验活动,让学生不仅要"懂"(理解),而且要"能"(应用),从而改变我们的课貌、提升课质和课效。

文本课程
↓
体验课程
|---- |---- |
语量　语境　语用

三、再构文本的独立语段教学与常规阅读教学的不同

1. 教学指向的差异

★ 阅读教学:指向语言技能,与听、说、读、写、译相对应　(拓展性)

★ 独立语段:指向交际过程,与语义整体、主题内容相对应　(应用性)

2. 教学目标的差异

★ 阅读教学

※ Reading for language learning

※ Reading for information

※ Reading for fun

★ 独立语段

※ Reading for language use

※ Reading for the main idea

※ Reading for specific information

3. 教学策略的差异

★ Analytic reading 理解性阅读教学

※ Cover all the words or sentences one by one

※ Focus on every detailed piece of information

※ Come from the piece to the whole

※ Combine the words and the meanings

★ Holistic reading 应用性阅读教学

※ Give up every detail which is not important

※ See no words but ideas

※ Pick no sentences but meanings

※ Treat the text as a whole all the time

四、怎样进行文本再构

外语教学的最终目的是要使学生能用所学的语言在一定语境中交流思想和获取信息，这种语境主要指：语言表达、语言知识、语言文化。

文本再构的方法可以分成三个逐一提升的层面：局部再构；整体再构；内涵再构。而内涵再构又可以分成侧重于文化的渗透，侧重于学科的整合，侧重于情感的升华以及侧重于生命的教育。

基于教材的主体内容的文本再构、基于主题语用的目标再构和基于文本语言训练的过程再构都有三个关键：那就是文本——目标——过程。文本的变化必然导致目标的变化，目标的变化也必然导致过程的变化。

（一）目标再构

目标设计的依据"四基于"：应基于课程标准、基于教材主体、基于教学对象、基于单元内容。

目标设计的"三基础"：以教材内容为语量基础；以文本内容为语境基础；以主题内容为语用基础。

目标设计的"二策略"：摒弃习惯的、以词、句为基础带动语篇、语境的学习；倡导有效地以语段、语境为主题带动词、句的学习。

（二）内容再构

重视教材内容的整合，准确把握教材主体，教材是第一位的法定文本，但教材不是圣经，它是主要的教学资源之一，世界上几乎没有一套教材完全适合你的学生。需要我们整合、调整、补充：整合就是多元教材的配合（1+x 模式）；调整就是自我配合，灵活使用；补充就是相关资源的配合，指阅读视听等内容。

关于教材内容的处理要点，用五个英文字母表示：TCLLO。

Topic（主题）：必须体现教材原有的主题

Contents（内容）：必须体现教材内容的安排

Level（水平）：必须符合学生的语言水平

Length（篇幅）：必须符合课堂视听的篇幅

Unit（整体）：必须体现单元教学的整体

1. 重新整合新旧知识

文本再构不鼓励教师每一堂课都要绞尽脑汁地想新文本，其实只要善于利用教材，善于挖掘课本编排体系中相同章节的教学内容，都能轻轻松松地把最佳文本编写出来。

2. 合理拓展新知

新课程主张在掌握知识和技能的过程中，注重学生思想品德的培养，通过学习知识，潜移默化地培养学生的价值观、人生观和世界观，引导学生形成正确的价值取向，具有一定的社会责任感,并树立远大的理想。对教材进行适当的改造和重组,优化学生知识结构与学习能力,注重情感体验、人文熏陶,通过改编文本,让枯燥的课本生动起来。

3. 重新整合单元内容

长期以来,教师的主要任务是讲授别人编写成的、甚至连教学参考书也备齐的教科书,而在新课程理念下,教师可支配的因素增多了。除了研究学生的学习需求、差别和共性,我们还要研究所教学科的内容,或补充或调整。重新整合同一个单元中不同教学内容。

(三)过程再构

语段教学是要将所要学习的单词、词组、句型等零散知识放入到合适的语段中的整体理解和学习运用。

只有语段和语境的整体推进才能激发学生的学习兴趣,调动学生的学习热情,提高学习的有效性。

在文本再构理论中,教师不再满足于简单地写出常规教案,组织学生按部就班地学习,而以建构主义理论为基础,对自己所教的课程进行重新设计,对知识进行重新认识与定义,把原本固定的、没有感情色彩的书本知识变成生机勃勃、富有生命力的精神文化。

创设真实情境,提高语用价值。语言学家 Herbert H. Clerk 说:Language is used for doing things. 为激发学生的思维,必须创设一个贴近学生生活、学习经历等,能引起学生共鸣,让学生能够积极参与的语境。再构的文本要力求贴近学生的实际生活。在课堂教学中,无论是教学词汇还是句型,都应为学生提供真实、有趣的语用情景,培养学生在恰当的语境中用英语思维和表达的能力。

1. 过程再构模式 1

整体情景呈现,目的任务驱动
目标任务输入,进行语句训练
整体内容呈现,理解语言形式
概括语段内容,常识语用输出

2. 过程再构模式 2

<table>
<tr><td>复习启动</td><td colspan="7"></td></tr>
<tr><td>任务呈现</td><td colspan="7"></td></tr>
<tr><td rowspan="3">语段处理</td><td colspan="2">课文导入</td><td>→</td><td colspan="2">语篇呈现</td><td>→</td><td>语句学习</td></tr>
<tr><td colspan="6"></td><td>↓</td></tr>
<tr><td colspan="2">巩固输出</td><td>←</td><td colspan="2">总体感知</td><td>←</td><td>分段理解</td></tr>
<tr><td>语用输出</td><td>整体呈现</td><td>→</td><td>语境整合</td><td>→</td><td>语言处理</td><td>→</td><td>语用输出</td></tr>
</table>

3. 过程再构模式 3

语篇呈现（初步了解）	教师通过真实语境或视听导入语篇，可以用实物、图片、录音、课件、VCD 等，整个过程采用教师和学生互动的形式。
阅读活动（深层理解）	①提取信息，开展词句学习；②精心设问，加强语篇理解； ③结合语篇，连接关键信息；④整理归纳所学的语言知识； ⑤反馈语篇中所呈现的信息。
运用输出（巩固体验）	①结合语篇，交流想法；②分段复述，熟悉课文； ③补充内容，加深理解；④编演短剧，体验文化。

4. 阅读教学的实施

Give students a brief introduction of the text.

Draw students' attention to the topic and let them predict the content.

Ask students to read a part of the text aloud or silently according to their abilities.

Highlight words and structures used in the text.

Guide students to read through the whole text.

Discuss the text plot and their ideas.

5. 故事教学的实施

Listen to the story by parts.
Imitate the part of the story.
Understand the meaning of the story.
Retell the part of the story.
Try to act out some parts of the story.
Get to write something about the story.

6. 文本解读

教学文本即教学内容，文本的内容就是教师要明了教材说了什么；文本的语言就是教师要明了做什么，学生该学什么；文本的情感是指应该给予学生什么样的情感体验。

文本解读的水平将左右教师的学科的专业素质、对于教材的态度以及课堂教学的效益。它还会左右学生：能否形成有效的学习方式；能否具有真正的语用体验；能否萌生对于学习的情感。

（四）教学设计方式

关于教学设计方式，朱浦老师将英语教改之路划分为三个阶段：

第一阶段是单列式教学：以词、句分述为主的课堂教学；

第二阶段是整列式教学：以词、句、文为一体的课堂教学；

第三阶段是语境式教学：以句、文、境合并的课堂教学。

现在的课堂应该是师生共同探求新知、形成能力、体验情感、感受文化的过程。

英语课堂教学设计方式重点体现五个“语”：语量体现教学内容，语境是指教学过程，期间贯穿着语音、语法的学习，最终达到语用的教学目标。也可以理解为语量是一节课的基本，语境是一节课的框架，语音和语法是一节课的方法和桥梁，而语用才是一节课的真正目的

（五）文本再构的问题思考

1. 选材的问题：充分挖掘和利用文本的资源

2. 设定的目标：充分考虑语用功能有效落实

3. 呈现的形式：充分体现教学步骤的有序性

4. 教学的步骤：充分关注语段的整体性推进

5. 技能的转换：充分利用语段开展语言训练

优质的课堂教学要“有声”“有形”“有情”，让学生得到听说、读写以及交流的体验；优质的课堂教学要有文化的渗透、思维的发展和技能的互换，能够让学生在语境中体验，有足够的输入，在内化之后达到一定的输出，通过语量的教学实现语用；优质的课堂教学其教学设计能使课堂可言可语、教学方法能使课堂能言能语、教学过程能使课堂又言又语、教学成效使课堂有言有语。

“缺乏语言语境、情景语境、文化语境、时空语境的中国学生如何通过英语课程有效实施真正掌握使用英语基本技能”是学生学好英语的关键所在；英语新课程追求的是三种能力的培养，分别是语用能力、思维能力以及学习能力，具体来说对于英语能力的培养主要分为听说读写、思维习惯及学习方式这三个方面。让教研内容充满思想和学术，让教研过程充满魅力和愉悦是教师永恒的追求；理想的英语课堂应是学生感知英语语言之美的窗口，也是学生学以致用的舞台，更应该是学生英语学习旅程中的一个个加油站。

文本再构理论的提出，让广大的教师能够主动参与到教材的创造性使用这一具有初步研究性质的改革道路上来，让教师不再变成简单的“教书匠”，而是善于利用教材，会教学，并知道为什么这样教。这不仅有利于学生的综合英语能力的培养，更对教师专业化提出了更高的要求。

关于故事教学的思考与建议

一、故事教学的意义

喜欢听故事是孩子的共性。苏霍姆林斯基说,“故事是儿童的第一大需要。”美国当代儿童心理学家劳伦斯·沙皮罗认为,故事是影响孩子思维的最好方式。英国教育学家怀特·安德鲁指出:“Stories are particularly important in the lives of our children; stories help children to understand their world and to share it with others.”儿童教育学家认为,多听多读生动有趣的故事,可使孩子的语言优美流畅。大量的实践证明,故事可以扩大孩子的词汇量,掌握规范的语言表达方式。更重要的是,可以在潜移默化中塑造灵魂,培养高尚的道德情操。正确地利用讲故事这一手段,可以发展孩子的想象力、语言理解能力,更有利于孩子思维的发展。

故事以其引人入胜的情节吸引学生的注意力,唤起学生的学习兴趣。为了获知故事内容,学生会聚精会神地去捕捉故事的大意,乃至细节,竭力去推断和猜测故事的情节发展,这样无形中培养了学生的理解能力、想象能力和思维能力。听完故事之后再让学生把故事讲出来,这样也训练了学生的口语表达能力;最后,让学生改编故事,这样有利于培养学生的创新能力和语言的运用能力。

故事教学,让声音、图片、动作等多种媒介同时刺激学生的听觉、视觉、触觉等多种感官,使其全面感知语言信息,并运用所学的语言进行交流,促使学生的综合能力逐步提高。

1. 激发学生学习兴趣

英语有一句谚语“Education must be fun.”(教育必须是有趣的。)孔子曰:“知之者不如好之者,好之者不如乐之者。”故事教学因其生动、形象、亲切等特性很容易吸引学生,有很强的实践意义,故事教学可以有效激发学生的学习动机,激励兴趣,培养学生的成就感。

2. 培养学生语言素养

每个单元的故事所涉及的语言材料均是该单元知识点的整合及拓展,即重现了A、B部分中的一些核心语言,又加入了少量新语言。故事教学为选学部分,属于辅助性板块,不同于核心语言部分的教学,语音、词汇和语法不是故事教学的重点。故事教学的目的是通过趣味故事的阅读来复习巩固并扩展所学新语言,扩大语言的输入量,让学生多接触语言,培养学生学习英语的兴趣。

通过讲故事,学生脸上流露出来的丰富表情、各种眼神、得体的手势、自然的姿势、恰当的服饰道具、流利的语言、抑扬顿挫的语调等等,所有这一切能使学生犹如身临其境,不由自主地成为学习的主人,从而取得出人意料的学习效果。

3. 发展学生多元智能

故事教学能够使学生的才智和创造力得到充分发挥,有利于提高他们的综合语言运用能力。

故事多配有图片,学生阅读故事时观察图片,培养了观察能力。

遇到看不懂的句子根据图片猜测其大意,培养了思考能力。

学生听故事录音、看故事录像、阅读故事、朗读故事,培养了听说读写英语的能力。学习故事,引导学生进行角色扮演,改编、表演故事,进行语言的产出,培养学生综合运用语言能力。

组织学生表演故事,培养学生体验语言、与人交流和合作的能力以及表演的能力。

结合插图讲述故事大致情节,培养学生语言表达的能力。

故事的内容会引发学生一些思考,培养学生的想象能力。

让学生拓展、再构、创编故事可以培养学生的创新能力。

4. 渗透学生的品德教育

故事教学寓教于乐,学生的道德情感可以得到培养和发展。很多故事内容富于教育意义,包含着一定的哲理和道德寓意,融英语学习与情感教育为一体,可以引起学生情感上的共鸣。

二、故事教学的要求与特点

《义务教育英语课程标准(2011 版)》一级目标中明确指出:能在图片的帮助下听懂和读懂简单的小故事;

二级目标指出:能在图片的帮助下听懂、读懂并讲述简单的故事,能在教师的帮助下表演小故事或小短剧。

在小学英语教学中进行故事教学符合《义务教育英语课程标准(2011 年版)》的要求。老师们应重视这部分教学,从三年级开始认真上好每个单元的故事教学课,通过一个个较为有意义的语篇,扩大学生语言的输入,训练学生逐步适应文本的阅读,有意识地渗透一些阅读技巧,如:根据图片猜测故事大意、根据语境猜测大意、课前预习等等,指导学生养成良好的阅读习惯,从而有效地落实新课标的要求。

小学英语教学的故事具有以下特征:

(1)语境。故事是一个相对完整的有语境的语言素材。脱离语境的词汇与句型学习难以理解,即便理解意思,也不知道这些词句将来在什么情况下使用。

(2)情节。故事有情节,是小学生感兴趣的学习材料。生动的故事情节能够促进师生互动。

(3)趣味。主题内容具有趣味性,为学生所喜闻乐见,图文并茂;故事发生过程中有一些令人惊奇的环节,或者结局有些意外、惊喜、幽默、好笑、耐人寻味。

(4)难度。语言难度适中,课堂教学知识点重复率高,新知识所占比例不超过故事内容的1/3。

三、故事教学的基本步骤

故事教学具有阅读教学的特点,适用再构文本教学、整体语言教学、任务型教学,整体感知到分步操练再回归整体,Post-reading, While-reading, Post-reading。先听故事,到读故事,再到演故事,最后到讲故事。由易到难、从听说到读演、由输入到输出,遵循学生的年龄特征和认知规律。故事教学的基本步骤如下:

(1)故事导入;

(2)整体感知故事内容:看图、听录音、看课件等;

(3)指导学生分步阅读故事,理解扩展性语言;

(4)再次完整熟悉故事,感受故事,指导学生有表情地朗读故事;

(5)模仿、表演故事:角色扮演,故事表演;

(6)复述故事;

(7)再构文本,改编故事,创新拓展。

四、故事教学的建议

1. 分层要求,因材施教

在故事教学中根据学生的实际情况,对不同层次的学生提出不同的要求,实现分层教学。优秀学生能理解故事、讲述故事、表演故事,鼓励他们运用故事中的新语言;中等的学生能理解故事、能指着图朗读故事;接受较慢的学生能理解故事大意,会跟着录音指图即可。

2. 授人以渔,主动发展

如根据图片猜测故事大意、根据语境猜测大意、课前预习等等,指导学生养成良好的阅读习惯,从而有效地落实新课标的要求。

3. 利用课外活动,延伸故事教学

利用英语角、英语节等形式定期组织学生们进行讲故事比赛、英语课本剧表演赛、英语配音比赛等多种英语活动,同时培养一批英语故事小明星、英语小导游等,使学生进行“角色体验”。

同课异构　悦纳多元　促进成长

一、什么是同课异构?

“同课异构”是指同学科同主题内容,由不同教师设计不同的教学方案,在不同的教学班级进行的教学系列活动,充分发挥每位教师的不同优势,体现出不同的教学风格,也带给我们更多的思考和感悟。同课异构的基础是“同课”,即同一教学内容,基本一致的教学目标,“异构”则体现在两位(或多位)教师的不同呈现。确定这一主题,就是要进行比较式研讨,在“同中求异”、“异中求同”的比较过程中提升我们的教学水平。

“同课异构”是教师提高教学水平和教学能力,总结教学经验的一条有效途径,造就了百花齐放的课堂,彰显了教师的教学个性差异,学生的学力差异,也彰显了文本价值的丰富性,具体表现为三个方面:

(1)方法、策略层面——教无定法。同样一节教学内容,从教学方法上来说是多样的,无论是环节安排,还是细节处理都有一定的差异。

(2)风格、个性层面——扬长避短。教师的个性不同,上课时的表现也有所不同,或粗犷、或细腻、或简略直接、或曲折婉转。

(3)目标、内容层面——因材施教。教师除了吃透了解文本内涵之外,还要了解文本的学段,教学单元,并以此作为确定教学目标的重要依据,再根据学生的特点来确定教学设计、取舍教学内容,可谓“因材施教”。

二、为什么要同课异构?

“同课异构”让我们清楚地看到不同的教师对同一教材内容的不同处理,不同的教学策略所产生的不同教学效果,由此打开了教师的教学思路,彰显教师教学个性,是继承和批判的统一,真正体现了资源共享,优势互补,实现真正的高效教学。

三、如何在同课异构的基础上实现高效教学?

1. 教学目标——高效课堂的灵魂

课堂教学高效性是指在常态的课堂教学中,通过教师的引领和学生积极主动的学习过程,在单位时间内(一般是一节课)高效率、高质量地完成教学任务、促进学生获得高效发展。高效发展就其内涵而言,是指知识与技能,过程与方法和情感、态度、价值观“三维目标”的协调发展。如果教学目标制定的或虚化或大而空或多而杂,就会导致课堂教学低效。学生上了一节课,表面热热闹闹,却没有收到实实在在的认知收获。

制定清晰有致、合适可行的教学目标是追求高效课堂最佳的重要途径。它既是高效课堂的灵魂,也是判断教师教学是否高效的直接依据。教师制定目标既要以总目标为指南,还要在单元目标、主题目标的基础上,结合自身特点和学生认知水平及实际经验制定出明确、具体、可行的每一课的教学目标,选准教学目标的重难点。

2. 教师——高效课堂的执行者

由于教师的个人经历、社会背景,自身素质、知识水平及能力存在差异,因而对同一教材内容的理解和把握也会出现差异,这些差异会渗透在备课、上课等各个环节之中,会直接影响到教学效果。我们说有差异就会有"异构",但是"异构"并不表示低效。教师面对同一教学内容,呈现出了不同的面貌,在教材的理解与把握、环节的安排与设计、活动的选择与组织、问题的提出与解决等各方面,都表现出各自不同的特点。在比较中我们就可以看到相同点和不同点,教师的个性发展成为了积极的可能,同时促进了执教者的自我反思,也拓宽了听课者的教学思路,创设了自觉进行教学研讨的氛围。课堂教学的高效成为"同课异构"的最终归宿。

3. 学生——高效课堂的受益者

学生作为一个个有思想、有灵性的人,来自于不同家庭、不同学校、不同环境、不同背景,个体之间存在着差异。教学活动中学习的主体——学生在教学活动中的不可预测性也使我们不可能将教学活动看做是编好程序、按部就班进行的机械运动。课堂教学的高效性就是通过课堂教学活动,让不同层次、不同水平、不同类型的学生在学业上有所收获,有所提高,有所进步。"同课异构"是为了教学高效,教学高效是为了学生受益。如果我们的教师在教学中教学真正做到了尊重学生,真正地把学生当成了一个个鲜活灵动的生命,教师关注的是学生,高效教学的最终受益者就是学生了。

有人说,用一个苹果换另一个苹果,我们各自得到的还是一个苹果;如果用一个思想换一个思想,我们各自得到的将是两个思想。"同课异构"的教研方式,可以引发参与者智慧的碰撞,可以长善救失,取长补短,明显提高教育教学效果,同时也为教师们提供了一个面对面交流互动的平台。在这个平台中,老师们共同探讨教学中的热点,难点问题,探讨教学的艺术,交流彼此的经验,共享成功的喜悦。目前,我们对"同课异构"的理解和认识还只停留在初级阶段,在今后的教学研究中我们还将继续"认识—实践—再认识—再实践",要把追求课堂教学的高效作为我们一生孜孜不倦的追求。

在同课异构教学活动中,教师以精巧、适用的课堂设计和精湛的教学技艺博得同行老师的好评;以渊博的知识、活跃的思维激荡着无数求知的心灵。在启发学生的智慧的同时,他们也在用勤奋努力演绎精彩教育的艺术,诠释教育的无限魅力。他们追求着教师的幸福,收获着教育的喜悦。

聆听阅读教学,让我们感受到英语课堂教学真的是一门艺术,他们用精美的板书描绘语言的优美,用优美的朗读播撒语言的魅力,用真心的交流对话滋养孩子的心灵,用精辟警策的点拨启发学生的思维。他们用深厚的文化底蕴,将教学艺术熏陶得醇香四溢。

“江平视野阔,风正好扬帆”。学无止境,教艺无涯,愿我们不断虚心学习,不断充实自己,积极进取,团结合作,以扎实的业务功底,逐渐形成自己特有的教育教学风格,不断追求教育的幸福和快乐,共享知识,共享理想,共享兴趣,共同书写教育的精美华章!

说课——理论与实践的有机结合

说课,是指说课人根据所拟定的课题,以教育科学理论为依据,把备课、上课的主要过程上升到教学理论的高度,向其他教师或教研人员口述该课的具体教学设想,诸如确定教学目标,安排教学内容,选取教学方法,设计教学程序等。说课是介于备课、上课之间的一种教学研究活动,科学的说课是理论与实践的有机结合。

说课不仅要说出教什么,更重要的是说出"怎样教""为什么这样教"及其理论依据。说课内容一般包括四个方面:一说教材;二说教法;三说学法(亦可教法、学法一起说);四说教学程序。

一、说教材

说教材通常要说出所教内容在教材中的地位与作用、教学的目标与要求(根据课程标准、教师用书确定知识要求、能力要求、思想教育的渗透等)、重点与难点。

二、说教法

说教法主要说明"怎样教"的方法和"为什么要这样教"的道理及其理论依据。

说课人应讲清运用何种教学方法向学生传授知识、渗透思想教育、培养能力、开发智力、训练非智力因素;解说在教学中如何发挥主导作用;如何处理教与学、讲与练的关系;确定在课堂上准备使用什么教具及怎样充分发挥教具的效用。

三、说学法

素质教育要让学生主动发展。所以,说课人应重视研究学法。

说课人应掌握学情,依据相关的学习方法、理论,说明指导学生"怎样学"的方法及"为什么这样学"的道理,说明如何激发学生的学习兴趣,启迪学生积极思维,强化学生积极参与的主体意识,发展学生听、说、读、写的基本技能,提高学生的观察、注意、记忆、思维、联想、想象等能力。

四、说程序

说程序是对备课教案的科学化、理性化的升华,是优化教学过程的一种有效方法。

说课人主要说明教学设计的具体思路、课堂教学的结构安排和优化过程,并讲清这么安排的理论依据。

英语课堂教学五步法(Warm-up, Review, Introduction, Practice 及 Wrap-up)可供我们教新课时参考。

说课要侧重说理:对于教学目标的设计、教法的选择、学法指导、程序的安排,说课人不仅要说其然,而且要说其所以然,理要说得贴切明白。

说课要讲究科学,努力创新:分析教材要科学,不出偏误;确定重、难点要科学,确保时间、精力能围绕重、难点;练习设计要科学,有坡度、新颖性。要精心设计创造性的教学导入过程及练习。

说课时,说课人应做到叙述与演示相结合,使听者如身临课堂,且能领略教者的教学艺术和素养。

说课人必须重视应用教育教学理论、居高临下地驾驭教材、把握教材教法,只有这样才能条理清晰,突出重点,突破难点,才能说得理据充分,说出水平和创见。

实践证明,说课能激发教师学习教育、教学理论的积极性,促进教、科研活动的开展,使学科组教师凝成一股绳,使教学与研究有机地结合起来,提高教师的教学、教研能力,实现教师的教学实践活动由传统经验型向经验与理论相结合的科研型转化,进而提高教师的素质,大面积提高教学质量,推进素质教育的进程。

实施双语教学　促进学生发展

——关于省级课题“创建双语特色学校理论与实践研究”实验的辅导报告

近年来,“双语(bilingual)”这个词不断冲击着我们的视觉和听觉。就学校而言,“双语学校”“双语中英文学校”“英汉双语学校”“双语实验学校”等,层出不穷;就书刊而言,《中英双语杂志》《双语学习》《双语学生邮报》《双语专刊》《双语阅读》《双语词典》《双语圣经》以及一些报纸的双语版等,琳琅满目;就网络而言,除有专门的“双语网站”外,各网站附以“双语”之名的“双语新闻”“双语笑话”等,更是不一而足。随着各类双语学校的建立和双语课程的开展,人们对双语教学也越来越关注。各地在双语教学的理论和实践上都进行了积极而有效的探索。

一、双语教学解析

双语教学(bilingual teaching),是指教学语言除了母语以外,还用另一门语言(这里主要指英语)作为课堂主要用语进行非语言学科的教学,它应包容:课堂教学、校园文化、校园活动、校园环境、师生交往等全部学校教育活动。

我国双语教学的界定。比较而言,我国目前开展的双语教学基本符合狭义的双语教育的界定。我国双语教学主要指的是,学校中全部地或部分地采用外语(英语)传授数学、物理、化学、历史、地理等非语言学科的教学。

政府发文要求开展双语教学的地区,在省级层面全国有上海、辽宁、天津、山东的青岛等四地。双语教学已成为上海市英语课改的亮点。上海于2001年开始启动双语教学,开展双语教学的实验学校已经由最初的8所发展到现在的全面实施。双语教学现在已逐步由上海向东部沿海其他地区及内陆大中城市延伸。

二、双语教学的分类

属性的比较:双语教育的属性大体可以分为添加性双语教育和缩减性双语教育两种类型。

(1)添加性双语教育。添加性双语教育指的是,在教学过程中不是采用学生的母语或第一语言作为教学语言,而是采用第二语言或外语作为教学语言,其目的不是准备替代学生的母语或第一语言,而是培养学生掌握两门语言,成为双语人才。譬如,加拿大在英语学生中实施沉浸式双语教育,以第二语言法语作为教学语言,其主要任务是培养学生掌握英语和法语两门语言,成为英/法双语人才。

(2)缩减性双语教育。缩减性双语教育指的是,在教学过程中不是采用学生的母语或第一语言作为教学语言,而是采用第二语言或外语作为教学语言,其目的是准备替代学生的母语或第一语言。譬如,美国对少数民族语言学生实施过渡性双语教育,以英语作为教学语言,其主要任务是用统一的英语替代各种不同的少数民族语言。

(3)我国双语教学的属性。我国双语教学明显具有添加性双语教育的特征。在实施双语教学的过程中,我们采用英语(外语)作为教学语言,目的是提高学生的英语水平,掌握汉语和英语两门语言,成为汉英双语人才,而不是为了替代学生的母语或第一语言(汉语)。因此,我们不但允许学生使用汉语,而且要继续加强汉语的学习,并且反对把英语作为语文学科的教学语言。

双语教学在一定程度上保障和扶持了学生的弱势语言(英语)的学习效果但决非替代学生的母语(汉语)。"保强(母语)扶弱 (外语)"的性质决定了推进我们的双语教学实验是有价值的。

三、双语教学的模式

(1)"完全浸身目标语"模式(Immersion Model),在使用这种模式的学校中,大部分学科课程全部用目标语进行教学,对新生亦不例外。

(2)"双语过渡"模式(Transitional Bilingual Model),在这种模式中,为了不让学生学习学科知识受到影响,适当地用母语教授这些课程,同时也努力促进学生目标语的逐渐过关。

(3)"维持母语"模式(Maintenance Model),这种模式强调在学习应用目标语的同时,以母语来维持理解与交流过程。

在小学阶段,应尽可能地采用"添加式"双语教学或"拓展式"双语教学,以学科中学生感兴趣的、与学生的生活切近的话题为中心。然后,使双语教学渐渐自然地过渡到双语并行、完美结合的境界。

四、双语教学的目的和意义

我国实施双语教学最直接的、最主要的出发点是提高英语水平,满足国家、地方和学生未来发展的需要。"双语教学"的最终目的是使学生较好地掌握两种语言,进行跨文化的国际理解与交流,提高国民的公共素养;在更广的学科领域中,在更加丰富的语言层面上拓宽外语的习得环境,培养外语思维能力,以满足进一步学习和交流的需要。

双语教学的目的在于通过用两种语言教授学科内容:其一是为了更好地激发学生学习英语的兴趣,提高学生学习英语的自觉性与应用英语的综合能力,尤其是要提高学生英语的听、说、读、写能力,走出以往英语教学中"聋子英语"与"哑巴英语"的误区;其二是要进一步激发学生学习的积极性,提高学习质量;其三是为了让学生了解世界多元文化及其差异,扩展自己的视野,为成长为国际人才奠定基础。

我们进行的双语教学实验绝不是源于多元文化的需要，其最直接的、最主要的出发点是提高学生的英语水平。就是要在更广的学科领域中，在更丰富的语言层面上扩大外语学习者的实践时空，拓展英语教学的外延，深化英语教学的内涵，拓宽外语学习渠道，改善外语习得环境，培养外语思维能力。

五、双语教学的问题

1. 双语教学与母语教学

双语教学不会影响母语的学习，这既是理论研究的结论，也是调查实践得来的结论。

我国素质教育背景下的双语教学绝对不能把母语放在从属地位，不能用外语教汉语语言课程。

儿童语言以习得方式为主，几乎是在不知不觉中高速度、高质量地获得自己的母语，其成就是任何其他类型的语言学习所无法比拟的。这是由儿童母语环境中语言的本性决定的。对学生来说，汉语是思维的工具，游戏的工具，更是交流的工具，他们生活在汉语环境中，因而他们的一切活动几乎都是母语学习的“潜在课程”。相比较而言，双语教学绝对不可能对学习者的外语学习产生如此能量。

有关学者指出：“八岁左右是外语学习的最佳期，在这个年龄段开始学习外语，不会与母语学习冲突，效率较高。”教育部也作出决定，把小学开设英语课程作为21世纪初基础教育课程改革的重要内容。我们的双语教学仍属外语教学的范畴显然是有利于学生外语学习的。

在我国，英语是外语教学的主要语种，学习者数以亿计，但成效不高。重要原因是，我们的文化和认知结构都不是由英语来编码的，英语无法像我们的母语——汉语那样自然地生成并在母语环境与母语课程中得以惊人的发展。学习者母语的发展并不受外语学习因素的过多制约。从小学习一门非母语的语言要想取得理想的效果，就要求让学习者尽可能地拥有较好的所学语言环境，也就是说学习者周围存在着相应的双语学习环境。

双语教学是否会阻碍母语学习，至今还无明显实例证明这一点。相反，在学习外语过程中，学习者必然会有意无意地把目标语与母语进行比较，这种比较一方面会促进目标语的掌握，另一方面也会推动母语的完善。

外语教育发展必定会影响汉语的教学吗？值得深思的是，为什么有些学生对语文学习不够重视或兴趣不大？实际上，中国当今的确缺少像赵元任、胡适、林语堂、季羡林、钱钟书、王力、吕叔湘等学贯中西、中外文水平极高的人才。需要反思的是，建国以后，对中华传统文化不够重视，造成今天汉语教学的问题和传统文化的缺失；另外，语文教学改革是否有待加强？如何使学生在当今开放的形势下对语文学习感兴趣？采取了哪些措施？比如，电脑使用影响了汉字的使用，电视台开展汉字听写活动就很好。可喜的是,杭州和南京外国语学校的学生表现突出。这说明什么?恰好说明汉语和外语均为语言,相辅相成,并不能说明学好了外语就影响了语文学习。

利用提高高考语文分值这种功利主义的办法固然能够刺激学生学习语文的积极性,而语文课不在教学内容与教学方法等方面加强改革的力度,恐怕也难以达到理想的目的。

其实,加强了外语教育是会促进汉语教育的,不但会使学习者通过外语学习(英汉翻译、对比)领会母语的魅力,而且会促进对外汉语(孔子学院)教学及合作办学,把中国的学校办出国门!所以说,加强外语教育必然会促进汉语教育。正如季羡林先生所说:“过去一向是谈西化,现在要谈“东化”;过去是西学东渐,今天也要东学西渐。”而要达此目的,外语水平不高行吗?外语教育不可削弱。

2. 双语教学与师资建设

师资是双语教学中最重要的问题,也是瓶颈问题。目前师资数量和质量上的不足正制约着双语教学的提高和发展。双语教师承担双重任务。但是,其教学重点首先是学科内容,其次是外语。作为双语教师,他们不仅必须精通学科内容,而且必须是一个双语者。

(1)英语教师与双语教师配对。英语教师在双语教师备课时应给予帮助和指导,并经常深入课堂,了解学生在双语教学过程中语言输入的内容和掌握的程度。

(2)重视双语教学师资的培训。师资培训时应选好教师苗子,并采取请进来、走出去的培养方式。同时,可以聘请外籍教师进行校本培训,建立并完善自己的培训体系,以提升教师的意识,提高双语教师的教学水平。

培训转岗教师。一方面把英语基础扎实、发音准确的学科教师培养成双语教师,另一方面把愿意从事双语教学的英语教师培养成双语教师。

(3)选择教师时应以学科教师为主,英语教师为辅。师资队伍的发展、壮大应内外结合,内是指自己培训,外是指引进、聘请。

3. 双语教学与教材建设

通常,双语教材分为国外引进教材、国内出版教材、学校自编教材和翻译教材。这四种教材瑕瑜互见,各有利弊。

国外引进教材,即引进英语国家的原版英语教材。这些教材语言纯正,贴近生活,可读性和实用性强,印刷美观,符合学生的审美心理。问题是:内容不能与国内课程标准和升学要求配套;语言难度不能与我国学生的实际英语水平吻合;某些内容脱离我国的社会环境和生活环境。

国内出版教材。人民教育出版社、上海教育出版社等机构出版了双语教材,涵盖数学、化学、物理、生物、信息技术等多门学科。在出版过程中,它们都邀请了外籍专家参加工作,参考或选用了国外教材的部分内容。这些教材语言地道,篇幅适当,符合我国学生的认识能力。普遍存在的问题是:策划和出版周期较短,良莠不齐;出版了某一学科或某个年级的教材，出现不配套或断层现象。

学校自编教材。大多数学校自编教材属“活页教材”的性质，其编写过程基本采用了“剪刀+浆糊+复印”的方法。这些教材体现学校和编写者的个性，但质量难以得到保证。

翻译教材。翻译教材指的是“把母语教材译成外语教材”。到目前为止，我国还没有一所学校完全采用“翻译教材”。使用这种教材最大优势是，既能避免学科损伤，又能满足教学、升学的要求。日本“应试教育”严重，高考竞争激烈。为了确保双语班学生的高考竞争力，日本双语学校使用“翻译教材”（日语译成英语）。

现阶段，双语教学使用的教材主要来自两个渠道：一是引进国外原版或港台地区的学科教材，加以改编，二是“自编”教材。相对而言，后者耗时大、费力多，难度高，不太适合目前的双语教学实际情况。而前者似乎更实际，更可行性，这也是目前大部分进行双语教学试验的学校所采取的一种做法。

4. 双语教学与学科选择

究竟应该选择哪些学科实施双语教学？年级与学科的选择一般遵循“先易后难、先低后高、先辅后主、先理后文”的原则。目前世界各国的普遍趋势是，首选数学、物理、化学、生物、技术、计算机等学科实施双语教育。这样安排理由有三：第一，人文学科和社会学科涉及较多的本土文化、本族文化、民间传说，甚至宗教文化，用外语讲授比较困难；第二，数学、物理、化学、生物、技术、计算机等学科具有较强的国际共通性，其表述、词义、专业术语的理解和诠释比较一致；第三，选择数学、物理、化学、生物、技术、计算机等学科实施双语教学，便于学生日后进入全球科技领域的国际交流。

5. 双语教学与英语教学

双语教学与英语教学应该并存。在实施双语教学的过程中，如何处理双语教学与英语学科的关系。国外的通常做法是：双语教育与英语学科教学并存。英语作为一门学科继续开设，着重培养学生综合语言运用能力，解决双语教学中出现的语言问题。作为英语教师，还应该帮助双语教师提高英语语言水平。

双语教学几十年来被国际外语教学界公认为是一项成功的外语教学策略。双语教学使得英语成为生活的组成部分，双语教学是我国中小学外语学习者改变学习方式的有效途径，它不仅涉及学科词汇、学科概念、学科特征、学科思维等领域的外语实践，更主要的是撼动了传统外语学习方式。

六、双语教学实验的预期成效（2013 年 6 月 ~2015 年 12 月）

（一）阶段成果

（1）课题设计、课题研究报告和实施方案各 1 份；

（2）双语教学设计；

(3)双语教学论文;
(4)开发双语校本课程;
(5)编写双语教材;
(6)构建双语校园文化;
(7)探索双语教学策略;
(8)建立双语教学评价体系;
(9)开展各项双语活动并形成一定的社会影响。
(二)最终成果
(1)课题实验报告;
(2)双语校本课程;
(3)双语教材;
(4)双语学科词汇手册(音乐、体育、美术、数学、自然、信息技术等);
(5)双语教学课堂用语;
(6)形成双语教学策略;
(7)建立双语教学评价体系;
(8)构建双语校园文化。

七、双语教学实验的建议

1. 师资建设

双语教学成败的关键在师资,而目前双语教学方面的人才严重缺乏。这跟我们当前的教育体制有关。首先是我们没有专门的培养双语师资的高校或专业,提不上有专门的双语教学人才;其次是我们目前培养的教师知识单一,外语语言能力不强,一般的大学毕业生用外语交流就很困难,更不用说用外语进行教学。

目前已开展双语教学的学校的普遍做法是:一是选用英语水平比较高的学科老师任教,让学校英语老师参与备课,边尝试边提高学科老师进行双语教学的水平;二是在条件具备的情况下,选择一些老师送到国外进行短期英语培训。

2. 构建双语文化氛围

开展双语活动,构建双语文化。实际上语言不仅是交流的工具,是信息的载体,同时它还是思维的工具,是文化的载体。语言里面包蕴着思想,包蕴着文化,是某一特定民族的民族精神、民族文化的反映。因此,学习一种语言,不仅仅是学习语言这个工具,同时也是在了解这种语言所蕴含的文化,所蕴含着的思想精髓。从这个意义上说,开展双语教学,使每一个孩子有机会更多地接触一种语言,学习一种语言,实际上也是在创造让他们了解他民族文化思想、风俗习惯、科学技术的机会。

双语教学不仅仅是一种语言的教学,实际上更是一种双文化的教学,多文化的教学。我们设想,这种双文化或多文化的交流,势必会扩大每一个接受这种教育的孩子的观察视野,使他们更有条件融入世界文化、全球文化之中,增强他们在生活生存中的竞争力和发展力。

优化充实环境,让双语“浸润”视野。环境是英语学习的基础,对已有的双语环境进行充实与优化,让学生在视觉冲击中充分感受英语氛围,更大地发挥它“浸润”视野的效果。

(1)充实静态环境,让“无声”的双语“有声”起来

充实现有的双语说明(所有的室牌、班牌、宣传语)、双语板报(师生共同努力和精心布置,不断更新单词和各种句型,让学生在有意无意之中感知语言,复习巩固知识)、双语标识、双语展示区、双语读物等。这种“于无声处”的展示,会对学生产生耳濡目染、潜移默化的教育效果,不但有助于养成良好的行为习惯,而且培养了学生高尚的道德情操。

发挥英语教师和双语示范员的作用,通过各种渠道让学生看懂、会读校园内的这些双语设置,让“无声”“有声”起来。

优化“八个一”双语活动:每天一句(一谚)一广播,每周一文(推荐给学生)一次“英语角”活动,每月一歌一报(板报、简报)一研讨,每学期一节(英语节、双语节、圣诞节庆等)一论文。

(2)优化动态环境,让“有声”的双语“无声”却有形

建设双语网站,吸引更多的师生来关注、充实与运用,从而于活动之中将“新奇有趣”不断升华为“兴趣”,在轻松愉快中学到鲜活真实的语言。

建设双语活动室,定期开展活动,丰富校园生活。

参加双语社会活动:积极筹措,组织双语爱好者去参加一些社会活动,到外国语学校等去参观学习。

3. 双语课程与教材

由于我国的文化背景,对非语言学科,也只能在一定学科内容范围内用外语教学比较合适。双语教学要在正确定位下开展实验,冷静扎实有效地进行,否则会招致非议或不能取得预期的效果,带来负面影响。

多元化的趋势进一步彰显,可以引进、自编和翻译双语教材。双语教学开展较多的课程是自然、科学、信息技术、数学等。

谈到双语教学,我们不仅要有选择地吸纳国外优秀文化,而且要传播本国文化,展示丰富的中华文化。在双语教学中,既要增强英语教学中的西方文化含量,又要在多层次的双语教学中系统引入和加强中国文化教育,这是成功开展跨文化交流的需要。这些都必须由翻译类双语教材和自编类双语教材来解决。

4. 双语课堂

双语教学是一个新事物,它为外语教学打开了新的思路。双语教学常态化,应该做到“(学科)中心维持”。学科目标要突出、清晰,课堂教学的实施是为了学科教学

目标,不是把它上成英语课。把握好语言的渗透和渐进,强调英语的交流、运用,注重给学生练习、运用的机会。强化主学科,英语作陪衬并达到融洽的运用,语言起到关键作用。学科教师之间互通,在内容的安排上与英语教师经常、定期地互补、沟通。

双语课堂需要规范化、常态化,多用简单词汇。就双语教学本身而言,它能解决学生学习的内驱力问题,关键是在课堂上教师应该尽可能深入浅出地运用目标语中的简单词汇来讲解。一个美国农民一辈子常用的词汇也不超过1000个,但是他在日常生活中所要表现的东西和一个感情丰富的伟大诗人几乎没有什么不同。为什么用这么少的词汇能表达这么多的内容?因为人们是运用语言去表达自己的感情,情感是语言形成的催化剂,而语言一旦有了情感就变得灵活、有趣、富有创造力。

在设计口语活动时,要体现学生的主体性、教师指导参与性和活动的成效性。首先,营造宽松、和谐的学习氛围,使学生敢于开口,乐于实践;其二,表扬激励学生,使其获得成就感;其三,对学生在口语表达过程中出现的语言错误,根据教学活动的目的和错误类型,采取相应的解决办法;其四,允许学生用中英文交流;其五,突出语言的实践性,注重培养学生综合运用英语的能力。

5. 定期开展课题活动

每月一次的双语课题组活动,定主题求效率。如邀请权威专家对课题研究的实施作阶段性评估与指导;开设讲座;交流双语教学的体验感悟、经验得失,探讨下一步工作的举措。通过这一系列的研讨活动,为双语教学一线教师奠定理论基础,使双语教学的实践变得更有的放矢。注重过程性材料的积累,建设双语课题实验档案。

6. 双语教学实验简报(月报)

每月或定期编辑出版双语教学实验简报,刊载活动纪实、报道、双语作品等。

另外,对于双语教师实施定期考核。对在双语教学工作中有突出成绩的教师予以表彰和扶持。

——·教学方法与模式篇·——

优化教法学法　激趣减负增效

高水平的外语教育是提高整个中华民族科学文化水平的重要组成部分。外语教学正冲破“应试教育”的羁绊，逐步向素质教育转轨。激发和培养学生的学习兴趣，帮助学生树立自信心，形成有效的学习策略，养成良好的学习习惯；使学生掌握一定的语言基础知识和基本技能，建立初步的语感，获得基本的语言运用能力；开发智力，培养观察、记忆、思维、想象、创造能力；了解文化差异，培养爱国主义精神，增强世界意识，为学生的发展和终身学习打下良好的基础。为了实现基础教育阶段英语课程的上述目的，我们的措施是：优化教法学法，激趣减负增效。

优化教法学法是实施素质教育的关键所在。我国外语教学普遍存在着“费时较多，收效较低”的现象，亟待改进。我们必须积极进行外语教学法的改革，研究、完善、推广好的外语教学方法，在不增加学生负担的前提下，通过改进教学方法提高效率，用较少的时间使学生掌握更多的知识。应从我国青少年学习外语的规律和优势出发，充分调动学生学习外语的积极性、主动性，有效地培养和提高学生运用外语的能力，全面实现外语教育的目的。同时，还要注意学习和吸收国外现代外语教学法思想，博采众长，兼收并蓄，创造出具有中国特色的外语教学法。

一、激发兴趣，减负增效

爱因斯坦说：“教育所提供的东西，应当让学生作为一种宝贵的礼物来领受，而不是作为一种艰巨的任务去负担。”兴趣是学好语言的强劲动力、能力形成的前提。目前盛行的愉快教育、情境教育、成功教育、艺术性教学法、玩着学英语等都是激发兴趣的具体表现。兴趣教学是实施素质教育的重要前提，是英语学科素质教育的着眼点，实施兴趣教学可以减负增效，使学生学得积极主动、轻松愉快。

1. 实施成功教育，激发兴趣

心理学告诉我们：一个人只要体验一次成功的喜悦，便会激起无休止的追求意念和力量。一个孩子如果从未品尝过学习、劳动的快乐,从未体验过克服困难的自豪感,这是他的不幸。因此,教学中我们要善于运用成功效应,给学生展示自我、体验成功的喜悦,以激励他们再探索,并争取更大的成功。

学生在开始接触英语时,常怀着好奇、兴奋和期待的心情。Well begun is half done.

启蒙教学至关重要,我们应重视第一印象,设计好导言课,通过展示日常生活中的英文说明书、公共标志用语、铅笔、手表诸物品上的英语等直观材料,说明英语的重要性及其学习的目的、方法,由看得见、摸得着、想象得出的事例激起学生成功地学习英语的强烈愿望,唤起他们学习英语的浓厚兴趣;在平时的教学中,介绍名人学外语的经验、事迹,让学生现身说法,互相交流学习体会;善于发现、发挥、发掘每个学生的优势和特长,对学生在本身基础上所取得的些微长进,都要给予肯定、鼓励,让他们直接领略成功的喜悦,不断强化其学习动力,增强学习兴趣,鼓舞他们向新的成功迈进。

小学英语课程的评价应以形成性评价为主,采用平时教学活动中常见的方式进行,并重视学生的态度、参与的积极性、努力的程度、交流的能力以及合作的精神等。评价应通过观察学生的活动(讲故事、说歌谣、唱歌曲、表演对话或短剧等)、与学生交流、学生的自评和互评等生动活泼的方式进行。除形成性评价外,小学高年级期末或学年考试可采用口、笔试相结合的方式。口试主要考查学生听和读的技能以及初步的写的能力。评价可采用等级制或达标方法记成绩,不应按学生成绩排名次或以此作为各种评比或选拔的依据。强调对学生在学习过程中进展情况的评价,注重发挥学生的创造性,科学评价,重在激励,有益于树立学生的自信心,形成学生继续进步的动力,有助于学生"抬起头来走路"。

2. 改革课堂教学,提高兴趣

"减负"是实现学生全面发展的突破口,课堂教学是"减负"的主渠道,我们要优化课堂教学过程,立足第一课堂,提高课堂教学效率。在"精"字上做文章;精心备课,多练精讲,精心辅导,精选作业题,改革作业形式,使其具有目的性、趣味性、选择性、层次性、创造性、适量性、多样化的特点,加强"有声作业"量,促进学生听、说、读、写能力的全面发展。在"点"字上求突破;充分利用直观教具、多媒体辅助教学,设置一些形象逼真的情景,让课本内容"活"起来,使学生沉浸其中,进行操练、练习、表演等交际活动,培养学生的学习能力、耳、口、眼、手、脑的协同交际能力;在对话、课文教学中,进行看图说话、复述课文等练习,勾勒简笔画、设置问题情境,制造悬念,启迪思维,激励思考,变"学答"为"学问",培养学生的创新意识,如:通过 My father is your father. My mother is your mother. My birthday is your birthday. 导入 twins,就给学生提供了广阔的思维空间,并会留下深刻的印象。实行全方位开放式的英语教学,以活动课为主要上课方式,以听、说技能为主要训练项目,让生活进入课堂,让课堂走向生活,构建乐学课堂;我们要打破传统秧田式桌椅摆放形式,采用半园、全园、双园、梅花等多种摆放形式，从三尺讲台上走下来，走到学生中间去，走到学生后面去，倡导教学民主，建立平等的师生关系。创造条件进行小班制教学，进行短课时、高频率的新型英语课，从培养兴趣、激发学习积极性、培养语感为主要目标。让练习进入课堂，当堂知识，当堂巩固，教师实现了“堂堂清”，学生才能“负担轻”，学生的学就会变被动为主动，他们就有时间、有精力、有劲头去发挥个性特长，积极参与到各种活动中去，其潜力就会得到充分的挖掘和开发，其个性心理品质就能得到健康发展，素质教育就能够真正落到实处。在整个教学过程中，我们要努力做到“课伊始，趣已生；课正行，趣正浓；课已毕，趣犹存”，让学生乐学爱学，让英语课堂焕发出生命的活力。

3. 加强情感教育，保持兴趣

C. E. Eckersley：“The textbook is always of one style, but teachers' methods of teaching are totally different from each other... The best method of teaching English is one that arouses in a pupil a love of learning English; the worse is one that bores him.”古人云：“感人心者，莫先于情。”教师真诚热爱学生的情感，一个嘉许的眼神，一个亲切的微笑，一个赞美的手势，都会使学生有被重视和被关心之感，体会到教师是真诚的、可信赖的，继而把自己纯洁无瑕的爱迁移到学习上，正所谓爱屋及乌效应，亲其师，信其道。因此，我们要加强情感教育，实施童心教学法，对小学生充满爱心，尊重小学生，构建亲和的语言教学环境，创造温馨和谐的课堂教学气氛，沟通教与学的关系，缩短师生心距，走进师生共享的课堂，建立融洽的师生情感，是保持学生学习兴趣的重要前提。充分利用体态语，推行“微笑教学”，用心热爱学生，关心学生，鼓励学生，感化学生，与学生建立一种平等和谐的合作伙伴关系，形成师生情感共鸣，激起师生共同进入教与学的热情。

4. 创办英语乐园，发展兴趣

通过唱歌、朗诵、演讲、游戏、猜谜语、绕口令、排演短剧等活动创办丰富多彩的英语乐园，发展兴趣，让学生玩着学英语，使他们每个人都有展示自己的机会。“Hello! Glad to meet you!”“The more we get together”.“Old Mcdonald had a farm.”等一曲曲动听的英文歌曲在小朋友中间熟练地唱起来。让学生在听听说说、写写画画、唱唱跳跳、玩玩乐乐中不知不觉地学会英语。同时，还可开辟板报、墙报、英语角、文艺会演、广播英语等生动活泼的第二课堂，激发学生的学习热情和求知欲望，使其感到学有所获，培养“成就感”。

我们要为孩子们编织幸福的金色童年，给孩子们提供宽松的、充满欢乐的氛围，寓教于乐，融知识性、趣味性，融言、行、情为一体，把英语课上得有声有色、有滋有味、有趣生动，多渠道、多途径地激发学生的学习兴趣，做到兴趣贯穿课堂，并延伸到课外，实现“书山有路趣为径，学海无涯乐作舟”，使学生的好奇心、好动性、好胜心得到表现，让学生积极主动地参与教学过程，品尝学习英语的乐趣，变厌学、死学、难学、苦学为爱学、活学、易学、乐学，从“学会”到“会学”，真正成为学习的主人。

实践证明,兴趣教学是减负增效的有效措施。但是,“减负”不等于无负担,它指的是减轻过重的课业负担,教学中的一些基本要求不可减。如果一味地强调兴趣而忽视学生克服困难的意志的培养,就可能使学生失去刻苦钻研、艰苦奋斗的优良品质。

二、面向全体,因材施教

素质教育的第一要义是面向全体学生。教师是园丁,要用万紫千红打扮世界,创造一种适合学生的教育,淡化选拔意识,而不是挑选合适教育的学生,不是只把目光聚向优等生,使大多数学生备受冷落。

面向全体,并不是用一个模式、一个标准要求全体学生整齐划一地发展,也不是要求每个学生在各个方面平均发展。素质教育承认个别差异,注意因材施教,注重发现和培养学生的特长,并尽量为有特长的学生脱颖而出创造良好的条件。

柳斌同志指出:“素质教育,要研究每个学生的身心特点。用符合教育规律和学生身心发展规律的办法对他们进行教育和引导,因材施教,用一把钥匙开一把锁,不但要研究孩子们的共性,还要研究孩子们的个性,使得他们各得其所”。

在教学中,我们不可搞“一刀切”,要正确处理“面”(全体)与“点”(个体)的关系。面向全体,因材施教,给不同层次的学生创造均等的参与机会和成功体验,使整体教学与个别辅导有机地结合起来,针对学生之间的个别差异实现有差异的发展;通过每个个体的发展,实现全体发展。

教育的对象是活生生的个体,他们的个性心理、所处的环境、接受知识的能力等方面存在着差异,所以,我们要从学生的个体实际出发,有的放矢地因材施教,设计不同层次、不同类型的内容,采用不同的方法,作出不同的要求,使优等生、中等生、学困生各得其所,都能愉快地学习。对于优等生,要创立各种语境,扩大其语言实践的量,提高语言运用能力,鼓励其再接再厉,与其他学生结对子,帮助他们迎头赶上;教育无差生,对于中等生、学困生,我们要一视同仁,树立转化一名学困生与培养一名优等生同等重要的意识,切忌漠视甚至歧视他们,鼓励他们开口说、倾心听,消除害羞、怕说错的心理障碍,耐心帮助他们,循循善诱,鼓励其点滴进步。对于他们说英语时出现的小错误,不要“有错必纠”,以免挫伤其积极性,保护其自尊心,实施希望教育、尊重教育、活动教学、多媒体教学、和谐教育、愉快教育、成功教育、情境教育,设立“进步奖”;动之以情,采取多种措施激发其学英语的热情和兴趣,指导学法,培养其良好的学习品质和习惯。针对个别差异,善于捕捉其闪光点,正确引导,用其所长,为他们创造表现自我的机会。积极开展第二课堂的活动,使每一个学生的特长都能得到充分的发挥,树立“我也能学好英语”的信心,防止与克服心理上的失败定势,从而使他们对所要达到的目标产生一种成功的渴望,获得成功的体验与增强成功的把握而形成学好英语的心理优势,进而得到主动、和谐、生动活泼地发展。

面向全体,因材施教,能有效地防止两极分化,大面积提高英语教学质量。

三、创设情境,突出运用

突出语言的实践性,注重培养学生综合运用英语的能力,是英语教学素质教育的核心。李吉林老师强调:教育要由境入情,情境交融,以情感人。

小学生学英语贵在多体验、多实践、多参与、多创造。小学英语教学要从儿童的心理和生理特点出发,改变传统的教与学的方式,让学生通过体验和实践进行学习。传统的语言学习方式强调学生在初级阶段要学好音标,学好语法,记忆一定量的词汇,为语言的运用作准备。这一方式的教学导致了课堂教学的教师中心化和学生处于被动记忆的状态。在外语学习过程中,学生必须通过积极体验、参与、实践以及主动的尝试与创造,才能获得语言能力的发展。特别是儿童具有模仿力强、求知欲强、记忆力好、心理负担轻、表现欲和创造精神强等特点,这正是小学生学习英语的优势所在。然而,他们的理解能力相对较弱,注意力不易长时间集中,不喜欢单调的重复和机械的训练等是他们的弱势。如果我们让小学生学习并理解繁杂的语言知识,背记语音和语法规则,就恰恰忽视了小学生学习语言的优势。不少小学生就是因为学不会音标或不喜欢语法或记不住单词而掉队,以致放弃英语学习。因此,小学英语教学必须从小学生的心理和生理特点出发,遵循语言学习的规律,从改变学生的学习方式入手,通过听、做、说、唱、玩、演、读、写和视听等多种语言学习的方式,达到激发兴趣、形成语感和培养初步的语言运用能力的目的。

我们要多渠道、多途径地创造良好的语言环境,帮助学生通过大量的感知、体验和模仿等实践活动,形成初步的英语语感。语音语调的训练不能仅仅以单音准确为目的,要明确语音语调包括发音、重音、语调、节奏和语流等方面,要通过培养语感以及有意义的语句或语段的模仿和训练来奠定学生语音、语调的基础。要培养学生交流的能力就要创设交流的情景,使学生通过参与交流活动培养用英语交流的能力。

在课堂教学中,我们要坚决走出“满堂灌”的填鸭式教学模式,树立教师为学生服务的意识,发挥指导作用,充分调动学生的主动性和积极性,以学生为主体,全身心地进入角色,用英语组织教学的本身就在创设语言环境,使学生较快地参与其中,启迪英语思维,进行真实自然的交流。根据学生的年龄特点和教学内容,开展分排练习、两人小组练习、四人小组练习、分行练习、男女生练习、师生练习等形式多样、生动活泼的操练、练习、表演等活动,变“独角戏”为多角色共同活动,当好导演、教练、裁判和乐队指挥,演好合奏,让学生投入到大面积、高容量的英语实践中,使全体学生都有充分展示自我的机会,以境促情,以情激趣。

借助实物、模型、卡片、图表、挂图、简笔画、表情、动作等直观手段,利用录音机、幻灯、电视机、录像机、电影和计算机等现代电化教具,充分调动学生的视听反应能力,创造生动形象的交际情境,使学生直接用英语思维,触景生情,表情达意,有助于其感性知识的形成，无意识地记忆。例如：在教 close，open 时，我们可发挥 Whole Language Learning 的优势，反复说 Close/Open the door/window. Close/Open your books/eyes。并伴以动作，学生视听后即可明白 close，open 的意思。这样，小朋友们学习情绪高涨，兴趣倍增，从而能够轻松愉快地学习。

小学生积极向上，争强好胜，思维活跃，所以，在英语课堂上，我们要大胆引入竞争机制，激励全员参与，开展单词接力、归类、查词典、击鼓传花等竞赛，对获胜者报以掌声或言词褒奖（如：Good. /OK. /Clever. ）或赠予小小的奖品，对未获胜的用 Try, Do your best, I hope you'll do better next time. 等予以鼓励，调动全体学生的学习积极性。

The one real object of education is to have a man in the condition of continually asking questions. 巧设悬念，启思增智。悬念在心理学上是指人对所学、所见的对象困惑不解而产生的急切等待的心理状态。教学内容有时并无多大趣味性可言，若设置问题情境或勾勒一幅图画，猜一则谜语等，则可增强趣味性，激起学生的好奇心和求知欲，保护、培养学生的探索精神、创新意识，启迪其创新思维，培养其创新能力。

课外活动是重要的教学辅助手段，有利于增长知识，开阔眼界。我们要有目的、有组织地开展朗诵、唱歌、阅读、讲故事、书法展览、词汇竞赛、话剧及英语演出等适合学生语言水平和年龄特点的丰富多彩的课外活动，激发学习热情，发展学习兴趣，使学生生动、活泼、主动地学习。订阅小学版的英语报刊，有助于学生开阔视野，提高运用语言的能力。

小学英语教学切忌进行过多的、枯燥乏味的讲解与说教，要以教师为主导，以学生为主体，活动为主线，创设情境，突出运用，坚持任务为本的教学原则，引导学生在购物、就医、打球、开生日 party 等“做事情”的过程中学习语言，而不是孤立地从课本中学习语言；做到学习活动化，活动生活化，为了用而学，不是为了学而学，学用结合；贴近生活，贴近学生，充分调动学生耳、口、眼、手、脑协同“作战”的能力，在发展学生听、说、唱、演能力的基础上，使其具有初步的读、写能力。

四、精讲善练，培养能力

著名的英国英语教科书编者路易·亚历山大说：“以前我们在使用交际法中犯过许多错误，以为可以只教功能而舍弃语法。现在我要告诉你们，不能这样做，这不是交际法。应该说，交际就是通过语言做事情，同时，还要运用语法结构和词汇实现交际的目的。”英语教学要着重培养学生综合运用语音、词汇、语法进行听、说、读、写的交际能力。脱离了基本知识、技能的学习过程，凭空地讲发展智力、培养能力，就会成为无源之水、无本之木。精讲善练，培养能力，是在英语教学中把握好知识传授和能力培养关系的有效途径。

在初始阶段教授一个新的语言项目时，最好从精心设计的视听说练习人手，加大听说比重，经过大量的训练（即学为主体），打好语音基础。在学生对这个项目有了一定的感性认识时，再进行简明扼要、画龙点睛的归纳讲解——“精讲”（即教师为指导），从而达到理性认识的高度。任何能力的提高都不能脱离对语言知识的掌握。教师要吃透教材，抓住实质，将重、难点列入教案、板书之中，点到为止，使学生举一反三，触类旁通，不仅知其然而且知其所以然。正所谓“善学者师逸而功倍，不善学者师勤而功半”。

在结束某一阶段的教学之后，教师可将知识要点进行脉络梳理，按语音、语法、词语用法、同义词、反义词、重点短语、句型及交际项目予以分类归纳，使学生既见树木又见森林，加深记忆。为了避免讲解的枯燥性，教师要尽力捕捉有用的信息，精心设计例句，利用学生身边的事例进行讲解。这样，学生不仅掌挥了知识，而且学会了如何运用所学的知识进行交际，真正能融会贯通，学以致用。如果练习充分，归纳得法，就能有效地指导语言实践，提高学生运用语言的能力。

英语课是实践性很强的工具课，教授语言知识不是教学的终极目标。因此，我们要转变观念，变重知识为重能力，知能结合，培养学生的观察力、注意力、记忆力、思维能力、想象力，促进学生听、说、读、写交际能力的全面发展，这正是素质教育第二要义在英语教学中的体现。交际能力是在听、说、读、写的训练中培养的，语言知识是在听、说、读、写的反复练习中熟练掌握的。我们要尽可能调动学生耳、口、眼、手、脑协同“作战”——用英语教英语吸引学生的注意力，增加听、说机会，使学生沉浸在浓厚的英语氛围里，他们就会自觉不自觉地 think and talk in English。听各种地道的英语教材录音，看情景交融的录像或投影片，亦是学习纯正发音的良好方法。学习英语要学以致用，我们要鼓励学生积极参与，大胆地说，在真实的语境中进行 pair work，group work，team work 等。

起始阶段以后，在继续发展听、说能力的同时，要重视培养学生的读、写能力，使听、说、读、写全面发展。读包括朗读和阅读。对于精彩课文，教师要指导学生富有表情地朗读并加以背诵或复述，发挥学生记忆力强的优势，提高其注意力、记忆力。在背诵、复述课文之前，教师可示范背给学生听一遍，消除他们的畏难心理，然后领背，以主题句为线索列出通篇的提纲，用简笔画勾勒出故事的轮廓，训练学生的观察力、思维能力，发挥其想象力，引导他们在真正理解的基础上背诵、复述。这样，学生不仅记住了一定量的语言材料，增强了语感，而且熟悉了英语句子的结构，悟出了单词在不同语境中的用法，巩固了语言知识。此外，还可以将有些课文、对话改编成短剧进行表演，其形式新颖，情景真切，表演活泼，使讲台变成舞台，学生既是演员又是观众。这样可以增加语言实践的密度，培养学生的创新思维能力和交际表演能力。

进入初三之后，阅读成为重点训练内容。教师要经常找一些有趣的读物供学生阅读，如《新概念英语》前三册上的部分短文、阅读理解之类的练习，还可订阅几份中学英文报刊，对提高学生的阅读能力大有裨益，可扩大学生的词汇量，拓宽视野，丰富语言知识，提高其运用语言的能力。写的要求虽然不高，却贯穿了整个教学阶段。可训练学生缩写课文、看图写话;小作文,如写自己、老师、家庭、家乡、学校等;设立情景写一段对话,如问候、问路、就医、购物、打电话等;鼓励学生坚持写英文日记;进行校际英语通信;推荐优秀篇章投往有关报、刊发表,使学生享受到成功的喜悦。只要以教师为指导、学生为主体,训练为主线,听、说、读、写全面训练,不同阶段略有侧重,就能有效地把传授知识与发展能力有机地结合起来。

五、授人以渔,主动发展

素质教育的第三要义是让学生主动发展,培养学生的创造性。叶圣陶先生说:“教是为了不教”。陶行知先生1919年在《教学做合一》一文中写道:“先生的责任不在教,而在教学生学”“教学,教学,就是教学生学,主要不是把现成的知识教给学生,而是把学习方法教给学生,学生就会受用一辈子。”古人云:“授人以鱼,供一饭之需;授人以渔,则终身受用不尽。”学好外语不仅要“肯学”,而且要“善学”,要讲究学习方法。科学方法是通向成功的桥梁,它可以使学习更具科学性并受到事半功倍之效,减少学习的盲目性,提高学习效率,提高学习的自主性,提高学生“发展性学力”和“创造性学力”,为日后的终身学习创造条件。在外语教学中渗透学习策略的培养,符合以学生为主体的教学思想的要求,体现了以人为本的素质教育的精神。

施教之法,贵在启导。课堂教学活动的主体是学生,教师作为课堂活动的设计者,应成为协助“主体”加强记忆的“助学者”、帮助“主体”掌握新的语言材料的“示范者”,安排“主体”进行语言操练的“组织者”,判断“主体”运用所学材料表情达意准确与否的“评判者”。一言以蔽之,教师要致力于“导”、服务于“学”,要善于诱导、疏导、指导,使学生变厌学、死学、难学、苦学为爱学、活学、易学、乐学,变“学会”为“会学”。

要将“教师为主导”的教育变成“以学生为主体”的教育,变“课堂”为“学堂”,认真研究学法,激发学生的学习内驱力,培养学生的创造性思维能力,指导他们自主学习。

遵循语言的学习规律,培养学生良好的学习习惯。学习英语就是通过耳、口、眼、手、脑的协作掌握语音、词汇、语法基础知识和听、说、读、写的交际能力。因此,教师要指导学生勤听、敢说、多读、乐写,培养听、说、读、写的习惯,带着问题进行课前探索性预习,课上积极参与学习,课后及时复习与运用。一旦养成了良好的学习习惯,学生就有了积极性、主动性,他们就会更主动地接受教师的指导,教学活动会更趋和谐,效果更为显著。

指导学生正确地记忆、思维,有效地学习英语。单词是学习外语的一大障碍,我们要根据单词的拼写、读音、构词、类别、搭配等内在规律,教给学生拼读记忆法、构词记忆法、卡片记忆法、归类记忆法、图表记忆法、比较记忆法、搭配记忆法、情景记忆法、“五到”(耳、口、眼、手、脑)记忆法、循环记忆法等,促进学生多、快、好、省地记忆单词。在“用英语教英语”的过程中，培养学生直接进行英语思维的良好品质；通过交际教学、同义词教学等，教会学生比较思维；总结知识点时，训练学生的归纳思维、联想思维的能力；看图说话时，培养学生的观察力、注意力、思维想象力及口头表达能力。

当学生掌握了科学、正确的学法时，他们在教学过程中就会以主人翁的态度积极、主动地参与教学活动，大大提高学习效率。

美国著名教育家布卢姆指出：“学生的学习兴趣、动机、态度、好奇心以及情感在促进学生智力发展中起着重要作用。这些方面要靠教师对学生的热爱和教师本身的感染熏陶，是其他任何教学手段都代替不了的。”因此，指导学法要与调动学生的非智力因素相结合，加强学英语的目的性教育，激发兴趣，激励学生满怀信心地积极主动地学习英语。进行愉快教育，愉快教育并不排斥刻苦学习，而是寓刻苦的精神于愉快的学习过程中。

在英语教学中，我们要以提高学生的综合素质为目标，以培养学生的创新精神和实践能力为重点，在学习英语的同时，发展学生独立思考、自主学习和终身学习的能力，提高其良好的英语学习心理素质。

我们广大外语教育工作者应当以促进学生全面、主动的发展为本，以提高全体学生的英语素质为纲，努力做到为学生的全面发展考虑，用我们的智慧、热情和无穷的创造精神去描绘新世纪英语基础教育的美好蓝图。

激发兴趣　指导交际　精讲知识　培养能力　加强反馈

——基础教育英语教学法探讨

基础教育阶段英语课程的任务是：激发和培养学生学习英语的兴趣，使学生树立自信心，养成良好的学习习惯和形成有效的学习策略，发展自主学习的能力和合作精神；使学生掌握一定的英语基础知识和听、说、读、写技能，形成一定的综合语言运用能力；培养学生的观察、记忆、思维、想象能力和创新精神；帮助学生了解世界和中西方文化的差异，拓展视野，培养爱国主义精神，形成健康的人生观，为他们的终身学习和发展打下良好的基础。为了实现基础教育阶段英语课程的上述目的，我们的措施是：激发兴趣，指导交际，精讲知识，培养能力，加强反馈。

激发兴趣　俄国著名教育家乌申斯基说："没有任何兴趣而被迫进行的学习，会扼杀学生掌握知识的意愿。"语言是人们进行交际的工具。我们外语教师更要注重这一点，不能把活生生的语言上得死板而毫无生气。寓教于乐，融知识性、趣味性于一体，多渠道、多途径地激发学生的学习兴趣。实施成功教育，激发兴趣；改革课堂教学，提高兴趣；加强情感教育，保持兴趣；创办英语乐园，发展兴趣。我们要坚持以最浅显的英语上课，实行值日生汇报制度，丰富其报告的内容；时常教给学生一些英语歌曲、朗朗上口的小诗、求知谚语、人生格言，讲英语故事；利用板报、墙报、手抄报、出英语专刊，开辟学法向导、同步辅导、一课一练、归纳总结、名人简介、新闻报道、习作园地及谐趣园等丰富多彩的栏目；为活跃课堂气氛、提高教学效率，我们还可以与学生一起做游戏，如单词接力赛、完成词汇填空、讲幽默小故事、猜谜语，绕口令等等；设置不同形式的任务，让学生在趋于真实的任务中运用英语去做事、做有意义的事，他们在实践中自主学习、感知体验、交流协作、张扬个性、探索发展，充满自信，享受成功的喜悦。让他们能积极主动地投入到英语学习之中，这样，师生打成一片，感情融洽，配合默契，学生真正成为课堂的主人，从而实现教师主导作用与学生主体作用的和谐统一。

指导交际　丹麦语言学家奥托・叶斯柏森说："教好外语的条件看来是要尽可能多地让学生接触外语和使用外语。学外语就像学游泳一样，学生必须潜在水中，而不是偶尔沾沾水；学生必须泡在水里并感到自由自在；这样，他才能够像一个熟练的游泳者那样乐在其中。"因此，在教学过程中，要发挥教师的指导作用，充分调动学生的主动性和积极性，摒弃那种"教师讲，学生听；教师写黑板，学生抄笔记"的"一言堂"做法。教学过程是师生间的双边活动，教师是导演，学生是演员，教师的教是外因，学生的学是内因，外因要通过内因起作用。教师的指导作用主要是了解学生，引导和帮助学生学好外语，对其启发、诱导，促进学生科学、有效地学习，培养自学能力，排除学习上的心理障碍,为学生营造英语语言交际的环境,提高学生运用所学英语知识进行交际的能力。

在课堂教学中,我们走出“满堂灌”的填鸭式教学模式,变“独角戏”为多角色共同活动。以学生为主体,尽量使用英语教学,创立良好的交际情境,促使学生学会用英语进行思维、培养其积极参与的好习性,让他们 learn English,而不是停滞于 learn about English,利用体态语,笑对学生,表情、言行协调一致,淡化课堂意识,缩短师生心距,强化交际训练;同时做到教学资源的直观性、易行性、有效性,把语言和实物、图像、简笔画、表情、动作结合起来,使每节课都上得轻松自然、生动有趣,以此激发学生的学习热情和求知欲,使其好奇心、好胜心得以表现,使各个不同层次的学生都有所得,培养其“成就感”,达到优化课堂教学的目的。诸如让学生听对话、课文录音、观看视频,他们就有一种身临其境的感受;学习时态时,在一条数轴上标明过去、现在、将来等不同的时间点,配上具体事例引进时态,效果就非常理想;又如,在教“pair”一词时,借助眼镜、服饰等实物教具来进行英语释义,学生就很容易理解。

精讲知识　语言知识之所以重要,是因为任何能力的提高都不能脱离对语言知识的掌握。备好课是上好课的前提,我们要吃透教材,将重、难点列入教案、板书之中,做到精讲善练、举一反三、触类旁通。在上完每册课本或结束某一阶段的教学之后,我们可将其知识要点进行脉络梳理。按语音、语法、词语用法、同义词、反义词、重点短语、句型及交际用语等予以分类归纳,从而使学生既见树木又见森林,加深记忆的痕迹。同时,鼓励学生做好课堂笔记,这样日积月累,学生才能说出、写出规范化的英语。为了避免讲授语法的枯燥性,我们要尽力去捕捉有用的信息,精心设计例句,利用学生身边的事例导入语法要点,如在教过去将来时的一节课时,我校的校长正要调往另一所学校,所以我就举了这样一个例句,即:The headmaster said he was going to work in Guangwei Middle Schoo1. 这样,学生不仅掌握了知识而且学会了如何运用所学的知识去表现实际生活,真正做到了融会贯通,学以致用。

培养能力　英语课是一门实践性很强的工具课,教授语言知识不是教学的终极目标。“教是为了不教”,我们不仅要教学生“学会”,而且要教学生“会学”。交际能力是在听、说、读、写的训练中培养的,语言知识是在听、说、读、写的反复练习中掌握的。我们要尽可能地调动学生耳、口、眼、手、脑协同“作战”——用英语教英语吸引着学生的注意力,增加了听说机会,学生沉浸在浓厚的英语气氛里,就会自觉不自觉地 think and talk in English;听各种不同语调、腔调的教材录音,看情景交融的讲座,亦是学习纯正发音的良好方法。说和朗读要求学生在听的基础上能用正确的连读、重音、语调等语音知识富有表情地进行会话;朗读并背诵或复述课文,消除其畏难心理,以主题句为线索列出通篇的提纲,用简笔画勾勒出故事的轮廓,引导学生在理解的基础上背诵、复述,增强语感,熟悉句式结构,悟出单词在不同语境中的用法;此外,还可将有些课文改编成短剧进行表演,其形式新颖、情景真切、表演活泼,使讲台变成了舞台,学生既是演员又是观众,增加了语言实践的密度。进入初三阶段,阅读成为重点训练内容,我们可找一些有趣的读物供学生阅读,如《新概念英语》前三册上的部分短文等,并配上像完形填空、阅读理解之类的练习,扩大学生的词汇量,开阔视野,丰富语言知识,提高其运用语言的能力。写的要求虽然不高,却贯穿于整个教学阶段:譬如写写自己、教师、家庭、学校等,设立情景写一段对话,如问候、问路、看病、打电话、购物等,缩写课文,看图写话;还可以鼓励学生坚持用英语写日记;进行校际英语通信,写英语作文,推荐优秀篇章投往有关报、刊发表,培养学生的"成就感"。只有加强听说读写的综合训练,才能有效地把传授知识与发展技能结合起来。

实施任务型教学,促进师生发展。"强调学习过程,重视语言学习的实践性和应用性"是《义务教育英语课程标准(2011 年版)》的基本理念之一,其实质就是任务型教学。鼓励学生通过体验、实践、参与、探究和合作等方式,发现语言规律,逐步掌握语言知识和技能,不断调整情感态度,形成有效的学习策略,发展自主学习能力。根据不同水平设计不同的任务活动,让学生相互交流协作,发挥其内在潜能,提高发现问题、解决问题的能力,发展学习策略,培养合作精神,在完成任务的同时,初步学会用英语交流,体验成功,增强自信,促进多元智能的发展。我们要以提高学生的综合素质为目标,以培养学生的创新精神和实践能力为重点,在学习英语的同时,发展学生独立思考、自主学习和终身学习的能力,提高其良好的英语学习心理素质。

加强反馈 在教学过程中,三省吾身、提高业务素质尤为重要。教与学相辅相成,利用提问、作业、测试等手段而获取的反馈信息可以促进教学相长;定期展览优秀笔记、作业,互相交流使学生学有榜样、做有方法;在上完每节课之后,坚持写教后反思,可起到发扬优点,摈弃缺点之功效;请同行听课并指出教学的不足,听取学生的意见和建议,以便改进;教学有法,教无定法,贵在得法,经常性地听同行的课,取人之长,补己之短,更有助于提高自己的教学水平;见贤思齐,博采众长,吸取他人的经验,为我所用亦大有裨益,如教给学生"基变序"[1]的口诀可帮助他们解决序数词拼写上的困难,这样,学生从繁杂的语言现象中把握了规律,起到了事半功倍的作用。另外,认真学习教育学、心理学、《英语课程标准》、外语教学法及应用语言学的理论,加强教学修养,提高业务素质,对提高外语教学同样不可或缺。

"冰冻三尺非一日之寒"。我们要想成为一名一直受学生欢迎的教师,不仅要有一股子持之以恒的干劲儿,更要有一颗热爱教育事业、热爱学生的赤诚之心。以自己的爱心去唤起学生的学习积极性,变学生传统的被动吸收为主动参与,通过大量的语言实践培养学生语言技能、语言知识、情感态度、学习策略和文化意识的综合语言运用能力,是我们外语教师进行教学改革的首要任务。

---

[1] "基变序"的口诀:基变序,有规律,词尾加上 th;一、二、三,特殊记,结尾字母 t,d,d;八减 t(eighth),九减 e(ninth),f 要把 ve 替(fifth,twelfth);ty 把 y 变成 i,记住 th 前有个 e(twentieth)。

英语比较教学法[1]

比较是确定事物之间差异点和共同点的认识方法。运用比较法就是要抓住事物的本质和要领,同中求异,异中求同,加深印象,增强记忆。作为一种教学研究方法,比较教学法就是把内容相同、相近、相关、相反、相异等可比性的知识放在一起进行对照比较研究,分析其特点,以加深学生的理解,揭示教学的普遍规律及其特殊表现,达到提高教学效果的目的。

俄国著名教育家乌申斯基说:"比较是一切理解和一切思维的基础。"在教学中,比较有助于我们找出事物的异同,激发学生思考问题的兴趣,帮助学生把孤立的、零散的知识"串联"、"并联"起来,把握知识间的内在规律,克服易混点、易错点;促进学生进行积极的求同辨异的发散思维,培养准确运用语言的能力,养成正确使用语言的习惯;使学生从纷繁复杂的语言现象中轻松愉快地接受知识,掌握科学的学习方法,对所学知识能举一反三,触类旁通,合理联想,积极迁移,形成一个条理化、系统化的知识网络和思维框架,收到事半功倍之效。

比较的种类主要有:纵向比较、横向比较、同类比较、异类比较等。在英语教学中,比较具体表现为:新旧比较、相似比较、对比比较、点面比较、发散比较、迁移比较、中英比较等。比较的内容有:语音、词汇、语法、交际、思维方式等。可采取比较的方法有:归类对比、列表图示、迁移联想、口诀歌谣等。

一、语音比较教学

音素有元音、辅音之别。元音有单元音、双元音之别,单元音有前元音、中元音、后元音之别或长、短之别;辅音有爆破音、摩擦音、破擦音、鼻辅音、舌侧音、半元音之别或清、浊之别。音节可按其数量、强弱、读音进行比较。字母及字母组合的读音可列表比较。例如,词尾-d 和-ed 的读音:

场　合	读　音	例　词
在清辅音之后	[t]	worked
在元音、浊辅音之后	[d]	played
在[t]、[d]之后	[id]	needed

[1] 特别声明:《福建财会管理干部学院学报》所刊发的同名作品系抄袭本作品。

也可用口诀比较：

清后[t]浊后[d]，[t][d]之后发[ɪd]，元音之后也读[d]。

连读、不完全爆破、单词重音、句子重音及语调均可列表归类比较。例如，代词的句子重音一览表：

不重读	重　读
连接代词	疑问代词
相互代词	指示代词
人称代词	作表语的人称代词
形容词性物主代词	名词性物主代词
反身代词	加强语气的反身代词
不定代词	作主语、宾语的不定代词

词形变化造成的音变可以列表比较。例如，名词变复数后的音变：

单　数	复　数
child[ai]	children[i]
house[s]	houses[z]
mouth[θ]	mouths[ð]
woman[u，ə]	women[i，i]

二、词汇比较教学

词汇教学可以从以下三大方面进行比较：

(1)音形比较：即根据读音和拼写的关系进行比较。①同一读音常有不同的拼写形式，例如，发[əː]音的字母组合有 er，ir，or，ur，ear 等；②同音异形异义词比较，例如，[nəu]——no“不”和 know“认识”，类似的词有 wear 与 where，hole 与 whole，see 与 sea 等；③同音同形异义词比较，例如，found 可表示“找到，发现”的意思，是 find 的过去式或过去分词，它又是表示“建立，成立”等意思的原形动词，类似的词有 leaves，left，lie，works 等；④同形异音词比较，例如，lives 读[laivz]时是 life 的复数，读[livz]的时候，是 live 的第三人称单数现在式，类似的词有 close，excuse，record，use，wound 等。

(2)词义比较：同义词是学生最易混淆的难点，看一看，有点像；比一比，不一样。因此在教学中，我们要特别重视进行同义词的比较，充分利用表格、图示等方法提高比较的效果。例如，over 与 above，under 与 below 等。

(3)构词比较：①根据词的屈折形式进行比较。例如，比较不规则动词过去式、过去分词的构成可分为 AAA，AAB，ABB，ABA，ABC 等类型，从而扫除了中国学生学习英语的一大拦路虎。②按照词缀的类别、意义进行归纳比较。例如,表示否定的前缀有 im-,in,ir-,un-等,表示人的后缀有-er,-or,-ian,-ist 等。③词性转换的比较。例如,有些名词可转化为动词(answer, care, cook...),有些形容词可转化为动词(clean,empty,free...),有些形容词可转化为名词(Chinese,middle,wrong...)。④词的合成比较,促进词义理解,使记忆成串。例如,baseball,basketball,football,volleyball 等。又如,在表示方向时,汉语一般先说东或西,后说南或北,英语却先说南或北,后说东或西,所以"东南"应译作 southeast。

三、语法比较教学

在词法教学中可作比较的项目有:可数名词与不可数名词,"'s"所有格与 of 所有格,国籍词的对比分类,人称代词的主格与宾格,物主代词的形容词性与名词性,指示代词的近指与远指,疑问代词的区别,不定代词的比较,基数词、序数词及分数词的用法区别,形容词与副词的句法功能辨异,表语形容词与一般形容词的异同,-ly 形容词与-ly 副词的区别,形式相同的形容词与副词的区别,比较等级句型的区别,定冠词与不定冠词及零冠词的用法比较,状态系动词与变化系动词,情态动词用法比较,need 和 dare 作情态动词与作行为动词的比较,do 和 have 作助动词与作行为动词的比较,"动词+副词"与"动词+介词"的比较,以及终止性动词与延续性动词、主动语态与被动语态、陈述语气与虚拟语气等等之间的比较,真是不胜枚举。下面是情态动词的基本用法比较一览表:

疑问形式	肯定回答	否定回答
Can...?(能力)	Yes,... can.	No.... can't.
May...?(请求)	Yes,... may.	No,... mustn't.
Must...?(义务)	Yes,... must.	No,... needn't.
Need...?(有必要)	Yes,... must.	No,... needn't.

在句法教学中可作比较的项目有:句子的不同种类,句子的不同类型,主谓一致在语法、意义、就近三大原则基础上的区别,前置修饰语与后置修饰语,直接引语与间接引语等。例如,感叹句的结构比较一览表:

类 别	结 构
how 型	How+主语+谓语!
	How+形容词或副词+主语+谓语!
	How+形容词+a/an+单数可数名词+主语+谓语!
what 型	What+a/an+形容词+单数可数名词+主语+谓语!
	What+形容词+复数名词或不可数名词+主语+谓语!

在回答否定一般疑问句或前面否定、后面肯定的反义疑问句时，学生常常深感困惑。这时，我们可分析比较汉、英两种语言在思维方式上的不同，化难为易，化繁就简。

四、交际比较教学

中学英语教学的目的是通过听、说、读、写的训练，使学生获得英语基础知识和为交际初步运用英语的能力。知识是能力的前提，能力是知识的升华。培养交际能力不仅要有一定的基础知识作为后盾，而且要加强中外文化的比较，了解英语国家的文化背景，以免陷入交际的误区。例如，“你在干啥？”“上哪儿去？”“吃饭了吗？”等在中国都是司空见惯的招呼语，但若不顾英美人的习惯而照搬到英语中会被视为干涉他人私事的行为或请人吃饭的暗示；“你多大了？”“你挣多少钱？”等问话在汉语中都是关心对方的表现，但这些问话在英美人看来都是忌讳的话题。在英语国家人们见面时常谈论天气、健康状况、兴趣爱好等话题；中国人常显得过于自谦，例如，受人赞扬时，我们常谦逊地说“哪里，哪里”或“我不行”之类的话，而英美人却用“Thank you”感谢别人赞扬；请人吃饭时中国人常说“便餐”“薄酒”“没菜”等等客气话。其实，请客时应该说：“I've prepared a nice dinner for you. Help yourself, please.”送客时，中国人常说：“慢走！”“走好！”英美人会感困惑：“为什么要慢走呢？”此时，他们常说：“Thank you for coming.”打电话要说：“This is. . . .”“Is that. . . ?”“Who is that?”而不能受汉语的影响说：“I am. . . .”“Are you. . . ?”“Who are you?”由此看来，我们平时要重视交际文化的教学，避免汉语思维定势的负迁移，加强交际训练，不断丰富学生的英美文化背景知识，让学生学到纯正、地道的英语。

在交际教学中，外语教师要胸有成竹，吃透《英语课程标准》所列的交际项目，并予以归类比较。例如，道歉和道谢的答语有同亦有别：

	不同点	共同点
道歉	It doesn't matter.	That's all right. That's OK. It's nothing. Not at all.
	Never mind.	
道谢	You're welcome.	
	It's a pleasure.	

在比较的过程中，我们要明确比较的主题和对象，抓住比较的关键和实质，掌握具体零散知识点之间的内在纵横联系，善于分析，勤于归纳，从整体上理解、把握知识的结构和体系。

实践证明，比较教学法是一种行之有效的教学方法。我们要指导学生认真观察，细致比较，排除母语的干扰，逐步养成用英语思维的习惯，学会归类比较的方法，从而弄清概念、掌握用法、区别正误。比较教学中要充分发挥青少年学生的心理优势。开拓其求异思维的能力，挖掘其学习的内在潜力，使他们进行创造性的学习，从而准确、牢固而灵活地掌握地道的英语并用之于实践。

纵向搜索　横向贯通　综合演练[1]

——中、高考英语三轮复习法推介

进入毕业班之后,广大师生便开始紧张地复习。为了考试创佳绩,平时夯实基础,注意培养听、说、读、写的言语技能尤为重要;但是,遵循考试命题的改革思路和《考试说明》的要求,围绕《英语课程标准》和教材,纵向搜索,横向贯通,综合演练,步步为营,稳步推进,科学地安排复习,同样会收到事半功倍之效。

一、纵向搜索,夯实基础

复习阶段时间紧,任务重,首先应该抓什么,怎样抓,这里有一个观念问题。有些人认为:毕业班英语复习,只要围绕中、高考题型大量做题便可应付,似乎不必抠课本、巩固语法了,实践证明,题海战术并不理想。不少学生反映,题目做了千千万,但是一考就糊涂,一个重要的原因,就是复习方法不对路,"功底"不足。

众所周知,英语的测试重点放在了由知识向能力的转化上。但知识是能力的基础,对能力的测试不可避免地要结合对知识的测试,那种只考能力不考知识的题型是不存在的。其实对知识的考查依然贯穿着英语试题的始终,只不过这种知识是学生经过三年、六年积累的、系统化的活的知识而已。因此,无论题型测试目标是巩固知识,还是考查能力,为了搞好中、高考复习,我们都要从基础抓起,认真学习和研究《英语课程标准》和《考试说明》,以《英语课程标准》为依据,以《考试说明》为指导,以课本为基础,全面撒网,纵向搜索,把握重点,查漏补缺。

紧扣教材,将复习的重点放在功能意念、音、词、句、篇上,步步为营,稳扎稳打,做到单元过关,逐册过关;将三年、六年所学的零散的、孤立的知识有机地联系起来,形成一个完整的知识体系,注意新旧知识的联系,以旧及新,以新忆旧;三年、六年学习内容并举,大跨度复习,力争在短时间内,涉及尽可能广的知识面,必要时重新安排课文顺序,将同类型、同体裁的课文并到一起复习,加强对各类课文的理解,阅读与之相关的短文,撰写相关题材的习作。

新课程初中英语教材以交际功能为主线贯穿到底,因此,复习时,我们可根据新课标所列的"日常交际用语"对各单元的对话重新排列分类,以便有的放矢地复习。

词汇与语言犹如砖瓦与房子,听力涉及音和义,书面表达涉及形、义和用法,其余各题均涉及词义及词的用法。所以,我们要重视词汇的复习,巩固词汇表中单词的音、形、

[1] "'纵向搜索 横向贯通 综合演练'中、高考英语三轮复习法"系作者三十年进行教学和研究形成的成果,同名中、高考学习用书分别由新世界出版社、青岛出版社出版。

义及习惯用语,并做到词不离句、句不离文,单词的用法要在文中记、在用中巩固。

学习英语,更重要的是进行充分的语言实践。为了夯实基础,我们可针对每单元的要点循序渐进地进行精练,对各要点逐一击破,融会贯通。

二、横向贯通,形成网络

为了取得较好的复习效果,我们还要善于对纷繁复杂的语言现象加以归纳,找出语言知识间的内在联系,摸索出带有规律性的东西,这样才能收到举一反三、触类旁通之效。归纳就是从个别到一般的逻辑推理,是根据事物的内在联系将其相同点或相似点、相异点或相反点分类罗列,形成系统的一种思维方法。归纳在中、高考英语复习中就是:通过知识的内在联系,将其要点进行梳理,按照语音、词法、句法、词语用法、同义词、多义词、重点短语、句型、交际用语等予以分类整理,从而既见树木又见森林,形成一个系统的知识网络和思维框架。

归纳的方法可以采取分类、列表、图示和口诀等等。诸如字母的读音(oo[uː]、[u]、[ʌ])、同音词(weather and whether)、同(近)义词(because, since and as)、反义词(both and neither)、形似词(parent, peasant, pleasant and present)、形似结构(excuse me for doing sth. 与 thank you for doing sth.)、意似结构(need doing sth. 与 need to do sth.)、一句多译(某人花钱买某物 sb. spends some money on sth./in doing sth., sb. pays some money for sth./to buy sth., it costs sb. some money to buy sth.)、功能相同的语法项目(decide /hope/learn/wish/would like to do sth.)、汉英语言表达的异同(“东北”与 northeast,“揪耳朵”与 hit sb. on the ear)等均可进行分类对比,将孤立、零散的知识“串联”、“并联”起来,把握知识间的内在规律。

比较,是帮助我们克服易混点、易错点,培养准确运用语言能力的途径。英语中有不少语言现象,或形似,或意似,却又有各自的表达习惯和使用场合,学生极易混淆,所以,我们要善于比较,加以鉴别,澄清易混点。诸如单词读音、词形变化、词性、同义词、代词、兼类名词、方位介词、时态、不定式与 V-ing 分词的区别、短暂性动词与延续性动词的区别等都能够通过列表、图示的方法加以阐明、比较,使人一目了然。以下仅就 another, the other 及 other 的区别列表作一例示:

词 区别 / 释义	特 指	泛 指	修 饰
另一个	the other	another	单数可数名词
另一些	the other	other	不可数名词 复数可数名词

运用口诀或歌谣复习能化难为易,提高效率。例如:通过“qwhasban”(quite/what/half/all/such/both/+a/an/the)一词把握冠词后置的规律,由“一(感)二(听)三(让)四(看)不带 to,变成被动补上 to”联想到 feel, listen to, hear, let, make, have, look at, see, watch 及 notice 接不定式作宾语补足语及其变成被动语态后加不加 to 的规律。

我们要善于由点及面,培养发散思维的能力和知识迁移的能力,诸如 come, get, go, have, look, take, turn 等动词都非常活跃,可与不同的词构成不同的短语,且在中、高考试题中频繁出现,仅就 take 一词而言,我们学过的短语有:take away, take back, take off, take down, take a look, take a bus, take it easy, take one's temperature, take place 等。

在归纳梳理的过程中,一方面要扩展知识的结构,辐射要远,覆盖面要大;另一方面,要突出重点,突破难点,抓住常考点,理出语言的特殊点,代表性要强。从音、词、句、篇的不同角度归纳知识间的异同点,理清知识的结构,可大大提高复习的效益,一次知识的归纳就是一次从量变到质变的飞跃。

根据语法脉络复习,有利于知识的系统化、条理化,有利于直接与中、高考题挂钩(因为单项选择题正是按照名词、代词等词法脉络及句子的种类、类型等句法脉络来命题的),有利于横向贯通,形成网络。

三、综合演练,全面提高

知己知彼,百战不殆,我们要了解中、高考命题"以能力为主"的指导思想和"突出语篇,强调应用,注重交际"的设计原则。知识向能力转化决非一蹴而就,需要坚持不懈的训练。在中、高考复习阶段,除了结合课本进行单元练习、配合语法的横向复习进行各种词、句的专项练习外,还应针对中、高考题型,有计划、有步骤地进行听力理解、单项填空、完形填空、阅读理解、任务型读写、书面表达等专项训练,注意选题的针对性、典型性,如单项填空题通常有明确的语境设置,几乎没有仅靠记忆语法规则或词汇知识就能作出正确选择的试题,例如:I can hardly hear the radio. Would you please ______? A. turn it on B. turn it down C. turn it up D. turn it off 这里,从语言形式上看,四个选项均适宜,但根据语言意义应选 C。这告诫我们:学语言的最终目的不是记住语法条目,而是领悟与运用。听、说、读、写的训练有利于我们适应中、高考题型,提高答题的技巧和能力。在训练过程中,不要做过多的语言形式的练习,要使语言形式与语言意义相联系、与生活实际相联系,从而使语言技能发展成为运用语言进行初步交际的能力。

在复习的攻坚冲刺阶段,教师都会仿照中、高考题型,结合本班学生的特点,并根据前两轮复习中存在的普遍问题和典型错误,精心设计几份覆盖面广、辐射范围宽、难度与中、高考题相当的综合模拟试题,我们要积极配合和参与,将所掌握的知识、技能、技巧落到实处,力创佳绩,提高应考能力。

同时,要加强练习题、模拟题的反馈,建立错题集,将答错的题目进行分门别类的整理,仔细分析其成因,及时总结,查漏补缺,对症下药,重点记忆,反复训练,扫除盲点。

实践证明,"纵向搜索 横向贯通 综合演练"中、高考英语三轮复习法可全面提高学生运用语音、词汇、语法进行听、说、读、写的交际能力。

实施任务型教学　享受教育的幸福

——任务型教学理论与实践[1]

一、研究背景与意义

1.背　景

(1)李岚清同志指出“我国目前外语教学水平、教学方法普遍存在‘费时较多、收效较低’的问题,亟待研究改进”。从全国来看,能够适合中国国情、学情、教情的外语教学法不多,选择恰当的教学法作为理论指导已成为当前英语教学改革的关键。

(2)新一轮基础教育课程改革的目标之一就是:改变课程实施过于强调接受学习、死记硬背、机械训练的现状,倡导学生主动参与、乐于探究、勤于动手、培养学生搜集和处理信息的能力、获取新知识的能力、分析和解决问题的能力以及交流与合作的能力。根据小学生的心理生理特点以及发展需求,小学阶段英语学习的目的是激发学生学习英语的兴趣,培养英语学习的积极态度,建立初步的学习英语的自信心,培养一定的语感和良好的语音和语调基础,形成用英语进行简单日常交流的能力,为进一步学习打下基础。国家《英语课程标准》提出,制定该标准的理念是:面向全体学生,注重素质教育;整体设计目标,体现灵活开放;突出学生主体,尊重个体差异;采用活动途径,倡导体验参与;注重过程评价,促进学生发展;开发课程资源,拓展学用渠道。其中,最引人注目的是采用活动途径,倡导体验参与,即倡导任务型的教学模式,把综合语言运用能力的培养落实在教学过程中,倡导体验、实践、参与、交流和合作的学习方式,实现任务的目标,感受成功,强调学生能用英语做事情(learning by doing things)。只有在活动中学生才自始至终是自觉主动的语言实践者和学习者,而不是教师的追随者。

(3) 学会求知、学会做事、学会做人、学会生存是现代人一生发展的四大支柱。教育要为学生的终身发展奠定基础,在培养目标上着眼于人的全面发展,关注学生的发展是新一轮基础教育课程改革的出发点与基本目标。任务型教学是对课堂生态的研究,是做人的教育,是全人教育,实践性强,操作性强,有较强的生命力。

(4)目前,任务型语言学习方式(Task-based Learning,简称为TBL)在不少国家和地区十分盛行,比如美国、加拿大、新加坡和香港等地的教学大纲或课程标准都提出了“任务型”语言学习模式。任务型教学到20世纪90年代才引入我国,起初并未引

---

[1] 《任务型教学理论与实践》课题为中国基础教育英语教学研究资助金项目,批准号为C0434,现已结题,结题号结字(2007)第05002号。

起多大反响,2001 年写入新课标之后才引起外语学界的重视。目前大多借鉴国外的做法,缺乏本土特色;从研究的层面上来看,大多属于中学阶段的,小学英语任务型教学研究寥寥无几,有待加强。因此,进行本课题的研究对探讨小学英语教学的模式,提高小学英语教学质量,促进小学生积极、主动地学好英语意义重大。

2. 意　义

任务型教学是把语言运用的基本理念转化为具有实践意义的英语教学模式,它充分体现了以学生为中心和以人的发展为本的教育理念。教师可根据学生不同水平设计不同的任务活动,让学生相互交流协作,发挥其内在潜能,提高发现问题、解决问题的能力,发展学习策略,培养合作精神,在完成任务的同时,初步学会用英语交流,体验成功,增强自信,促进多元智能的发展。开展本课题研究充分体现了新课标的改革精神,能有效协调、平衡语言形式和语言意义、发展语言系统和语言交际能力、语言课堂教学与语言习得间的矛盾,从而推动小学英语教学更加健康、有效地发展。

(1)从实际出发,改变传统的教学方法,重视英语教学的科学性,加强英语教学与研究,以科研促教研,以教研促教学,提高教学质量。

(2)减轻师生负担,让学生在教师的指导下,通过感知、体验、实践、参与、合作等方式,实现任务中制定的目标,学会用英语与他人交流信息,沟通情感,从而感受成功,使学生从“要我学”变成“我要学”“我爱学”。在学习过程中进行情感和策略调整,让学生在感受英语学习的内容美、形式美的同时,树立乐观向上的学习态度,养成良好的英语学习习惯,构建有效的学习策略,发展多元智能,促进语言实际运用能力的提高,引导学生学会求知、学会做事、学会做人、学会生存。

(3)通过实验,增强英语教师的教科研水平,提高教师的业务素质,既要做课程的实施者,又要做课程的研究者和发展者,做专家型、学者型的教师。

(4)验证英语“任务型”教学理论以及“任务型”教学在英语日常教学中的实践。

任务型教学是为学生服务的教学,是新课程倡导的“自主、合作、探究”学习在英语教学中的体现。本课题从理论与实践层面比较系统地研究了小学英语任务型教学,在构建任务型课堂生态环境、发展任务型学力、实施过程性评价、促进任务由课内向课外延伸以及任务型教学包容各种教学方法等诸方面做了有益的探讨,在若干问题上提出了创造性的见解。任务型教学可以改变目前教学中仍然存在的知识传授比重较大,语言实践不足甚至单纯讲授语言知识的现状,有利于新课程标准的实施。在任务型教学中我们领略的是“全人教育”,学生面临真实的个人选择,经历真实的情感体验,进行真实的人际交往,是一种“全人”的投入,英语课堂焕发出生命的活力!

二、研究与实践过程

本课题提出任务型教学,探讨小学英语任务型教学理论与实践。本课题旨在探讨小学英语任务型教学的模式,让学生在做事情的过程中通过体验、实践、参与、交流、合作,培养学生初步运用英语进行听、说、读、写、唱、演和简单日常交流的能力,让他们初步学会运用英语去做事情,并感受成功的喜悦。

本课题假设:在小学英语教学中合理使用任务型教学途径,以正确的理论来指导教学,改进教学方法,使其具有强大的生命力,有效地实现小学英语教学的整体优化。

本课题的重难点:充分结合小学生的特点,注重任务的真实性和有效性,形成小学英语任务型的教学模式。

高琦小学承担了子课题"运用任务型教学,促进学生语言技能的发展"的研究。实验对象为1-6年级的学生,实验旨在探讨一种适合小学英语课堂的任务型教学模式。四照园小学承担了子课题"运用任务型教学,促进学生发展"的实验任务,在学习探索中,不断调整和完善实验策略,探究任务型教学实践;在对学生认知差异分析和总结了解学生认知年龄特点中,以年级为单位实施任务,开展课题实验。龙狮中心学校承担了子课题"如何运用任务型教学培养小学生学习兴趣"的研究,有助于培养学生的学习兴趣、树立自信心,发展自主学习能力。

本课题组自实验以来,开展了五次全市性的大型活动,通过听报告、听实验课、听取实验汇报、查看实验材料、与师生开座谈会等多种形式,学习任务型教学理论,了解实验的第一手讯息,现场研讨、反馈、指导,取得了四十多项成果。同时,我们在省市优秀课例展示、教研会、日常教学调研、送教下乡等各种活动中渗透任务型教学理念、宣传与展示任务型教学与研究的成果,我们还通过安庆教研网、《中小学英语教育》等媒体推广课题组的成果。

三、成果主要内容

1. 构建任务型课堂生态环境

长期以来,我们忘记了学生是活生生的人,而仅仅把课堂看成是一个向学生传授知识的场所,看成是一个训练学生技能的"作坊",导致了课堂上师生关系紧张,学生精神压抑,丧失学习兴趣。究其原因之一,就是把学生看成了"认知体",而不是"生命体",忽视课堂生态的保护与营造。其实,课堂也是一个生态系统,要弘扬学生的主体精神,张扬学生的个性特长,让课堂充满生命活力,就必须建设良好的课堂生态。生态课堂是指克服了以往灌输式、园丁式教育等一系列缺陷和不足,从生态学的视野关注课堂中的每一生态元素,重构教育理念、师生关系、实践范式,并以此为基点建构出的新型课堂。生态的课堂是以人为本的课堂,关注人性,突出发展,是学生成长的乐园;它是由认知领域到生命全域,是教师、学生、文本之间多维的对话过程。

任务型教学课题实验是对课堂教学生态环境的研究,理念支撑着模式,并促进生态的形成——生命课堂。任务型教学体现了以学生为中心,以人的发展为本的教育理念。让课堂生活化——以课堂为生活,学语言,用语言,积累语言。课堂不仅仅是学习的地方,更应该是学生"生活"的园地。任务型课堂是以促进学生生命发展为本的生态课堂,采用互动的教学模式,提倡开放的学习方式,鼓励学生创造性地运用语言,营造平等、民主、宽松的课堂氛围,学生有较大的自主权。师生间、生生间在如朋友般的合作与交流中,在经历了一次次语言的交流、一次次思维的碰撞后,留下的是一次次知识的收获、一次次能力的提升、一次次情感的满足,学生始终保持着高昂的学习热情,感受着学习的快乐,品尝着成功的喜悦,真正实现了情境、教师、学生、知识的多元、多向、多层次,建立了一种教师参与下的,学生间的自由、和谐、富有个性的、独立自主的学习生态环境。在任务型的生态课堂上,学生和教师相互联系、相互作用以得到自己的需要,学生获得的是关爱、机会、知识、方法、信心、帮助,教师获得的是享受、回应、提升、成就,师生共同获得的是欢乐、收获、信心,是生命的自由成长。

在实验中,我们根据小学英语教学的特点,以 Animals, Body, Colours, Numbers, Food and drink, School life, Toys, Weather, Sports, Friends, Home, Jobs, Clothes, Daily life, Time, Days of the week, Seasons, Travel, Holidays 等学生感兴趣的话题为单位设计不同的任务,学生积极参与,有话可说,如鱼得水,乐在其中,享受任务课堂,发展语言、逻辑、空间、身体、交往、内省等多元智能。

理想的课堂是以人为本的"任务型生命课堂",理想的课堂让学生心满意足,意犹未尽,依依不舍。在充满生命活力的任务型课堂上,师生共享彼此的思想、经验和知识,交流彼此的情感、体验与感悟,丰富教学内容,求得新的发现,从而达到共识、共享、共进的目的,实现教学相长,共同发展。教学过程不仅是一个认识活动过程,更是一个人与人之间平等的精神交流过程,它为学生主体性的凸显、个性的弘扬、创造性的解放提供了自由广阔的空间,只有在这样的课堂上,师生才会全身心投入,他们不仅在教与学,而且在感受着课堂上生命的涌动和成长。正是在这种教学理念指导下,知识才会变得鲜活,学生才会在快乐中学习、成长,英语课堂才会真正焕发生命的活力!

2. 发展任务型学力

实施新课程就是要让学生得到主动发展,培养学生的创造性。叶圣陶先生说:"教是为了不教"。有语云:"When you give somebody a fish, he has a meal. When you teach somebody how to fish ,he makes a living himself. So please don´t give kids too many fish. Just give them more fishing poles so that they can catch fish themselves."学好外语不仅要"肯学",而且要"善学",要讲究学习方法。科学方法是通向成功的桥梁,它可以使学习更具科学性并收到事半功倍之效,减少学习的盲目性,提高学习效率,提高学习的自主性,提高学生"发展性学力"和"创造性学力",为日后的终身学习创造条件。学习"Christmas Day"一课时,学生对圣诞节的知识十分好奇,而这一节日文化知识资源又十分丰富。为了充分发挥学生的潜能,我们让学生自己先通过网络、报刊、书籍等各种途径搜集资料,查找圣诞歌曲、圣诞节的各种传说、圣诞节的问候语、世界各国人民庆祝圣诞节的各种介绍,制作圣诞卡片等等。当有所准备之后,让学生分组交流,继而全班交流,开圣诞晚会,学生身临其境,互致问候并交换圣诞礼物,我们感觉到这不仅是在学习圣诞节文化知识,也是在感受节日的氛围。学生学得真实,也学得开心。在完成任务中,学生逐渐就能掌握“钓鱼”的技巧,进而发展学力。

将“教师为主导”的教育变成“以学生为主体”的教育,变“课堂”为“学堂”,认真研究学法,激发学生的学习内驱力,培养学生的创造性思维能力,指导他们自主学习。

遵循语言的学习规律,培养学生良好的学习习惯。学习英语就是通过耳、口、眼、手、脑的协作掌握语音、词汇、语法基础知识和听、说、读、写的交际能力。指导学生正确地记忆、思维,有效地学习英语。当学生掌握了科学、正确的学法时,他们在教学过程中就会以主人翁的态度积极、主动参与教学活动,大大提高学习效率。《英语教师》2001 年 12 期刊发了陈俊的学法指导之作《目的+方法+恒心=成功》,《英语学习辅导》2004 年 7 ~ 12 期开辟“吴老师课堂”专栏,连载了安庆市吴雄英老师指导小学生学习英语的一组文章,创造了广泛的社会效益。

3. 课外作业项目化

任务并不仅仅限于课堂,还可以延伸到课外。开发课程资源,拓展学用渠道是《英语课程标准》倡导的全新的课程资源观。通过唱歌、朗诵、讲故事、演讲、游戏、猜谜语、绕口令、排演短剧等活动创办丰富多彩的英语乐园,让学生在听听说说、写写画画、唱唱跳跳、玩玩乐乐中不知不觉地学会英语,使他们每个人都有展示自己的机会,生动、活泼、主动地发展。我们先后开展了三次课本剧大赛,发展了学生学习兴趣,提高了学生的学习能力。同时,我们还开辟板报、手抄报、英语角、文艺会演、广播英语等生动活泼的第二课堂,激发学生的学习热情和求知欲望,使其感到学有所获,培养“成就感”。苏霍姆林斯基说过“有许多聪明的天赋很好的儿童和少年,只有他们的手和手指尖触到创造性劳动的时候,他们对知识的兴趣才能觉醒起来。”我们要善于找出教学内容与学生生活经验和兴趣之间的最佳结合点,恰当地确定任务的内容和形式。如:让学生制作一些个性化的名片、设计英语报、对身边的人进行问卷调查、收集一些文化常识、开办英语角等等,这些任务可以作为课外作业或研究性课题来完成,也可以根据汇报演出或竞赛活动等等来完成,任务可以是一天完成,或一个星期、一个月甚至一个学期来完成。例如,学习了食物名称之后,我们可以让学生回家和父母一起设计自己的一周菜谱:

What do you like to eat for each meal?

	Monday	Tuesday	Wednesday	Thursday	Friday	Saturday	Sunday
Breakfast							
Lunch							
Supper							

订阅英语学习报刊,有助于学生开阔视野,提高运用语言的能力。我们把高琦、双莲寺及华中路二小的小朋友写的十多篇小作文推荐发表在《英语周报》《英语通》

等报刊上。实践证明,课外作业项目化能培养学生的语言素质,使学生为用而学,用中学,学中用,学了就用,这不仅能激发学生的求知欲和学习动机,扩大知识面,增加语言的实践量,而且还能运用任务型的学习方法和学习策略去收集、处理信息,解决实际问题;既可以使学生复习和强化所学知识,变机械学习为有意义的学习,也可以激发学生的学习热情和自身潜能,为学生提供展示个性和能力的舞台,有利于学生智力的开发,有利于学生实践能力、创造能力和创新意识的培养。

4. 评价方式过程化

注重过程评价,促进学生发展是《英语课程标准》倡导的发展性评价新理念。任务型教学评价是多维的、多元的、多样的,以形成性评价为主,考虑基础,看到进步,评出动力,重在鼓励;使学生看到不足,更看到希望,关注学生的发展,重视学生的态度、参与的积极性、努力的程度、交流的能力以及合作的精神等。评价通过观察学生的活动(讲故事、说歌谣、唱歌曲、表演对话或短剧等)、与学生交流、学生的自评和互评等生动活泼的方式进行。把学生阶段性的书面作业,口语录音、测试、英语报等装入他们的成长记录袋,以便进行综合考评。建立学生、教师、家长等共同参与、交互作用的评价制度,以多渠道的反馈信息促进被评价者的发展。强调对学生在学习过程中进展情况的评价,注重发挥学生的创造性,科学评价,重在激励,有益于树立学生的自信心,形成学生继续进步的动力,有助于学生"抬起头来走路"。

5. 把握任务的真实、梯度与效度

龚亚夫先生指出:所谓任务型语言教学,其核心思想就是模拟人们在社会、学校生活中所从事的各类活动,把语言教学与学习者在今后的日常生活中的语言应用结合起来。建构主义学者强调:真实的学习环境是决定学习的关键,他们认为知识的形成与建构,主要是环境的影响以及学习者跟环境互动的结果。任务型教学是连接语言与生活实际的桥梁。鉴于任务的焦点是解决某一交际问题,这一问题必须是与现实社会有着某种联系,这种联系是具体的,贴近学生的生活、学习经历和社会实际,能引起学生的共鸣和兴趣,激发学生积极参与的欲望。教师可将源自生活的真实问题设计成"可以在课堂上展开的与教学内容相符的并有可能在真实生活中运用的任务",教师巧妙导入将语言融入具体的环境中让学生去体验、去领会。在日常教学中设计和选择任务时,我们坚持从学生所熟悉的现实生活中去撷取实例,巧设信息沟,设计出真实、有意义的任务,激发学生的探究热情,获取知识。让学生从身边的人、身边的事说起,诸如 my family ,my school,my teacher,my hobby,my favorite sports 等真实交际任务为学生提供了一个交换信息、交流观点、沟通情感的自然而真实的语言环境,是一种真正意义上的语言运用。它有利于学生在学习语言过程中发展智力,培养情感,提高综合素质。真实情境使学生处于最佳的心理环境、感情环境、意识环境之中,在耳濡目染之中,亲自感知语言、理解语言,在理解语言中恰当地运用语言。

我们从学生实际出发,以学生学习内容为基点,以意义为中心,以解决实际问题为焦点，设计符合学生的身心特点又能满足不同层次学生需求的教学任务。苏联教育家赞科夫说“个性乃是共性存在的形式”，因此要求一律化就会压抑个性，从而压抑了学生的精神力量，妨碍他的能力的发展和形成，妨碍了学生的一般发展。在设计任务时，我们注意把握任务的梯度与效度，赋予不同基础的学生不同的任务或不同的角色，让学生通过与学习伙伴合作、协商去完成任务，从而最大限度调动和发挥学生的内在潜力，提高其发现问题和解决问题的能力，并发展其认知策略，培养其与人共事的合作精神和参与意识，还可让学生在完成任务的过程中体验成功，增强自信，实现自我价值，集中体现了新课程标准的改革精神。对基础好的学生可适当加码，让其“跳一跳，摘个桃”，使其未尽的智能得到充分的利用和施展。我们有的放矢，立足大群体，兼顾各小群体，关注学困生，让各类学生尽快找到自己的最近发展区。

6. 包容各种教学方法

任务型教学途径目前被很多国家采用。大量的论著和实验资料表明，任务型教学途径是一种以人为本的，体现语言价值的、先进的、有效的教学途径。任务型教学途径是对交际教学思想的继承和发展，它克服了交际法教学活动中出现大量非真实交际的问题，既重视语言结构，更重视语言交际，通过有意义的交际活动培养语用能力。该模式是 20 年来在交际教学思想的指导下，把语言运用的基本理念转化为具有实践意义的课堂教学方式，是培养学生运用语言进行交际的有效途径。这种教学途径实际上可以认为是以应用为动力，以应用为目的，以应用为核心的教学途径。形象地说“为用而学，用中学，学了就用”。

任务型教学途径为学生提供了较大的实践空间，能比较好地发挥学生的主动性和创造性。任务型教学途径对各种教学方法有很大的包容性，适合多种活动类型和组织形式，不但适用于运用语言的活动，也适用于学习语言技能和知识的活动；不但可以独立操作，也有利于合作学习。这里，以小学教学常用的全身动作反应法和整体语言教学法为例，全身动作反应法注重学生听觉、视觉、触觉多感官的共同参与，能迅速吸引学生的注意力，让他们在身临其境的实际体验中学习英语，培养学生的自信心和成就感。

五、实践效果与特色创新

本课题组自 2004 年进行实验以来，开展了四次全市性的大型活动，通过听报告、听实验课、听取实验汇报、查看实验材料、与师生开座谈会等多种形式，学习任务型教学的理论，了解实验的第一手讯息，现场研讨、反馈、指导，取得了四十多项成果。同时，我们在省市优秀课例展示、教研会、日常教学调研、送教下乡等各种活动中渗透任务型教学理念、宣传与展示任务型教学与研究的成果，我们还通过安庆教研网《小学教学设计》《中小学英语教育》等媒体推广课题组的成果。本课题创造了较好的社会效益，课题著作《任务型教学理论与实践》（2008 年 3 月由团结出版社出版）、课题成果《实施任务型教学 享受教育的幸福》（陈俊，2007 年 6 月刊于《安徽教育科研》，

2008年7月获中国基础教育英语教学研究成果一等奖)、《兴趣开路,任务推进,学会学习》(陈俊,2006年3月刊于《中小学英语教育》,2006年7月被人大复印资料《小学各科教与学》全文收录,2008年7月获中国基础教育英语教学研究成果一等奖)、《创造充满生命活力的英语课堂》《基础教育英语学科前沿动态综述》《关于中小学外语教学的几点思考》等四篇获中央教科所优秀论文或成果评选一等奖、《创造充满生命活力的英语课堂》(陈俊,2006年6月刊于《小学教学设计》)、《激励情趣 体验实践 发展能力》(陈俊,2006年9月刊于《小学教学设计》)、《书山有路趣为径 学海无涯乐作舟》(吴雄英,2005年7~12月《英语学习辅导》连载)、《实施任务型教学,建立多元化的评价体系》(鲁绪贤,2006年12月刊于《新课堂,新评价》,上海科技出版社)、《为了用而学,在用中学, 学了就用》(张红英,2006年1月刊于《小学教学设计》)等在省内外有一定影响,对本市小学英语教学的发展起到了极大的推动作用。

本课题的主要特色与创新之处就是将任务型教学运用到日常教学之中,融入到英语课堂教学之中,以正确的理论指导教学,激发学生兴趣,改进教学方法,提高课堂教学效率,使其具有强大的生命力,有效地实现英语教学的整体优化。本课题从理论与实践层面比较系统地研究了英语任务型教学,主要创新之处在于:首次在英语学科教学中提出构建任务型课堂生态环境、发展任务型学力以及任务型教学包容其他教学方法等。

1. 创造充满生命活力的课堂,推动英语教学的发展

任务型课堂是以人为本的"生命课堂",师生共享彼此的思想、经验和知识,交流彼此的情感、体验与感悟,丰富教学内容,求得新的发现,从而达到共识、共享、共进的目的,实现教学相长,共同发展。教学过程不仅是一个认识活动过程,更是一个人与人之间平等的精神交流过程,它为学生主体性的凸显、个性的弘扬、创造性的解放提供了自由广阔的空间,只有在这样的课堂上,师生才会全身心投入,他们不仅在教与学,而且在感受着课堂上生命的涌动和成长。正是在这种教学理念指导下,知识才会变得鲜活,学生才会在快乐中学习、成长,英语课堂才会真正焕发生命的活力,小学英语教学呈现出欣欣向荣的大好形势。

2. 促进学校教学改革的深化和办学水平的提高

《英语任务型教学理论与实践》课题实验给予师生个性发展和能力展示较大的空间,我们借助本课题实验的契机,不断实践,大胆探索,提升了办学的科研水平和文化内涵,加速了实验学校向英语特色学校的鲜明的办学特色迈进的步伐。高琦小学被批准为中国基础教育英语教学研究资助金项目实验基地,华中路二小被批准为全国外语实验学校,这两所学校还被批准为清华小学英语实验单位。高琦小学、四照园小学、龙狮中心学校在近几年市区七年级新生入学学情调研检测中均获一等奖。

3. 实现师生教学行为的转变,促进师生的共同发展

在实验过程中,教师不断总结反思,教学行为发生了根本性转变,全体课题研究者的工作视野进一步开阔,教学理念进一步新锐,业务理论素养和理论提炼能力进一步提

高,教学和教研实践能力得以增强,教学经验进一步丰富。实现了教师教学行为的转变,在课堂教学中,我们教师充当的是助学者(helper)、任务的组织者(organizer)、完成任务的监督者(monitor),活动后"语言总结"中的language informant和偶尔的"伙伴"(partner),课堂效益更高,教师能用鼓励性语言来评价学生的独特性、兴趣、专长;学会创设民主、宽松、和谐的学习环境;学会了主动关注学生的需求和发展;学会了解学生,尊重学生,理解学生,信任学生;提高了驾驭课堂的能力。课题研究促进了教师教科研能力的发展,一批教师在实验中成长起来,课题组成员陈俊、叶明凤被评为省特级教师,陈俊、吴良银被评为全国优秀外语教师,张红英、吴雄英获全国优秀外语教师园丁奖,仰明霞、江琼被评为安徽省教坛新星,江琼、吕芳、王霞获全省小学英语教师技能展评一等奖,吴雄英、吴小琦获省优秀观摩课一等奖,陈俊、吴雄英、鲁绪贤、张红英、方芳的论文多次在全国、全省获一、二等奖,鲁绪贤被评为市学科带头人,陈林、张红英、吴雄英被评为区学科带头人。任务型教学体现了"以学生为主体,以任务为中心和以活动为方式"的思想,学生在任务的驱动下积极主动地学习,在课堂上有话可说、有事可做、有感可发、学以致用,有充分的实践空间,发挥主动性、创造性。

本课题从理论与实践层面比较系统地研究了英语任务型教学,在构建任务型课堂、发展学生的任务型学力、实施过程性评价、促进任务由课内向课外延伸、把握任务的真实、梯度与效度以及任务型教学包容各种教学方法等诸方面做了有益的探讨,取得了四十多项成果,并在若干问题上提出了创造性的见解。任务型教学使我们的英语教学上升到一个更高的境界。任务型教学可以改变目前教学中仍然存在着的知识传授比重较大,语言实践不足甚至单纯讲授语言知识的现状,有利于新课程标准的实施。实践证明,任务型教学是为学生服务的教学,是新课程倡导的"自主、合作、探究"学习在英语教学中的体现。撩开面纱赏其美,践行教学领其魅:采用活动途径,倡导体验参与,任务型教学以学生为主体,以任务为中心,以活动为方式,实现课堂教学交际化,交际教学活动化,活动教学任务化,任务教学真实化,学生作业项目化,评价方式过程化,学生在趋于真实的任务中运用英语去做事、做有意义的事,他们在实践中自主学习、感知体验、交流协作、张扬个性、探索发展;学习过程充满了反思、顿悟和自醒,从而可以最大限度地调动学生的学习内驱力,提高他们发现问题、解决问题的能力,发展他们的认知策略,培养他们的合作精神和参与意识,并在完成任务的过程中体验成功的喜悦,充分发挥自身的潜能。在任务型教学中我们领略的是"全人教育",学生面临真实的个人选择,经历真实的情感体验,进行真实的人际交往,是一种"全人"的投入,英语课堂更趋鲜活,焕发出生命的活力!任务型教学昭示着我们外语教学的春天来了,教师有了展现自己生命意义的舞台,学生有了自主发展的"阳光""空气"和"水",师生的多元智能在任务型教学中同生共长!

任务设计的有效性探索

《英语课程标准》倡导任务型教学途径。任务设计以学生兴趣为出发点,以交际为目的,以活动为载体,充分体现了学生的主体性和语言交际本质,强化了语言交际功能。学生在参与任务的过程中,通过体验、实践、思考、讨论、交流、合作等方式完成任务。本文拟结合笔者的教学实践,就小学英语任务设计的有效性予以探讨。

一、任务设计有明确目的,具有可操作性

学生完成任务过程就是一个不断探究、发现、创造的过程,他们在教师的引导下,通过自主、合作的学习逐步达到教学目标。例:

教学内容:数字 1 ~20;

任务形式:猜拳游戏;

任务时间:5 分钟;

任务目的:通过猜拳游戏,给学生创设和谐有趣的教学环境,从而有效地落实了语言知识目标数字 1-20,也培养了他们的听力和运算能力。

任务描述:A、B 两个人同时用手指出示一个数字,并且说一个得数,如果 A 所说的得数正好是两人出示数字的和,那么 A 为胜。

任务分析:学生通过参与猜拳这个小游戏,既巩固了数字新知,又增强了他们对新知的记忆。在设计这项任务时,目的明晰,既要更好地达成语言知识目标,又培养学生的听力和运算能力,激发并保持着他们持久学习的欲望。笔者在任务过程中发现孩子们特别积极,对于平时课下玩的小游戏居然可以运用到英语课堂当中来,并且以另外一种学习的方式进行着,兴趣高涨,效果良好。

二、依托学生的生活经验,任务设计具有兴趣性、真实性

《英语课程标准》指出,任务要以学生的生活经验和兴趣为出发点,内容和方式要尽量真实;并应积极促进英语学科和其他学科间的相互渗透和联系,使学生的思维和想象力、审美情趣和艺术感受、协作和创新精神等综合素质得到发展。因此,任务要贴近学生生活,以撞击出学生灵感的火花,使学生的思维空间得到拓展,自主、合作、探究的能力得到提高。在学生生活经验的基础上构建知识,使学生在学习过程中学会解决实际生活中的问题,学以致用。例如:

“What can you do? 这个单元有这样一些句型:Are you helpful at home? What can you do? I can... 等,这些都与学生的日常生活有一定的联系,在进行本单元的教学时,

笔者设计了一个调查任务(What can you do?),要求学生在小组间进行调查。

	Sweep the floor	Empty the trash	Make the bed	Cook the meals	Do the dishes
Lucy					
John					
...					

学生通过参与完成任务既可以掌握语言知识,又学会一些生活常识与技能,在此基础上也养成了讲究卫生、热爱劳动以及乐于助人的优秀品质。教学内容生活化将科学世界与生活世界、儿童的现实生活与可能生活有机地结合在一起,真正使学生成为学生生活和社会生活的主体。

三、依据学生的认知规律,任务设计体现层次性

如果对学生的认知规律没有足够的认识,那么教师在设计任务时很容易出现任务设计梯度铺垫不够,上下环节出现脱节的情况。例如,教学四季 spring, summer, fall, winter, season 的片段如下:

(1)通过 Let's chant 进行热身:Mmm! It's warm today! Take off your jacket! /Phew! It's hot today! Put on your T-shirt! /Oooh! It's cool today! Put on your sweater! /Brrr! It's cold today! Put on your coat!

(2)利用多媒体课件,通过听小鸟的叫声,看关于春天的美丽图片,教师再进行描述从而引出 spring,即 Listen, the bird is singing. Look at the picture. The flowers are blooming. The trees and grass are green. It is beautiful. This is "spring".

通过相似的形式呈现 summer, fall, winter。

(3)呈现新知后,再通过 chant, guessing game 及 singing 等任务进行巩固练习。

从这个例子我们可以看出,教师可以利用图片、幻灯片及多媒体等教学手段创设情境,让学生通过多种感官感知和观察,在情景中理解,识记语音、词汇、语法知识,进行句型练习。创设接近学生生活的情景,拉近情景与学生的距离,提供更多有助于扩大认知范围的信息,帮助学生尽快理解和记忆生词。因此在设计任务时,教师要把任务的针对性和实效性放在第一位,而不应一味地追求任务的多样性。教师要充分考虑学生的年龄特点及其生活实际,充分考虑任务过程中可能出现的问题,并采取有效的对策,发挥教师的引导作用和评价的激励作用,利用各种教学资源,让学生在生活化的任务中去感悟,探究、发现和体验学习的快乐。只有这样,才能使任务有效地开展。

在教学过程中,我们要把猜谜、角色表演、唱歌、做游戏、讲故事、调查等不同类型相结合,并力求多而不乱。诚然,采用多样化的教学任务是为了激发学生学习英语的兴趣,但任务形式不能只图表面上的热闹,而要有一定的语言知识和技能作支撑。因此,

教师要善于通过有效的语言任务帮助学生掌握所学的语言知识与技能。任务之所以取得了良好的教学效果,是因为学生在积极参与语言任务中完成了任务,并掌握了语言知识与技能,获得了用英语做事情的成就感,从而使学习英语的好奇心和对任务的喜好转化为持久的、稳定的学习兴趣,并在进一步学习中得到逐步发展,最终成为促使学生自主学习的动力。

四、促进学生巩固、拓展,任务设计具有延续性

任务不应局限于课堂教学,可延伸到课堂之外的学习和生活之中,做到课外作业项目化。例如,任务主题:Welcome to my home,让学生课后设计对话或者编排小戏剧,下次上课时分小组表演。教师可以把需要的句子写在黑板上。

教学要面向实际,贴近生活,通过各种教学手段,发挥学生的主观能动性,使学生的精神、思维、身体等处于积极地参与状态,使学生带着愉悦的心情学习语言,而恰当的任务设计能使学生充分融入英语学习氛围中,进而提高学生的学习兴趣;也就是说让学生在丰富多彩的任务中学习,在轻松愉快的氛围中锻炼,快乐地学习英语。

创新教学模式　构建有效课堂

课堂是一所学校最普遍、最常态、最基本的细胞，是实施素质教育和新课程改革的主阵地，课堂教学是提高学校教育教学质量的核心所在。那么，理想的课堂应该是一种怎样的模式？我们要真正走进课堂、直面课堂．进一步增强课堂教学效果、打造理想课堂。

教育教学改革有两个热词：有效教学、教学模式。研究有效教学，首要的是把握教学的本质或核心。叶圣陶先生的著名论断"教是为了不教"，正揭示了教的本质与旨归。把握了教学核心，教学才会从根本上有效。学会学习既是有效教学的本质特征，又是有效教学的试金石。有效教学的鲜明特征是：突出目标的整合、催生过程的灵动、实现"四基"的扎实、聚焦人格的生长，目的是"逐步实现从'学会'到'会学'的转变，奠定终身学习的基础学力"，进而把课堂建设成"教师引领下学生自主的、长效的活动课堂、文化课堂、生命课堂"。"会学"是有效课堂的核心目标和本质特征。

教学需要模式

模式就是结构。结构决定性质，性质决定功用。模式是中介，是架设在理论与实践之间的桥梁；既不等同于实践，也不等同于理论，可由"下"而"上"，在实践基础上概括、归纳、综合，并经由实践普遍证实，有可能上升为理论，也可由"上"而"下"，在理论指导下，经类比、演绎、分析提出多样模式，运用于实践，解决不同的具体问题。从这个角度说，模式是方法，既是思维方法，也是实践方法。由此可见，教学改革可以而且应该在一定条件下走向模式建构。

课堂教学的效果受制于教师的个体因素，教师学识水平的高低、专业技能的强弱、经验积累的多少。教师备课的充分与仓促、现场的掌控与把握、练习的频率与难度，甚至情绪的饱满与低落、态度的严厉与温和，都会对教学效果产生很大的影响。

结构的作用在于"保底"。通过结构，可以对复杂的课堂变量进行适度控制，保证基本质量的稳定实现。精彩的课堂，需要教师去发挥；稳定的质量，需要结构来保障。

教学既是科学也是艺术，科学需要模式，艺术不需要，因此，课堂教学仅有模式肯定不够，但没有模式肯定不行。

我们需要模式，但不能模式化，因此提倡多种模式。我们不应将模式"妖魔化"，而是要亲近教学模式，创造多元模式。有效课堂需要建构教学模式。教学模式建构可以"迈上高效课堂的快车道"。教师是教学模式的使用者，也是教学模式的创造者。

教学模式从哪里来？教师用自己的创造性劳动，从实践和理论两方面初步建构教学模式。

教学有法,但无定法,重在得法,贵创新法。

“教无定法”这句话的完整表述应该是“教学有法,但无定法,重在得法,贵创新法”。单独抽取出“教无定法”这一句话,有很强的误导性。就像练习书法,“写无定法”这句话本身并不错,但一个初学者如果简单地理解“写无定法”,便会误入歧途。

从“无法”到“有法”,再到“无定法”,是一个漫长的境界提升的过程。书法家信笔挥毫,龙飞凤舞,写无定法,是因为他走过了一丝不苟、法度谨严的“入帖”过程。走过了博采众长、转益多师的“出帖”过程,走过了总结提炼、感悟提升的“创造”过程。如果一开始学书法,就信马由缰地随手涂鸦,那是永远也成不了书法家的。

“无定法”不是“没有法”,更不是“不用法”,而是“不拘成法”,可以“灵活地选用不同的教法”。这才是“教无定法”的真正含义。

教学应是教与学的统一,同时也是教师创造性劳动的过程。教师是科学与艺术的统一,不仅追求教学的效率、效果,还追求教学的魅力、活力。教学的境界应当是教师彰显自己的教学个性,学生喜欢教师,进而喜欢所学的课程。

安庆教学模式展示与研讨活动是抛砖引玉之举,旨在检验有关教学模式的科学性、可行性、有效性,提高成功模式的正能量与影响力,开启、带动、生成新的教学模式。愿我们坚守改革方向,追求理想境界,更新观念,问道于生,求道于学,以生为本,以学定教,从改变课堂结构入手,积极践行,出模式,出经验,出思想,出成果,实施有效教学,创造生命课堂!

——·学习策略与方法篇·——

目的+方法+恒心=成功

——英语学习方法点拨

英语是世界上使用最广泛的语言之一,英国、美国、澳大利亚、加拿大等发达国家都是使用英语的国家。我们要想为祖国的现代化建设和国际交往尽一份心力,就必须学习这些发达国家先进的科学技术和管理经验,做到“洋为中用”,而其最快捷、最切实可行的途径就是掌握英语这一交际工具。这样,我们就可以变被动的“要我学”为主动的“我要学”;胸怀大志,我们学习英语就会有信心,有无穷的力量和披荆斩棘的胆识。

学习犹如航海,有了航向,还要把握掌舵的技能。在明确学习英语的同时,同学们还要讲究学习英语的方法。方法是用以达到目的的桥梁,它可以使我们的学习更符合学习的规律,收到事半功倍的效果,以免迷失航向、偏离港湾。

学习英语就是充分发挥耳、眼、口、手、脑的功能,通过听、说、读、写的训练获得语音、词汇、语法的语言知识和为交际运用英语的言语技能。

听是理解和吸收口头信息的交际能力,是说、读、写的基础。听力训练有助于我们语音知识、书面知识的全面发展,培养良好的学习习惯,锻炼我们的注意力和瞬间记忆能力,从而真正地学会英语,达到运用英语进行交际的目的。

冰冻三尺非一日之寒,提高听的能力也是如此,它决非一蹴而就,我们不能急于求成,否则欲速不达;要保证听的时间,每天可安排半小时去听。

听的内容要由浅入深,按听能发展的基本阶段音、词、句、篇循序渐进。在课堂上,我们要沉浸在老师所精心安排的英语氛围中,认真听讲,积极参与,模仿录音带上地道的发音、语调;在课外,我们可开展一些丰富多彩的“英语角”活动,听同学们说英语,听广播英语,听英文歌曲。多渠道激发听的兴趣,启发用英语思维,克服心译,集中注意力,培养语感,促进说、读、写能力的发展。

要有扎实的语音、语法基础知识作为听力训练的后盾。读准音素,弄清连读、重音、语调等语音要领,区分同音词、近音词的形、音差异(诸如 hear 和 here、sheep 和 ship、quite 和 quiet 等)正确地拼写单词,掌握时态、语态、非谓语动词、习惯用语、句型等。

开阔视野,拓宽知识面。了解一些英语国家的文化背景、历史等,从而使我们听有关此类材料时能得心应手而不至于无所适从。

“曲不离口”,学习英语要学以致用。我们要消除羞于开口的心理,大胆地说,不怕出错,敢于纠错。在课堂上积极参与,用英语作值日汇报,踊跃回答问题,与老师交谈,与同学进行 pair work,用英语复述所学课文的内容;在课外将自己学到的英语运用于实际生活中,互相对话,共同提高,在英语角、英语会演等场合尽情施展自己的才能,遇到外宾要不失实机地与其攀谈,提高自己的口头表达能力,培养“成就感”。在敢于开口的同时,同学们还要注意学习英语国家的文化背景知识,以免在英语交谈中闹出笑话,诸如“到哪儿去?”“吃了吗?”等在中国都是司空见惯的问候,但这在一些英语国家被视为干涉他人隐私的行为,又如在受人赞扬时我们中国人通常会谦逊地说“哪里”“不”,而英、美人却用 Thank you 来表示感谢。尊重他国的文化习俗也是一种礼貌的表现。

读包括朗读和阅读。学过的课文、诗歌等要模仿录音带上纯正的语音、语调,大声朗读,一些名句、名篇还要背诵,熟读唐诗三百首,不会作诗也会吟,熟能生巧,熟能形成语感,熟使我们说能脱口而出、写能滔滔不绝。在读好课本的同时,我们还要养成课外阅读的好习惯,做到手不释卷,诸如读英文报刊、书籍,以此加快阅读速度,巩固语感,帮助我们合乎习惯地使用英语,扩大词汇量,丰富知识面,拓宽视野,提高阅读分析、推理判断的能力,为写作打下坚实的基础。正所谓“读书破万卷,下笔如有神”。通过阅读一些英语国家的历史、地理和一般文化知识,同学们可以增进对这些国家人民生活习惯、思想感情的了解,认识语言和文化的关系。阅读时要抓住文章的中心,若遇到生词,可根据上下文猜测词义,对于猜不出且影响理解的个别生词可以查词典或暂且搁置一边待后查阅。

写是语言的书面表达能力,是听、说、读的升华。写的形式包括写字母、单词、习语、句子、篇章等,段落的写作要求我们用正确的语法结构和逻辑形式组词成句、联句成篇,表情达意。为了提高写的能力,我们要不断地积累词汇,掌握语法规则,比较汉、英两种语言的不同,形成英语的思维定势,尽可能地运用新近掌握的语言点,坚持记英文日记,出英语板报、墙报,写读后感,看图写话,给朋友、同学写英文信,从学校、老师、同学写到家庭、父母、亲友,写自己所熟悉的人和事,并请老师指点,将那些优秀篇章投往有关报刊发表,那时候我们会领略到成功的喜悦。

听、说、读、写是一个循序渐进的过程,其间可以互相促进,共同提高;只有日积月累,通过量变,才有可能实现质的飞跃。通过大量的听、说、读、写训练,我们可以学到更多的语音、词汇、语法基础知识,熟练掌握各项基本技能,将所学的知识运用到实践中去,做到举一反三,触类旁通,提高综合运用语言的交际能力。

学贵以恒。学习外语尤其如此,要有锲而不舍、滴水穿石的精神,培养良好的学习习惯,最忌一曝十寒,遇到困难就退却。革命导师马克思、恩格斯、列宁都是精通多种外国语的典范,马克思在五十多岁才开始学习俄语。书山有路勤为径,学海无涯苦作舟,没有不畏险阻的顽强意志、坚强毅力，而只有三分钟的热度是很难学好一门语言的。

同学们正值青春年少，处于长身体、增知识的大好时期，我们要结合英语学习的规律，总结、完善自己的学习经验和方法，利用一切可以利用的时间，做到课前充分预习，课上认真听讲、勤记笔记，并积极参与，课后及时复习，发挥耳、眼、口、手、脑团结协作的精神，抓好语音、词汇、语法知识的学习，比较汉、英语言特点、中外文化习俗，培养英语思维的能力，加强听、说、读、写的综合训练，尽快掌握英语这一交际工具，为祖国的繁荣昌盛而效力！

How to Learn English Easily and Effectively

Language is the means by which people communicate with each other. In learning English, you must pay attention to speech as it is the basis of reading and writing. So it is much better to try to do more speaking, even though you may probably make some mistakes. Speaking English can make you active, brave and confident. In order to make your English more perfect, you should not only listen to the teacher carefully in class but also do more writing. Just as Barack Obama once said, "Maybe you could be a great writer—maybe even good enough to write a book or articles in a newspaper—but you might not know it until you write that English paper—that English class paper that's assigned to you." You can keep diaries and write compositions or letters. The teacher will be glad to go through what you have written and tell you where it's wrong if you hand it to him or her. You may not notice the mistakes you've made when you're talking. But after you have written something, the teacher can correct your mistakes. In this way, you will do better in learning English.

Don't worry if you're slow in speech. You can improve yourself in it by reading, either aloud or to yourself. Reading offers us a chance to see the world from someone else's eyes, so it opens our minds to new possibilities. The important thing is to read something interesting and something that is not too hard for you. It's known that sentences are made up of words and articles are made up of sentences. So English will be better learned if you study the words and sentences through the context. Do not stop to look up words while reading if you are able to guess the meaning. You may do that some other time.

The general aim of basic English curriculum is to cultivate the students' overall language abilities in language skills, language knowledge, feeling attitude, learning strategy and cultural consciousness. That shows how important the English language culture is in English learning. Just as David Crook, a famous English scholar, says, students of a foreign language need particular knowledge—knowledge of life, history, geography and the people whose language they are studying... In this way one can kill two birds with one stone: learn a foreign language and get some knowledge of the foreign countries at the same time.

Above all, if you want to learn English well and quickly, you are asked to do more practice in listening, speaking, reading and writing, to try to think in English and to use English appropriately. Nothing is impossible! Believe you can and you're halfway there.

把握规律　高效记忆

词汇与语言的关系犹如砖瓦与房子的关系，不准备足够的砖瓦，建房自然无从谈起。下面与同学们谈谈如何克服遗忘，把握规律，多、快、好、省地高效记忆英语单词，扩大词汇量，扫除语言学习中最大的拦路虎。

一、拼读记忆法

将单词的读音与拼写结合起来，正确地拼读出单词，根据字母或字母组合的读音规则，把形、音、义有机地联系在一起。在拼读实践中掌握字母、字母组合的读音及其与拼写的对应关系，把握规律，留意例外。例如：cake 蛋糕，hat 帽子，away 离开，village 村庄，want 想要，many 许多。

二、构词记忆法

结合构词法分析词的构成可帮助同学们记忆单词成串，形成网络。例如：根据词的转化，可掌握 last *adj.* 最后的、上一个 *vi.* 持续；excuse *n.* 借口，*vt.* 原谅。有些单词加上前缀或后缀，可派生出一个或一串新词，例如：care 可派生出 careful，carefully，careless，carelessly，carefulness，carelessness 等词。两个或两个以上的词合在一起可组成合成词，例如：room 可与其他的词合成 classroom，workroom，reading room，sitting room 等。

三、卡片记忆法

记单词时，同学们还可以“化整为零”，采用卡片记忆法。在卡片的正面写上单词并注上音标、词性，背面写词义，便于随时随地拿出来记忆；还可将若干张卡片列为一组，逐个检查记忆效果，没记准的另外放置一边，以便过后集中强攻。卡片可以经常积累、翻阅、分类，便于携带，增强记忆功效。

四、归类记忆法

将同一范畴的词进行归类促进记忆，变吃草莓式记单词为吃葡萄式记单词，由一点而联想其类。根据词的拼读规则、词性、词义等可将单词进行归类。例如：不定代词有 some，any，many，much，few，a little，something，everybody，no one 等，学科名词有 maths，Chinese，English，physics，chemistry，biology，politics，geography 等。

五、图表记忆法

通过视觉刺激记忆,让人醒目易懂,记起单词来轻松自如。凡名词复数、动词第三人称单数现在时、过去时、过去分词、现在分词、形容词和副词比较等级的构成,人称代词、物主代词、反身代词、同义词等均可通过列表记忆。例如,位置介词辨别如下图:

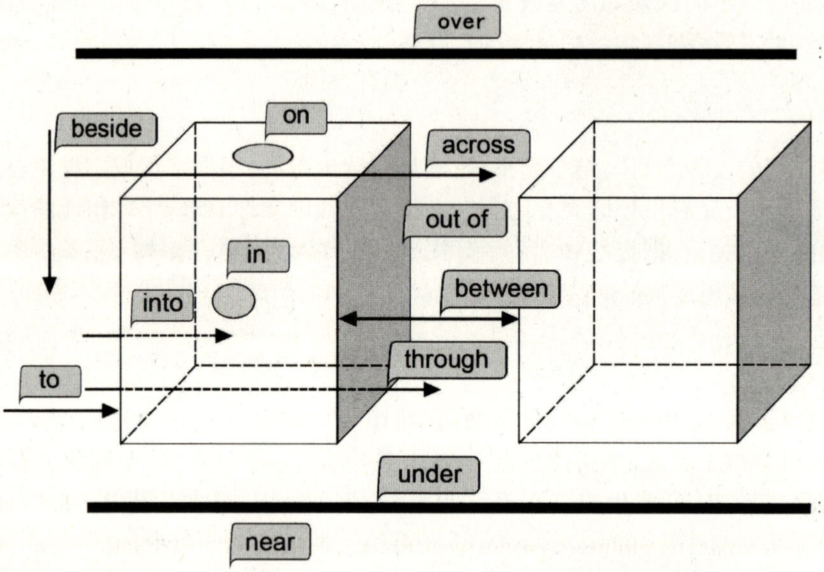

六、比较记忆法

有比较就有鉴别。比较记忆法适用于同音词、近音词、近义词、反义词等,通过比较可以加深记忆的印象,起到举一反三、触类旁通的效用,例如:parent,peasant,pleasant,plant,present,planet 等读音相近,但不相同,意思更是大相径庭。

七、搭配记忆法

许多名词、动词、形容词、副词、介词等在英语中可构成大量的习惯用语,同学们要善于积累和对比。如动词 put 构成的短语有 away 收好,put down 放下,put on 穿上上,put up 举起。

八、情境记忆法

在语言使用的场合记忆与该情境相符的单词,这是克服遗忘、巩固词汇的一种有效手段。如当你走进教室时就会触景联想到相关的词汇:classroom,desk,chair, blackboard, window, door, floor, teacher, boy, girl, book, bag 等。情境记忆是通过实物、图画等直观手段记忆单词,印象深刻,效果明显。另外,实际生活中的公共标志用语、产品上的英语说明书等都给我们提供了记忆单词的大好情境和无意识记忆的大好时机。

九、“五到”记忆法

“五到”是指记忆单词时要做到耳到、口到、眼到、手到、脑到,积极协调人体多种器官的作用。口中读出来,耳朵听到发音,眼睛看着词、句、篇,用手写下来,处处还要用脑,五面俱到,比孤立地利用某一种感官要有效得多。

十、循环记忆法

德国著名心理学家艾宾浩斯曾做过一个著名的实验,结果表明遗忘的规律是:先快后慢,先多后少。根据这一规律,俄国著名教育家乌申斯基说:“应用不断的复习来防止遗忘,而不是在忘记之后再重新记忆。”因此,同学们在记住单词时,复习要趁热打铁,时间间隔的安排要先密后松,次数先多后少,一天后、两天后、三天后、一周后、一个月后分别进行一次循环复习,只有定期巩固,反复记忆,持之以恒,才能记得牢、记得好。

单词记忆的方法多种多样,且因人而异。同学们可根据不同的内容采取不同的方法,有时几种方法可交织使用。同时,还要在平时的学习中认真摸索规律,做到无意识记忆和有意识记忆的有机结合,形成自己行之有效的记忆方法。

沉着应考　力创佳绩

一、排除一切干扰,形成良好的心理优势

兵临城下,惊慌失措,紧张怯场在所难免。如何避免这一现象呢?要克服紧张的心理,消除怯场的精神压力。紧张是暂时遗忘的大敌,因此,同学们要有良好的心理准备,拿到试卷之前闭目养神,多做深呼吸,减轻思想负荷,稳定情绪,轻装上阵,树立信心,胸有成竹,全神贯注,形成良好的心理优势,沉着应考。

二、通览全卷,缜密审题

磨刀不误砍柴工。拿到试卷时,不要匆忙答题,而要先通览一下试卷的总页数和总题数,以防缺漏题,及时换上好卷。除此之外,大致了解试卷的分量,题型的类别,内容的生熟,试题的难易度及赋分比例等,以便胸有全局,摸清题情,合理安排时间,防止漏做试题。

答题时,切忌粗心大意,马虎了事,要认真审题,全面、正确地理解题意,弄清题目的要求和条件,不能看错题,以免造成差之毫厘,谬以千里的局面。如:单词辨音在卷面上的要求可能是选择画线部分读音与所给词相同的或不同的等形式;阅读理解题中可能出现"Which of the following is true?"或"Which of the following is not true?"一旦看走了眼或理解错了,将与题意背道而驰,导致"大意失荆州"之势。

三、循序渐进,先易后难

动笔答题的基本顺序要从前到后,依据自己掌握的知识,凭借语感,拿准答案,一旦遇到"拦路虎",则无须拘泥于这一顺序,可以用铅笔作个记号暂且搁置一旁(交卷前应擦去这些记号),绕过去,采取先易后难、先熟后生、先简后繁的战术,保持良好的心态,把能做的全部做完,然后再回过头来力克难题,从语音、语法、语义等诸方面寻找契机,充分发挥联想,追忆与题眼相关的知识点,触类旁通;间或回过头来了解前面的难题时,兴许会从后面的题目中得到某种启示,从而茅塞顿开,豁然开朗,进入"柳暗花明又一村"的境地。例如:在解完形填空时,前面空格处的答案可能会在下文中直接或间接地得到暗示。同学们如果一开始避易就难,啃住难题不放,那么可能使自己会做的题目到最后没时间去完成,从而慌了手脚,乱了方寸,以至贻误全场考试。

四、认真答题，仔细复查

答题时，同学们一定要严肃认真，一丝不苟，书写整洁，表达清晰，即使是标点符号也马虎不得，字母更要规范书写，不要混淆 v 与 r，u 与 v 等；答题要积极联想，透过现象看本质，切忌被表象迷惑，如“What a red sun！”这里之所以用 a，是因为 sun 之前有形容词修饰，同学们不能因“世界上独一无二的事物前用 the”这一规则而因循守旧；对于难题，要发挥“蚂蚁啃骨头”的精神，每分必争，会多少就答多少，不要轻易放弃。在进行标准化考试时，同学们要认真涂好机读卡，不要做一小题涂写一次，这样容易打断思路，浪费时间，最好的办法是做完一个大题集中涂写一次。

答卷完毕后，不要急于交头卷，若时间允许，就仔细检查一遍，看看有无漏题，是否切题，有无笔误等，做到有漏必补、有错必纠，但要重视第一印象，对首选答案不要轻易更改。

听能题型剖析

1993 年以来,全国各地中、高考英语试题中相继设置了听力题,这是令人欣喜的变化,并将继续得以实施与完善,也必将有利于广大初中学生语言素质的提高,解决现行英语中存在的“聋子英语”问题。

学习英语的任务之一就是掌握一定的英语基础知识和听、说、读、写的技能,形成一定的综合语言运用能力。听和读是理解的技能,说和写是表达的技能;这四种技能在语言学习和交际中是相辅相成、相互促进的。听是理解和吸收口头信息的交际能力,是说、读、写的基础。听能训练有助于我们语音知识、书面知识的全面发展,培养良好的学习习惯,锻炼我们的注意力和瞬间记忆能力,从而真正地学会英语,达到运用英语进行交际的目的。

下表是《英语课程标准》关于“听的语言技能”的分级目标:

级别	目标描述
二级	1. 能借助图片、图像、手势听懂简单的话语或录音材料; 2. 能听懂简单的配图小故事; 3. 能听懂课堂活动中简单的提问; 4. 能听懂常用指令和要求并做出适当的反应。
三级	1. 能识别不同句式的语调,如陈述句、疑问句和指令等; 2. 能根据语调变化,体会句子意义的变化; 3. 能感知歌谣中的韵律; 4. 能识别语段中句子之间的联系; 5. 能听懂学习活动中连续的指令和问题,并做出适当的反应; 6. 能听懂有关熟悉话题的语段; 7. 能借助提示听懂教师讲述的故事。
四级	1. 能听懂接近自然语速、熟悉话题的简单语段,识别主题,获取主要信息; 2. 能听懂简单故事的情节发展,理解其中主要人物和事件; 3. 能听懂连续的指令并据此完成任务; 4. 能听懂广播、电视等媒体中的初级英语教学节目。

级别	目标描述
五级	1. 能根据语调和重音理解说话者的意图； 2. 能听懂有关熟悉话题的谈话，并能从中提取信息和观点； 3. 能借助语境克服生词障碍、理解大意； 4. 能听懂接近自然语速的故事和叙述，理解故事的因果关系； 5. 能在听的过程中用适当方式做出反应； 6. 能针对所听语段的内容记录简单信息。
六级	1. 能抓住所听语段中的关键词，理解话语之间的逻辑关系； 2. 能听懂日常的要求和指令，并能根据指令进行操作； 3. 能听懂故事或记叙文，理解其中主要人物和事件以及他们之间的关系； 4. 能从听力材料，简单演讲或讨论中提取信息和观点。
七级	1. 能识别语段中的重要信息并进行简单的推断； 2. 能听懂操作性指令，并能根据要求和指令完成任务； 3. 能听懂正常语速听力材料中对人和物的描写、情节发展及结果； 4. 能听懂有关熟悉话题的谈话并能抓住要点； 5. 能听懂熟悉话题的内容，识别不同语气所表达的不同态度； 6. 能听懂一般场合的信息广播，例如：天气预报。
八级	1. 能识别不同语气所表达的不同情感； 2. 能听懂有关熟悉话题的讨论和谈话并记住要点； 3. 能抓住一般语段中的观点； 4. 能基本听懂广播或电视英语新闻的主题和大意； 5. 能听懂委婉的建议或劝告等。
九级	1. 能听懂有关部门熟悉话题的演讲、讨论、辩论和报告； 2. 能听懂国内外一般的英语新闻广播； 3. 能抓住较长发言的内容要点，理解讲话人的观点及意图； 4. 能从言谈中判断对方的态度、喜恶、立场及隐含意思等； 5. 能理解一般的幽默； 6. 能在听的过程中克服一般性的口音干扰。

听力测试的常见题型如下：

一、辨别层次的题型

单词、短语、句子辨别 此题要求根据录音中的句子，选择所听到的单词、短语或句子，旨在考查学生语音辨别、判断的能力及瞬间的听觉反应能力，选项之间有一定的干扰性。例如：A. weather B. whether C. feather D. waiter（安徽卷）录音为：I don't know whether it will rain tomorrow. 四个选项的读音易混淆,尤其是 weather 与 whether 为同音词,必须依据上下文判断,答案为 B。

听力测试应着重检测学生理解和获取信息的能力,不应把脱离语境的单纯辨音题作为考试内容。因此,纯粹脱离语境的语音辨别层次的题型已经逐渐被淘汰了。

二、理解层次的题型

1. 单句理解

此题要求根据录音选择近义句,主要考查学生对同一意义进行多种表达的能力及理解、判断话语所表达的主要信息的能力。例如:A. He is good at maths. B. He doesn't like history . C. He did very badly in the last exam. D. He did better in history than in maths. (2002 年河北卷)录音为: I did better in maths than in history in our last exam. Maths is one of my favourite subjects, you know. 分析:录音句的关键部分是 Maths is one of my favourite subjects,故选 A。

2. 情景反应(也称"交际应答")

此题要求选择能正确回答所听到的句子的选项,旨在考查学生在听到某一情景的言语(即信息输入)作出正确(反应语言基础知识)而得体(反应语言运用能力)的回答(即信息输出)的能力,它将语言基础知识和语言运用能力的考查较好地结合在一起,。例如:A . Yes, it is, isn't it ? B. Yes, he is, isn't he? C . Yes they are, aren't they? (黄冈卷)录音为: What a beautiful day ! 分析:本题的关键词是 day,感叹句后面省略了 it is,故选 A。

3. 听录音,选图画

此题要求根据录音中的句子或对话的描述,从备选的图画中选择与其相对应的答案,旨在考查学生的听音理解能力和观察、分析、判断的能力。例如:What would Mike like to do? (浙江卷)

(A)
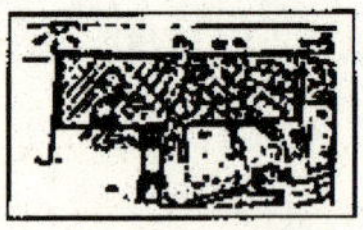
(B)

(C)

录音为——W: Would you like to go shopping with me, Mike ? M: I'd love to, Mum. But I prefer swimming with Dad. W: Really? M: Oh, Mum! I like swimming . 观察、分析、比较一下三幅图画,可判断答案应在 B 、C 之间选择,问的内容为 B, 答语内容否定了 B, 肯定了 C,故选 C。

4. 对话理解

此题要求根据录音中的对话和对话后的问题(或五组对话和每组对话后的问题)选择每小题的正确答案或填空,题材源于学生所熟悉的生活实际,通常与《英语

课程标准》中列举的功能意念项目相关,具有较强的语境,旨在考查学生获取信息和理解信息的能力。例如:

16. The man wants to buy a pair of ____ shoes.

17. His shoe size is eight and a ____.

18. The shoes cost ____ yuan.

19. They were too ____ for him to buy.

20. At last the man doesn't ____ them.

(吉林卷)

录音为:

W:Good morning! What can I do for you?

M:I'd like a pair of black shoes, please.

W:OK. What size?

M:Um,eight,I think.

W:Here you are. Would you like to try them on?

M:Yes,please... I'm afraid they are too small. Can I try eight and a half, please?

W:Certainly. Here you are.

M:Thanks. They're fine. Oh, how much are they?

W:They're 399 yuan.

M:That's too expensive. I don't think I'll take it.

W:It doesn't matter.

分析:根据对话内容不难发现本题考查服务用语的实际运用,体现了"用语言做事情"的新理念,其中,No. 19 与 No. 20 的答案具有一定的开放性,答案分别为 16. black 17. half 18. 399 19. dear/expensive 20. take /bye.

5. 短文理解

此题要求根据录音中的一篇短文(有时配有五个问题)选择每小题的正确答案,题材一般与《英语课程标准》中所列举的话题项目相关,通常为故事性较强的短文,旨在考查学生获取信息和理解信息的能力。例如:

19. A. Two and a half hours. B. Two hours.

C. Three hours. D. Three hours and a half.

20. A. They should remember the time. B. They should close the windows.

C. They should keep the door open. D. They should spend some money.

21. A. At the foot of the Great Wall at twelve. B. At the entrance at eleven.

C. At the foot of the Great Wall at eight thirty. D. At the entrance at eleven thirty.

(河北卷)

录音为：

OK, boys and girls！Here we are at the foot of the Great Wall. As everyone knows, this is the longest wall in the world, and one of the oldest. It has a long history of over 2000 years. It's one of the most famous places in the world. We'll spend three hours and a half here. Ler's see. It's 8:00 now. We'll leave here at 11:30. The bus will be waiting for us at the entrance. Please take with you your money and your important things, and close all the windows before you get off. Have a good time here！

Question No. 19 How long will they stay at the Great Wall?

Question No. 20 What should the students do before they leave the bus?

Question No. 21 When and where should they get on the bus again?

分析：这篇短文选取的是第八个话题。19. 本题考查推理能力，根据 It's 8:00 now. We'll leave here at 11:30 . 可推断出 D 为正确选项。20. 本题考查细节表面意思，... and close all the windows before you get off 直接道出了答案，选 B。21. 本题考查推理能力，从 We'll leave here at 11:30. 与 The bus will be waiting for us at the entrance. 可推断出 D 为正确答案。

因为理解层次的题型能够较好地考查学生的能力，所以在中考试题中越来越得到广泛的应用。听力理解题的设计将更加突出交际性，使之具有信息沟。

三、表达层次的题型

1. 听对话或短文，填入所缺的单词、短语或句子，或回答问题。

此题旨在考查学生正确的辨音、判断能力、听后理解与表达的能力，要求填写的单词、短语或句子在读音、拼写、意义诸方面一般容易被混淆。例如：... On New Year's Eve 22. and neighbours go about from house to house 23. to each other's health and wishing good 24. （福州卷）录音略。22. friends （不是 friend 或 friends）；23. drinking （不是 drink 或 drank）；24. luck。

2. 听录音，填表格。

此题常使用信息丰富的短文或主题性的人物对话如打电话、购物等形式测试，要求学生根据短文或对话内容填写表格，旨在考查听的理解能力和听音表达能力。例如：

KATE'S BIRTHDAY PARTY					
Kate will be:	25	____ years old	Day of the party:	26	On ____
Time:	27	At ____	Place:	28	At the ____ Hotel
Address:	29	____ Sreet	You can bring:	30	____

（河北卷）

录音稿略。

分析：考生解答此题应根据表格的项目在听录音时有的放矢地作简要的记录，答案为：25. 17(seventeen /Seventeen)26. Friday 27. 8：30(eight thirty/half past eight)28. Garden 29. Shindy 30. Pencils (Some pencils)。

另外，听对话或短文，回答问题(不给选择项)或写概要等主观性的听力理解题、表达题均有出现。

说能题型剖析

说能题型旨在通过书面形式考查学生的口语能力、测试语言的交际功能，内容通常与《英语课程标准》中所列举的功能意念项目相关。该题型在中考题中的出现将引导我们的教学指向语言应用能力的培养,有效解决现行外语教学中存在的"哑巴英语"问题,引导我们的外语教学重视培养学生"听说读写"的综合运用能力,促进外语教学的素质教育向纵深发展;对英语的教与学起着积极的导向作用,使试卷的情境性更强,加大了信息量,反映了新教材"结构、功能、话题"相结合的特点。

学习英语的任务之一就是掌握一定的英语基础知识和听、说、读、写的技能,形成一定的综合语言运用能力。听和读是理解的技能,说和写是表达的技能;这四种技能在语言学习和交际中是相辅相成、相互促进的。说主要考查学生运用所学语言知识与技能,以口头的形式完成信息沟通、再现生活经历、描述周围事物、发表意见和观点的能力,从而真正地学会英语,达到运用英语进行交际的目的。

下表是《英语课程标准》关于"说的语言技能"的分级目标：

级别	目标描述
二级	1. 能在口头表达中做到发音清楚,语调基本达意; 2. 能就所熟悉的个人和家庭情况进行简短对话; 3. 能运用一些最常用的日常用语(如问候、告别、致谢、道歉等); 4. 能就日常生活话题作简短叙述; 5. 能在教师的帮助和图片的提示下描述或讲述简单的小故事。
三级	1. 能在课堂活动中用简短的英语进行交际; 2. 能就熟悉的话题进行简单的交流; 3. 能在教师的指导下进行简单的角色表演; 4. 能利用所给提示(如图片、幻灯片、食物、文字等)简单描述一件事情; 5. 能提供有关个人情况和个人经历的信息; 6. 能讲述简单的小故事; 7. 能背诵一定数量的英语小诗或歌谣,能唱一些英语歌曲; 8. 能在上述口语活动中做到语音、语调基本正确。

级别	目 标 描 述
四级	1. 能根据提示给出连贯的简单指令; 2. 能引出话题并进行几个话轮的交谈; 3. 能在教师的帮助下或根据图片用简单的语言描述自己或他人的经历; 4. 能在教师的指导下参与角色表演等活动; 5. 能在口语活动中使用正确的语音、语调。
五级	1. 能就简单的话题提供信息,表达简单的观点和意见,参与讨论; 2. 能与他人沟通信息,合作完成任务; 3. 能在口头表达中进行适当的自我修正; 4. 能有效地询问信息和请求帮助; 5. 能根据话题进行情景对话; 6. 能用英语表演短剧; 7. 能在以上口语活动中做到语音、语调自然,语气恰当。
六级	1. 能传递信息并就熟悉的话题表达看法; 2. 能通过重复、举例和解释等方式澄清意思; 3. 能有条理地描述个人体验和表达个人的见解和想象; 4. 能用恰当方式在特定场合中表达态度和意思; 5. 能用英语进行简单的语言实践活动,如访谈。
七级	1. 能在日常交际中对一般的询问和要求做出恰当的反应; 2. 能根据熟悉的话题,稍做准备后,有条理地做简短的发言; 3. 能就一般性话题进行讨论; 4. 能根据话题要求与人交流、合作,共同完成任务; 5. 能用恰当的语调和节奏表达意图。
八级	1. 能在交流中使用恰当的语调、语气和节奏表达个人的意图和情感等; 2. 能根据学习任务进行商讨和制订计划; 3. 能报告任务和项目完成的过程和结果; 4. 能经过准备就一般话题作 3 分钟演讲; 5. 能在日常人际交往中有效地使用语言进行表达,例如:发表意见、进行推断、责备或投诉等; 6. 能做一般的生活翻译,例如:带外宾购物或游览等。

级别	目标描述
九级	1. 能在交谈中把握分寸,并根据交谈对象调整用语和表达方式; 2. 能经过准备就一些专题作5-10分钟演讲,并回答有关提问; 3. 能用英语接受面试; 4. 能作一般性口头翻译; 5. 能在交际中恰当的表达自己的情感; 6. 能在交际中产生的误会加以澄清或解释; 7. 能就国内外普遍关心的问题(例如:环保、人口、和平与发展等)用英语交谈,表明自己的态度和观点。

常见的说能题型有:

一、情景反应

情景反应或情景对话题以单项选择的形式专题考查交际用语 ,甘肃、兰州、武汉等绝大多数省、市都曾经使用了该题。例如:

– What a nice meal! Thank you for having us.

– __________.

A. It doesn't matter B. It was a pleasure C. Not nice enough D. With pleasure

(武汉卷)

本题涉及的交际项目是道谢及其答语, It doesn't matter. 为 Sorry. 的答语, Not nice enough. 为汉语式的答语, With pleasure. 为对方求助的答语,应选 B 。

二、对话配伍

对话配伍又称左右配对 ,它要求从 II 栏中找出 I 栏各小题的答句。例如:

I

46. How long have you lived in Lanzhou ?
47. When were you born ?
48. Im sorry I'm late.
49. How often do you see a film?
50. May I call you Huifang?

II

A. Of course, if you wish.
B. About ten years.
C. On March 29, 1985.
D. Once a month.
E. It doesn't matter.

(甘肃卷)

答案分别为:46. B 47. C 48. E 49. D 50. A

三、选择匹配

选择匹配题为一段连续的对话，其中五个典型句被抽出，打乱顺序后，要求考生将其安插到对话中；有时还配上有一定干扰性的、多余的两个选项。此题要求考生应掌握对话的基本内容和谈话双方的态度、意图，正确理解上下文之间的逻辑关系。例如：

(Tom is in Beijing for the first time. He is going to the Great Wall.)

Tom: Excuse me. ____(1)

Man: It's quite far from here. ____(2)

Tom: Oh, that's too expensive. ____(3)

Man: Yes. Number 3 bus will take you there. ____(4)

Tom: That's OK. ____(5)

A. It costs only 10 yuan.

B. How can I get to the Great Wall?

C. Can I go there by bus?

D. Thanks a lot.

E. You'd better take a taxi.

分析：本题考查问路与指路这一交际项目，答案：(1) B (2) E (3) C (4) A (5) D

四、对话排序

此类题要求选择每组句子的正确语序，使组成符合逻辑的对话。例如：① Can you guess? ②Where are you from? ③ You're from Japan, aren't you? ④ The way you speak! ⑤ Yes, I am. How did you guess?

A. ③①②⑤④　　B. ②④③①⑤

C. ②①③⑤④　　D. ④②③⑤①

(福州泉州卷)

答案：C

五、补全对话

补全对话题或要求填词、或要求填句，后一种形式更有利于考生积极思考，充分地展示和发挥，有时其答案是多样的。例如：

A: Hello, Mrs. Charles. Come in and sit down.

B: Hello, doctor.

A: __________(71)

B : I've got a backache.

A:_________(72)

B :No, I don't. I've never had a bad one before.

A:_________(73)

B :About four days ago.

A:Well, go home and rest in bed for two days, then ________(74)

B:_________(75) It's very painful.

A:Yes, I'll give you some pills(药片). Take one three times a day, and come back in three days. If you don't feel. . .(天津卷)

分析:本题考查看病这一交际项目的实际运用,71. What's wrong with you? / What's the matter with you ? /What's your trouble ? 72. Do you often have a backache ? 73. When did it start? / How long have you been like this? /How long have you had the backache ? 74. You'll feel better /You'll get well soon 75. Can/Will you give me some medicine ? /May /Can I have some medicine ?

少数省、市中考英语进行了口语加试,这是一种可喜的改革趋向。随着条件的成熟,口试会逐步走向全国,取代笔试中的说能题型,这将使试卷结构更加完善,对英语教学起到积极有益的反拨作用,有利于更全面、更准确地评价学生。

单项选择精典题例析

例 1　There are few ________ in the fridge. Let's go and buy some peas, carrots and cabbages.　　(A)

A. vegetables　　B. fruit　　C. meat　　D. eggs

(河南卷)

丢分原因分析：本题考查名词的用法。从语法上看，few 修饰复数可数名词，可排除选项 B，C；从逻辑上看，下文表示"我们去买豌豆、胡萝卜和洋白菜吧。"peas, carrots and cabbages 正是 vegetables 的具体形式，D 被排除，故选 A。

例 2　There are many new highrises on ________ side of Huaihai Road. What a magnificent view!　　(A)

A. either　　B. neither　　C. both　　D. all

(上海卷)

丢分原因分析：本题考查不定代词的用法。少数考生仅从汉语上考虑而误选 C，殊不知 both 修饰、代替复数可数名词；either 表示"两者中的任何一个"，修饰、代替单数可数名词，故选 A。

例 3　—Mum, Bill is coming to dinner this evening.

—OK. Let's give him ________ to eat.　　(A)

A. something different　　B. different anything
C. anything different　　D. different something

(河北卷)

丢分原因分析：本题考查复合不定代词修饰语的位置问题。部分考生根据汉语思维而错误地选 D，或不了解句式误选 C；本题答句译作"好，我们给他弄点不同的东西(新样的东西)吃。"复合不定代词的修饰语应后置，故选 A。

例 4　They're going to have ________ holiday next month.　　(C)

A. a two weeks　　B. two-week
C. a two-week　　D. two weeks

(哈尔滨卷)

丢分原因分析：本题考查"数词+名词"结构作定语的用法。"基数词+连字符+单数可数名词"可作前置定语，修饰另一个单数可数名词时，前面应加不定冠词，本题 a two week holiday 也可改为 a holiday of two weeks；不少考生由于对此用法知之甚少而误选 A、B、D。

例5　Chongqing is bigger than ________ in Japan.　　　(C)

A. any other city　　　B. all the other cities
C. any city　　　D. the other cities

(重庆卷)

丢分原因分析：本题考查形容词比较等级句型中的比较对象问题。一些考生平时接触过大量的 than any other.../all the other.../the other... 的实例，从而不假思索地误选 A、B、D；仔细分析一下此题，我们不难发现，A、B、D 均为错误选项，即把 Chongqing 变成了 Japan 的一座城市；根据比较对象一致性原则，应选 C，全句译作"重庆比日本的任何一座城市都大。"

例6　We love to go to the country in spring as the flowers smell so ____.　(B)

A. well　　B. nice　　C. wonderfully　　D. nicely

(广州卷)

丢分原因分析：本题考查形容词作表语的用法。不少考生误选 C、D，是因为混淆了 smell 的词性，误认为其为不及物动词；也有的误选 A，却忽视了 well 作形容词的意思是"健康的"；全句译作"我们春天喜欢去乡下，因为花儿闻起来香香的。"故选 B。

例7　He was riding to school ________ he was hit by a car this morning.　(B)

A. while　　B. when　　C. as　　D. so

(南京卷)

丢分原因分析：本题考查连词的用法。部分考生认为 while 可表示对比，有"而"之意，以至误选 A；有的认为 as 作"当……时"解，从句动词表示短暂性动作，以至误选 C；其实，本题译作"他今天早晨正骑车上学，这时突然被一辆轿车撞倒了。"应用 when，作 and suddenly 解。

例8　The story happened ________ the evening of August 2.　　(A)

A. on　　B. in　　C. to　　D. at

(哈尔滨卷)

丢分原因分析：本题考查介词的用法。in, on, at 表示时间时，三者易混淆，尤其 in the evening 这个短语是考生非常熟悉的，所以不少人误选了 B；其实，这里指的是 8 月 2 日的夜晚，即指具体某天的夜晚，应用介词 on。

例9　Mike is ________ American boy. He studies in ________ university in Lanzhou.　　(C)

A. the, a　　B. a, a　　C. an, a　　D. an, an

(甘肃卷)

丢分原因分析：本题考查冠词的用法。少数考生对 a 与 an 的区别把握不清而误选 D，a 用于辅音音素开头的词前，an 用于元音音素开头的词之前，university 以辅音 [j]开头，故选 C。

例 10　Hurry up! The play ________ for ten minutes.　　(C)

A. has begun　　B. had begun

C. has been on　　D. began

(辽宁卷)

丢分原因分析：本题考查短暂性动词与延续性动词的区别。根据题意，A 的迷惑性最大，但 begin 是短暂性动词，在肯定句或疑问句中不能与一段时间的状语连用。应选 C。

例 11　She ________ know the answer, but I'm not sure.　　(C)

A. maybe　B. may be　C. may　D. must

(长沙卷)

丢分原因分析：本题考查情态动词的用法。选项 A 具有较大的干扰性，但 maybe 是副词，这时，主语 She 应与 knows 相搭配；应选 C，情态动词 may 表示"可能；也许"，接动词 know 的原形。

例 12　Do you know if ________ back next week? If he ________ back, please let me know.　　(C)

A. he comes, will come　　B. will he come, comes

C. he will come, comes　　D. will he come, will come

(黑龙江卷)

丢分原因分析：本题考查条件状语从句和宾语从句中将来动作的表示法。很多同学对 if 引导的条件状语从句中用一般现在时表示将来的动作这一规则非常熟悉，但对 if 从句是条件状语从句还是宾语从句却难以判断，于是，运用起来就无所适从了。在本题中，前面的 if 作"是否"解，引导宾语从句，其将来时用本身表示；后面的 if 作"如果"解，引导条件状语从句，其将来时用现在时表示。故选 C。

例 13　The teacher told the students ________ in class.　　(D)

A. not talk　　B. don't talk

C. didn't talk　　D. not to talk

(山西卷)

丢分原因分析：本题考查动词不定式作宾语补足语的用法。少数考生以为动词 told 之后为宾语从句，其实是复合宾语，tell sb. not to do sth. 意思是"叫某人不要做某事"，选 D。

例 14　—James, these are your socks. Please ________.

—OK, Mum.　　(D)

A. put away it　　B. put it away

C. put away them　　D. put them away

(福州卷)

丢分原因分析：本题考查短语动词的用法。解答此题时，考生有两点误解，一是依据汉语思维顺序，以为 away 作介词，误选 A 或 C；另一种是不假思索地选 B，而忽略了 socks 的数。put away 是由“动词+副词”构成的及物性短语动词，接人称代词作宾语时，应将该代词置于中间；又因为 socks 为复数，故选 D。

例 15 I really don't know ________ about it. (A)

A. what to do B. how to do
C. to do what D. how can I do

(天津卷)

丢分原因分析：本题考查“疑问词+动词不定式”这一结构作宾语的用法。由于受汉语思维定势的影响，不少考生选 B；受疑问句语序的固定思维定势影响，选择 D 的考生也不乏其人；其实，本题应选 A，do 是及物动词，what 作其宾语。

例 16 I don't feel very well. Mum asked me ________ this morning. (C)

A. what the matter is B. what is wrong
C. what was the matter D. what wrong was

(天津卷)

丢分原因分析：本题考查宾语从句的用法。顾此失彼是考生解答此题时易犯的错误，有的仅考虑宾语从句的语序误选 B，有的仅考虑时态一致误选 D，有的以为 the matter 是从句主语误选 A；其实，应选 C，the matter 相当于形容词 wrong，作表语，C 选项在语序、时态上都是正确的。

例 17 —You seem to like sweets.

—________. (A)

A. So do I B. So I do C. So am I D. So I am

(呼和浩特卷)

丢分原因分析：本题考查句型“So+主语+助动词”与“So+助动词+主语”的区别。一些考生对这两种结构混淆不清，以至误选；“So+主语+助动词”作“的确如此”解，是对上文所言之事的进一步肯定，本题译作“你好像喜欢吃糖。”“我就是这样。”故选 B；而“So+助动词+(另一个)主语”作“……也是如此”解，表示上文所言同样适合于另一个人、物，如：I like sweets, and so does Lucy.（我喜欢吃糖，露茜也是如此。）

例 18 ________ he left here? (B)

A. Do you think when B. When do you think
C. Do you think how long D. How long do you think

(呼和浩特卷)

丢分原因分析：本题考虑 do you think 在特殊疑问句中的用法。在含有 do you think 的特殊疑问句中，do you think 常位于疑问词之后，形成“疑问词(作主语或修饰主语)+do you think+谓语……?”或“疑问词(不作主语或不修饰主语)+ do you think+主语+谓语……?” 的结构，也可以用“Do you know+疑问词+谓语……?”或“Do you know +疑问词+主语+谓语……?”分别表示上述两个结构的意思，本题可改为：Do you know when he left here?

例 19　—Lucy didn't come to school, did she?

—________. She was ill in bed.　　(C)

A. No, she did　　B. Yes, she did
C. No, she didn't　　D. Yes, she didn't

(黄冈卷)

丢分原因分析：本题考查反义疑问句的用法。在回答"前部否定，后部肯定"的反义疑问句时，由于受汉语思维定势的影响，不少考生误选 D，即将"是的，她没上学"硬套成英语；其实，英语这时是从答语后半部的形式上来决定用 Yes，No 的，故选 C。

例 20　—Do you mind if I sit here?

—________. It's for Mr. Brown.　　(C)

A. Not at all　　B. Never mind
C. Better not　　D. Of course not

(安徽卷)

丢分原因分析：本题考查的是交际用语。乍一看，应选 A、B、D，但是且看下文It's for Mr. Brown. 就不难判断正确答案为 C。

解读单项填空题

一、单项填空题的特点

单项填空题是从词法、句法、习语、语言要点及交际用语等诸方面对考生英语基础知识的掌握程度及语言的运用能力进行综合考查的一种主要题型。每题在一个句子或一组对话中留出空白,要求考生从所给的选项 中选出最佳答案,使原题语法正确,语言通顺,合乎逻辑。单项填空题的覆盖面广,考查范围为《英语课程标准》中列出的主要语法项目;重点突出,强调对动词用法的考查。

单项填空题的命题趋势是:从考查单项知识为主转向几个知识点综合考查 ;从考查知识点的记忆、再现为主转向考查对知识点的理解、运用;从单纯考查语言知识转向重视考查交际英语和语言知识在一定语境中的运用,同时加大干扰项的干扰力度。这些都要求考生不仅对英语知识有系统的把握,有综合运用的能力,而且还要综合考虑多重知识、多变语境、多种角度。

二、单项填空题的类型

单项填空题在考查基础语法和词汇知识时。通过设置语境,将知识的考查与语言的考查有机地结合起来,综合考查了考生在一定语境中运用知识的能力,突出了题目语境化和交际化的特点,体现了语法服务于语言的命题原则。语法型试题近几年高考单项填空题在题量减少的情况下仍能覆盖课程标准、考纲中的主要语法项目,突出了基础语法,考查的角度在变化,重点放在语法知识活用上。例如:

The warmth of ______ sweater will of course be determined by the sort of ______ wool used.

A. the ;the　　B. the ;不填　　C. 不填 ;the　　D. 不填;不填

本题旨在考查考生运用冠词的实际能力。单数可数名词 sweater 之前用定冠词 the 表示类别,kind (sort) of 之后的名词前一般不用冠词,故选 B 。

结构型试题 正确分析、理解和把握句子的结构对语言的运用十分重要,否则就可能产生歧义。一些单项填空题设计巧妙,在题干中加入插入成分,打破句子的结构和平衡,或利用考生急于求成的心理巧妙地将题目成立的条件前置,增加迷惑性。例如:

The managers discussed the plan that they would like to see ______ the next year.

A. carried out　　B. carrying out　　C. carry out　　D. to carry out

本题利用定语从句,巧妙地将题目成立的条件 see the plan carried out 中 the plan

前置,增加了试题难度。考生做题时若在心中补上 the plan,就可推断答案为 A,此处 carried out 是过去分词短语,在从句中作 the play 的宾语补足语 。

逻辑型试题 单项填空题在考查基础知识的同时, 还注意考查考生对句子整体逻辑关系的把握,特别是对上下文关系的分析能力。例如:

The men will have to wait all day ______ the doctor works faster.

A. if　　B. unless　　C. whether　　D. that

本题考查考生根据上下文之间的逻辑关系选择从属连词,“大夫工作更快”与“那些人得等一天”之间的关系如何? 仔细分析一下上下文间的逻辑关系,不难判断出正确答案为 B。

习语型试题 英语中有相当多的习语,有些在意思上还十分接近,在用法上容易混淆。例如:

Would you slow down a bit,please? I can't ______ you.

A. keep up with　　B. put up with　　C. make up to　　D. hold on to

本题旨在考查考生正确运用习语的能力。slow down 的相应结果就是 keep up with (you),故选 A。

搭配型试题 有些单项填空题看似考查词性的用法,但实质上考的是词的正确搭配。例如:

As we joined the big crowd I got ______ from my friends.

A. separated　　B. spared　　C. Lost　　D. missed

本题旨在考查考生熟练运用词语搭配的能力。separate A from B 作“把 A 与 B 分开” 解,本题相当于一个被动句,要透过现象看本质,应选 A。

语境型试题 有些单项填空题在题干上附带一些文字信息,使题干微型语境化,这些附加信息直接影响到答案的选择。将基础语法知识放在一定的语境中考查已成为高考单项填空题的一大鲜明特点。例如:

Let Harry play with your toys as well,Clare,you must learn to ______.

A. support　　B. care　　C. spare　　D. share

本题旨在考查考生根据语境辨析动词的意义。题干告诉我们,说话者要求 Clare 让 Harry 玩他的玩具,全句译作“Clare, 让 Harry 也玩玩你的玩具吧,你要学会与别人分享。”故选 D。交际型试题 近年来的单项填空题突出了语言的交际能力,体现了“处理好语言知识和语言能力之间的关系,努力培养学生运用英语进行交际的能力。”例如:

—Good morning, Grand Hote1.

—Hello, I'd like to book a room for the nights of the 18th and 19th.

—______

A. What can I do for you ?　　B. Just a minute,please.

C. What's the matter ?　　　　D. At your service.

本题旨在考查考生运用英语进行交际的能力。不少考生根据服务用语而不假思索地选择 A 或 D，其实不然，根据上文顾客所言：I'd like to book a room for the nights of the 18th and 19th，宾馆服务员的反应是 Just a minute，please. 以便查证有无空房提供给顾客。故选 B。

综合型试题 有些单项填空题综合性很强，它同时考查了若干项要点，要求考生具有认真细致的分析、推断的能力。例如：

______ to take this adventure course will certainly learn a lot of useful skills.

A. Brave enough students　　　　B. Enough brave students

C. Students brave enough　　　　D. Students enough brave

本题旨在考查考生综合运用语言知识的能力。一般而言，零冠词修饰的名词受形容词短语修饰时，形容词短语应后置，且 enough 修饰形容词或副词时也应后置，故选 C 。

三、单项填空题的解法

排除法 根据语境、语义、语法、词语用法等逐一筛选排除明显错误的干扰项，消除冗余信息和定势思维的干扰，缩小包围圈，联系上下文，抓住关键的有效暗示信息，选定答案。例如：

— Can I get you a cup of tea?

—________.

A. That's very nice of you　　　　B. With pleasure

C. Thank you for the tea　　　　D. You can，please

With pleasure. 作"乐意""没问题"解 ，用作别人请你帮忙时的答语，B 被排除；"茶"未端上来，Thank you for the tea. 不合时宜，C 被排除；You can，please. 不合英语习惯，D 应予以排除；故选 A，相当于 It's very kind of you.

暗示法 考生只要能在题干中找出某一语法结构、固定搭配或惯用法等暗示线索，然后借助暗示顺藤摸瓜，就可找到相应的答案。运用暗示法可减少盲目性，提高准确率。例如：

一 When shall we meet again ?

— Make it ____ day you like. It's all the same to me.

A. one　　B. any　　C. another　　D. some

对话双方谈论的话题是下次见面的时间，It's all the same to me. 是一条有用的信息，它暗示答案为 B，即随便哪一天都行。

语感法 考生在解答有些单项填空题时，可通过语感刺激记忆信息来判断答案。例如：

She ______ his number in the phone book to make it sure that she had got it right.

A. Looked up　　B. Looked for　　C. picked out　　D. picked up

通过阅读题干,我们不难忆起 look up a word in the dictionary,以此类推,本题谓语为 looked up his number in the phone book,故选 A。

简化法 有些单项填空题看似复杂,我们可将其简化,使其意义更为明了。例如:

It was about 600 years ago _____ the first clock with a face and an hour hand was made.

A. that　　B. until　　C. before　　D. when

本题的简洁表达是 The first clock with a face and an hour hand was made about 600 years ago. 现在以一个强调句的形式出现,即 It was... that...,故选 A。

复原法 即将某个省略的结构还原成其本来的面目,使模糊、抽象的问题变得明确、具体。例如:

The Olympic Games, _____, in 776 B. C., did not include women players until 1912.

A. first playing　　B. to be first played　　C. first played　　D. to be first playing

本题各备选答案前可视作省略了关系代词 which 和 was,从而构成一个非限制性定语从句,根据题意,不难看出应选 C。

换位法 有些单项填空题直观难以判断,这时,可在不改变句意的情况下,将题干中的某一部分稍作改变,使答案直观化。例如:

The train leaves at 6:00 p. m., so I have to be at the station _______ 5:40 p. m. at the latest.

A. until　　B. after　　C. by　　D. around

根据上文,首先可排除 B、D 两项,那么,在 A、C 之间如何选择呢?我们不妨将 be at the station 换成 arrive at the station,鉴于 arrive 是终止性动词,A 被排除,应选 C。

词语辨析法 有些单项填空题考查相似词语、短语的用法,考生应结合平时掌握的知识要点,运用辨析法解题。例如:

—Do you think the stars will beat the Bulls?

—They have better players, so I _______ them to win.

A. hope　　B. prefer　　C. expect　　D. want

hope 不接复合宾语,应予排除;prefer 表示取舍、比较,expect 表示期盼,want 表示要求,结合上下文 They have better players。应选 C。

语言比较法英汉语言各有不相同的文化,其表达异多同少,有些差异悬殊,这时可用语言比较法解题。例如:

—Is this raincoat yours?

—No, mine _______ there behind the door.

A. is hanging　　B. has hung　　C. hangs　　D. hung

由于受汉语的影响,有些考生认为 hang 只作及物动词用,从而误选 D;其实,hang 也作不及物动词用,通过主动形式表示被动意义。故选 A。

怎样做好完形填空题

一、《考试说明》对完形填空的要求

高考完形填空一直坚持“着眼语篇，突出重点，强调整体，注重运用”这一原则，着重考查学生综合运用英语知识的能力。这既包括学生对所学词汇、语法等基础知识的综合运用，又包括学生的阅读理解、分析推理和语言运用等能力。完形填空不仅涉及学生的知识储备，而且对学生的逻辑推理和判断有较高的要求。由于一篇长达250-300词的短文被挖去20空，人为地对理解全篇设置了障碍，所以就要求考生细读首句、通读全文、通篇考虑、掌握大意，运用所学词汇、语法等知识，进行判断、推理、选择，对短文的意思和结构进行完整正确的理解。

做好完形填空题的关键在于真正理解短文的意思，特别是理解其深层次的含义。另外，从考查词类方面来看，设题充分体现了语言知识运用题的特征，以考查实词为主，这也是《考试说明》对完形填空题的要求。

二、所选文章的特点

(1)所选文章难度一般不超过高三课本教材难度，比较容易理解；

(2)所选文章内容贴近生活，贴近学生，贴近时代。文章具有比较鲜明的主题，体裁多为记叙文，故事情节完整，有一定的教育意义和启发意义。

三、完形填空命题的特点

文章短小精悍，结构严谨，层次分明，逻辑性强，保留提示句，难度基本稳定。而且注重并突出语篇，以整体思维代替局部思维，以考核实词为主、虚词为辅。近五年的高考完形填空题具有以下特点：

(1)完形填空题在词类考查方面是以考查实词为主、虚词为辅，尤其突出对动词的考查；

(2)文章挖空密度相对稳定，平均词距在10-12个词；

(3)绝大多数小题都需要从全文角度、语境角度进行判断，即根据情境意义进行判断，方能选对答案。这正是近几年来完形填空题的命题思路，其核心就是“突出语篇”。

四、备考中应采取的对策

1. 细读全文首句，推断主旨大意

完形填空的一个重要特点就是首句不挖空。因此，我们要充分利用这一特点，仔细阅读首句，推断出全文的主旨大意，并在此基础上展开合理想象，进行合乎逻辑的推理和判断，这样文章隐匿的信息就会逐渐显露，直至豁然开朗。

【例1】(全国卷)

It was the night before the composition was due. ("due" here means esp. showing arrangements made in advance, expected or supposed to happen/ arrive, etc.)

【解析】文章以开门见山的方式，以画龙点睛之笔点题；事情发生在作者该交作文的头一天晚上。紧接着，作者讲述了自己在叔叔家吃意大利面条的一段亲身经历，并且讲述了这段经历对其写作的影响、教师对作文的讲评以及同学们的热烈反应。读懂首句对答好全篇有着极为重要的作用。

【例2】(全国卷)

The measure of a man's real character is what he would do if he knew he would never be found out.

——Thomas Macaulay

【解析】(译文：衡量某人的真正品质如何，要看他干些什么，尤其是当他知道他的所作所为绝对不会被第二个人发现的情况下。) 此句是全文的核心句，句式复杂。乍一看，首句与正文之间似乎关系不大。但通读全文可知，文章讲述的是作者三十多年前在纽约一所公立学校读书时所经历的一件事。读懂这段话对理解全篇具有重要意义。这种语录式的首句在历年的高考完形填空题中是绝无仅有的。

【例3】(北京卷)

I was six when I joined my father and two elder brothers at sunrise in the fields of Eufaula Okala. __36__ the time I was eight I was helping Dad fix up old furniture. He gave me a cent for every nail I __37__ out of old boards.

37. A. pulled　　B. put　　C. picked　　D. pressed

【解析】答案为A。首句叙述作者干活的经历始于幼年。在此基础上，37题考查动词的固定搭配 pulled out of。

2. 注重情境与意义，充分利用上下文

【例1】(江苏卷)

For three years, no matter __38__ the weather was like, she was always waiting at the bus stop around 8:00 am. On __39__ days, she wore heavy clothes and a pair of woolen gloves. Summer time __40__ out neat, belted cotton dresses and a hat pulled low over her sunglasses. __41__ she was an ordinary working woman.

39. A. sunny B. rainy C. cloudy D. snowy
41. A. Clearly B. Particularly C. Luckily D. Especially

【解析】39 题答案为 D。做对此题的关键在于对下文暗示的理解。从后文 she wore heavy clothes and a pair of woolen gloves 可判断所描述的季节一定是在冬季，而 4 个选项中只有 D 项的 snowy 与冬季有关。

41 题答案为 A。本题设空与 39 题有异曲同工之处。41 题之前的两句话是描述该女子普通的衣着，虽平常但却简练实用，因此可以"清楚地(Clearly)"推断出她是一个普通的妇女。

【例 2】(辽宁卷)

The __48__ water supply forecast is based more on the water from the __49__ than the below. Interest is __50__ in the ways to increase rainfall by man-made methods, and to get water from the winter snow on mountain __51__. With special equipment, some scientists are studying the ways in which the mountain snow can be __52__, and with the help of a repeater station, they send the __53__ date (数据) to the base station.

49. A. clouds B. sky C. air D. above
50. A. raising B. rising C. building D. lasting
51. A. rocks B. tips C. tops D. trees
52. A. taken care of B. made use of C. piled up D. saved up
53. A. picked B. produced C. used D. gathered

【解析】49 题答案为 D。from the below 是本题的提示信息。50 题答案为 B。interest 在此意为"兴趣、关注"(readiness or desire to give attention to, be concerned with or learn about something)。该句意思是"(人们的)兴趣体现在两个方面：增加人工降雨和从山顶的冬雪中取水"。句中作定语用的两个并列动词不定式是此题的提示信息。

51 题答案为 C。取冬雪之水，当然是在山顶上。

52 题答案为 B。"科学家们正在用一种特殊的仪器研究雪山的雪被利用的办法"，be made of 表示"被利用"。

3. 点面结合，理顺关系

完形填空的设题思路是"突出语篇，强调应用，注重实际"。因此，我们应该把全篇文章看成一个面，被挖去的空则被视为散落在全篇各处的点。虽然我们要答的是这些"点"，但我们绝对不可离开支撑这些点的"面"。换句话说，就是要注意点与面的结合，理顺点与面的关系，形成一个知识网络，构成一个有机整体。若能做到这一点，就一定能答好完形填空题。

【例 1】(全国卷)

Well, then, suppose my auto-repair man __41__ questions for some intelligence tests.

By everyone of them I'd prove myself a __42__. In a world where I have to work with my __43__, I'd do poorly.

41. A. answered B. practiced C. designed D. tried
42. A. teacher B. doctor C. winner D. fool

【解析】选对本题的关键在于对点与面的把握程度。由 41 题可以推断出"作者智商虽然很高,但在回答汽车修理工的问题时,却像个白痴。"这种判断也可从下文汽车修理工的话中得到印证"He burst out laughing and said 'Why, you fool...'". 因此,此题应该选 D。不仅如此,这句话还暗示了最后第 55 小题的答案,请看:

【例 2】(全国卷)

"Why is that?" I asked. "Because you are so god damned educated, Doc. I knew you couldn't be very __55__."

55. A. clear B. silly C. slow D. smart

【解析】此处 can't be very smart 与上文的 fool 遥相呼应–要想选对 55 题,其支撑点还是 He burst out laughing and said ,"Why, you fool...",由此可见充分利用上下文,点面结合的必要性。

【例 3】(全国卷)

In a world I have to work with my __43__, I'd do poorly.

43. A. brains B. effort C. hands D. attention

【解析】此题答案为 C。应该看到,作者与汽车修理工分属两类劳动者:劳心者(those who work with their brains)和劳力者(those who work with their hands)。作者认为,若由他去做他本行以外的工作时,他就会技不如人。此句讲的是以自己之短去和他人之长相比,那当然不会有好结果。

【例 4】(全国卷)

Consider my auto-repairman __44__.

44. A. again B. as usual C. too D. as well

【解析】此题答案为 A。此句的意思是,"再来说说我的汽车修理工"。此题的基础是上文的第三段。它也起着承上启下的作用,由此而引出本文的主要部分,此题也是点面结合的一个典型范例。

4. 注重因果,正向推断

所谓正向推断就是指利用上文的某些信息,通过合理严密的逻辑判断,正确推断出下文的未知信息,而且要确保从上文推断出的信息准确无误,在此–要特别注意上下文的连贯顺畅,此时,可借助某些逻辑性强的连词,如 but, and, so, however, therefore, because, besides 等。

【例 1】(福建卷)

She told the front-desk clerk she had had a(n) __38__ vacation, but was heartbroken about __39__ several rolls of Kodak color film she had not yet __40__ .

39. A. taking B. dropping C. losing D. breaking

【解析】这是一个并列句，第一个分句表明该游客在迪斯尼乐园玩得开心尽兴，但由 but 引导的第二个分句表明一种转折“但她感到伤心的是丢掉了几卷柯达彩卷”，选对此题的关键就是连词 but。

【例 2】(湖南卷)

I grew up in a community called Estepona. I was 16 when one morning, Dad told me I could drive him into a __36__ village called Mijas, on condition that I took the car in to be __37__ at a nearby garage. I readily accepted. I drove Dad into Mijas, and __38__ to pick him up at 4 p.m., then dropped off the car at the __39__ . With several hours to spare, I went to a theatre. __40__ , when the last movie finished, it was six. I was two hours late!

40. A. However B. Then C. Therefore D. Still

【解析】此题答案为 A。根据上下文逻辑关系及本身特殊结构，此处明显表示转折意义。

5. 逻辑思维，融会贯通

做好完形填空题的一个基本点就是要做到上下文融会贯通。基本的因果关系、逻辑关系，有时通过表面文字并不能看出来，而是需要考生通过字里行间仔细揣摩、细心领会，方能了解作者的写作意图，从而真正理解这些因果关系或逻辑关系，真正做到融会贯通。

【例 1】(重庆卷)

The teacher asked __46__ , “How did you get the scar on your face?”

The mother replied, “ __47__ my son was a baby, he was in a room that caught fire. Everyone was __48__ afraid to go in because the fire was __49__ , so I went in.”

48. A. so B. much C. quite D. too

49. A. out of control B. under control C. in control D. over control

【解析】48 题答案是 D, 49 题答案是 A。“老师小心翼翼地询问那位母亲脸上的伤疤是怎么来的”，她道出了伤疤的来由。她的答语表达了一种典型的前因后果的关系。要做对这两题，需注意句中连词的用法。

【例 2】(全国卷)

By every one of them I'd prove myself a __42__ .

42. A. teacher B. doctor C. winner D. fool

“... but I knew __54__ I'd catch you.” “Why is that?” I asked. “ Because you are so god-damned educated, Doc. I knew you couldn't be very __55__ .”

54. A. for sure B. at once C. in fact D. right now

55. A. clear　　B. silly　　C. slow　　D. smart

【解析】我们在上文中已经讨论过 42 题,但还不够透彻,因为它还为后面的 54 和 55 小题埋下了伏笔。而要答好这两个小题的关键句是 Because you are so god-damned educated,这一原因状语从句。它不仅说明了 54 题 I knew for sure 的原因,还说明了为什么汽车修理工认为作者是 fool 或 you couldn't be very smart 的理由。不仅如此,它还为前面的伏笔给出了漂亮的注解。此句把文中的因果关系表现得淋漓尽致,起到了"一箭三雕"的作用,令人拍案叫绝。由此可以看出,逻辑思维和融会贯通是何等重要。

五、完形填空失分原因分析

学生在解答完形填空题时容易失分,究其原因主要有以下几点:

1. 基础偏弱,结构不明

【例 1】(天津卷)

I realized strength and courage aren't always __53__ in medals and victories, but in the __54__ we overcome (战胜). The strongest people are not always the people who win, __55__ the people who don't give up when they lose.

55. A. or　　B. nor　　C. and　　D. but

【解析】此题答案为 D。这两个句子采用了完全一样的结构 not... but。第一句为正确理解第二句提供了重要的信息提示 not always... but,这两句富有人生哲理"力量和勇气并非总是用奖牌和胜利来衡量的,而是用战而胜之的斗争来衡量的。最坚强的人并非总是赢得比赛之人,而是在失败后坚持不懈永不放弃的人。"or 是干扰项,若不仔细分析结构,则会做出错误的选择。

【例 2】(上海 A 篇)

The law of over learning explains why cramming(突击学习) for an examination, __62__ it may result in a passing grade, is not a __63__ way to learn a school course. By cramming, a student may learn the subject well enough to get by on the examination, but he is likely soon to forget almost everything he learned. A little over learning, __64__, is usually a good investment toward the future.

62. A. though　　B. so　　C. if　　D. after

【解析】此题答案为 A。前三段作者强调了"过剩学习"的优点,到了第四段,笔锋一转,指出"突击学习"难以令人满意之处。段与段之间的对照联系,可以使我们发现最后一段意义的转折,其中根据关键的信息词 but,可做出正确判断。

2. 辨析不清,导致错误

【例 1】(福建卷)

Now, please understand that we have no written service rules __43__ lost photos in the park. __44__ , the clerk at the front desk __45__ Disney's idea of caring for our __46__ .

43. A. covering B. finding C. making D. keeping

【解析】此题答案为 A。cover 一词的本义为“覆盖”,但它还有“关于,对于”之意(deal with or take into account),此处意为“没有关于丢失照片的服务规定”。43 题考查特定语境中对动词的辨析、使用能力,要求学生对四个动词的词义及用法进行分析比较。然后做出正确的选择。不知道有 cover“关于、对于”之意是导致失分的原因。

【例 2】(湖北卷)

At this time, a car __39__ . Paul and Diane told Clay to __40__ theme to a service station near their __41__ . They arrived to see that it had no suitable tires to __42__ with her car. “Follow us home.” Said Paul.

42. A. agree B. match C. go D. deal

【解析】此题答案为 C。考查学生在特定语境中辨析动词同义词的能力。由 42 前面的 no suitable tires 可以知道没有合适的轮胎与她的车相配。由于后面有介词 with,agree with 表示“同意某人的意见”; match 是及物动词,不能与 with 搭配, go with 表示“与……相配”;deal with 表示“ 处理、应付”。这样看来,只有选 C。一词多义,或多词意义相似,这是完形填空考试中考查的重点。在平时的学习中,应特别注意。

3. 忽略情境,理解失误

【例 1】(全国卷 III)

It started socially——a few calls each day. It seemed __39__ , just a quick chat. Gradually though, the __40__ got worse. Soon it was __41__ use, until, finally, addiction.

39. A. polite B. important C. fine D. special
40. A. condition B. situation C. result D. effect
41. A. frequent B. regular C. unusual D. particular

【解析】应该把对这一段的理解,置于情境之中,作者 Jim Shelly 在文章一开始就介绍自己是个打电话有瘾的人。对电话的使用始于社交。因某事通过电话与对方快速交谈似乎不错。所以,39 题答案为 C。但渐渐地情况就糟糕起来,所以 40 题答案为 B。很快就频繁打电话,最终成瘾而不能自拔,所以 41 题答案为 A。本段 socially 一词不好理解,它是 social 的副词形式,It started socially 表示“始于社交可接受的范围之内”。若将三个空的选项置于情境之中,则选对上面三题就有据可依,否则会不知所云。

完形填空属于“英语知识运用”,试卷包括容易题、中等题和难题,以中等题为主。考生若想取得好成绩,应该夯实基础、苦练基本功,做到胸有成竹、以不变应万变,这样才有可能在今后的高考中,答好完形填空题,取得好成绩。

阅读理解题型剖析

学习英语的任务之一就是掌握一定的英语基础知识和听、说、读、写的技能，形成一定的综合语言运用能力。听和读是理解的技能，说和写是表达的技能；这四种技能在语言学习和交际中是相辅相成、相互促进的。阅读能力是一种领会理解能力，是同学们吸取知识，积累词汇，熟悉英语表达习惯的重要途径。阅读能力的提高可促进英语听、说、写能力的提高。

下表是《英语课程标准》关于"阅读语言技能"的分级目标：

级别	目标描述
二级	1. 能认读所学词语； 2. 能根据拼读的规律，读出简单的单词； 3. 能读懂教材中简短的要求或指令； 4. 能看懂贺卡等所表达的简单信息； 5. 能借助图片读懂简单的故事或小短文，并养成按意群阅读的习惯； 6. 能正确朗读所学故事或短文。
三级	1. 能正确地朗读课文； 2. 能理解并执行有关学习活动的简短书面指令； 3. 能读懂简单故事和短文并抓住大意； 4. 能初步使用简单的工具书； 5. 课外阅读量应累计达到 4 万词以上。
四级	1. 能连贯、流畅地朗读课文； 2. 能读懂说明文等应用文体材料； 3. 能从简单的文章中找出有关信息，理解大意； 4. 能根据上下文猜测生词的意思； 5. 能理解并解释图表提供的信息； 6. 能理解简易读物中的事件发生顺序和人物行为； 7. 能读懂简单的个人信件； 8. 能使用英汉词典等工具书帮助阅读理解； 9. 课外阅读量应累计达到 10 万词以上。

级别	目 标 描 述
五级	1. 能根据上下文和构词法推断、理解生词的含义； 2. 能理解段落中各句子之间的逻辑关系； 3. 能找出文章中的主题，理解故事的情节，预测故事情节的发展和可能的结局； 4. 能读懂常见体裁的阅读材料； 5. 能根据不同的阅读目的运用简单的阅读策略获取信息； 6. 能利用字典等工具书进行学习； 7. 课外阅读量应累计达到 15 万词以上。
六级	1. 能从一般文字资料中获取主要信息； 2. 能利用上下文和句子结构猜测词义； 3. 能根据上下文线索预测故事情节的发展； 4. 能根据阅读目的使用不同的阅读策略； 5. 能通过不同信息渠道查找所需要信息； 6. 除教材外，课外阅读量应累计达到 18 万词以上。
七级	1. 能从一般文章中获取和处理主要信息； 2. 能理解文章主旨和作者意图； 3. 能通过上下文克服生词困难，理解语篇意义； 4. 能通过文章中的线索进行推理； 5. 能根据需要从网络等资源中获取信息； 6. 能阅读适合高中生的英语报刊或杂志； 7. 除教材外，课外阅读量应累计达到 23 万词以上。
八级	1. 能识别不同文体的特征； 2. 能通过分析句子结构理解难句和长句； 3. 能理解阅读材料中不同的观点和态度； 4. 能根据学习任务的需要从多种媒体中获取信息并进行加工处理； 5. 能在教师的帮助下欣赏浅显的英语文学作品； 6. 除教材外，课外阅读量应累计达到 30 万词以上。
九级	1. 能阅读一般性的英文报刊或杂志，从中获取主要信息； 2. 能阅读一般英文原著，抓住主要情节，了解主要人物； 3. 能读懂各种商品的说明书等非专业技术性的资料； 4. 能根据情景及上下文猜测不熟悉的语言现象； 5. 能使用多种参考资料和工具书解决较复杂的语言疑难； 6. 有广泛的阅读兴趣及良好的阅读习惯； 7. 能有效地利用网络等媒体获取和处理信息。

一、题型探秘

1. 考查目标

阅读理解是中考试题中分值较大的一种题型，其主要考查考生对阅读材料的分析理解能力，推理判断能力和概括归纳能力。解答该种试题既要求考生理解文章各句的字面的意思，又要注意理解文章中字里行间所隐藏的含义即言外之意，以发现作者要表达的真实意图。

因此，为了做好阅读理解题，一要求考生日常要广泛而大量地阅读与教材内容难易度相当的读物，二要注意解题方法和技巧的临场发挥。

2. 题材形式

(1)科技小品：该类文章理论性、逻辑性较强，叙述条理、层次分明。特点是科技词汇较多，句子长且结构复杂难懂；同时文章所涉及的知识对学生而言可能是陌生的，这使得科普文章令考生十分头疼。为此，复习的突破口该是集中训练，列为重点攻关的项目。

(2)说理小品：该类文章逻辑性强，命题往往从事实的细节以及文章的主旨或作者的表达意图等方面着手，考查考生的思维和判断能力。

(3)新闻报道：这类文章主题突出，要点明显。

(4)人物传记：这类文章应该抓住时间线索来获取有关信息，充分理解人物的生平事迹，趣闻轶事、生活背景、奋斗历程。

(5)短篇故事：这类文章一般描述的是一件具体事件的发生发展或者结局。

(6)史地文化：涉及某个国家或地区的山川、河流的地理风貌、自然资源、文化习俗，相当一部分文章还附有图表供理解或选择。

(7)幽默小品：此类文章的特点是对事物本身的描绘符合人们的一般思维习惯，而在文章最后出其不意地点出其违背常理或不符合一般思维习惯。由于中西方思维方式的差异，考生阅历有限，这类习题也非常让人头疼。为此需要考生揣摩作者意图，特别要把握文章最后几句，找出“幽默点”。

(8)图形表格：这类试题只有少量的文字表述，需要考生弄清图表中的对应关系，针对题目要求有目的地识读。

3. 题型特点

纵观历年各省、市、区阅读理解试题，出现的短文内容面比较广泛，有人物、故事、生活常识、名人轶事、新闻报道、图表理解等选择题或正误判断题。

(1)结论性选择题。这是根据短文或图表提出的带有结论性的问题，考生须读懂全文，弄清作者写作意图，按照文章事件发生、发展的内容过程和逻辑关系，做出符合原文逻辑或主旨的结论或推论，才能选出最佳答案。

(2)事实细节题。这是要求考生根据文章的细节和事实简要回答问题，主要针对文中事件发生的时间、地点、人物、发展过程和结局方面设题,无须对词句进行深入推敲,只从字面上即可找到答案,但一定要符合原文。

(3)数字选择题。这种问题常见的是对文中的数据经过加、减、乘、除的变化求结果,其中还包括判断文中某数据的正确性以及推算日期、星期等情形。

(4)词义或句意选择题。这些词、句往往不能只看表层含义而要求考生根据上下文语境和固定搭配来判断其确切的深层含义;要根据句子的语义关系分析其含义,透过表象看本质。

(5)拟选标题选择题。一篇短文用什么标题为佳,不仅取决于其内容,也取决于作者意图。一要切题,即能概括全文大意及主旨;二要简洁,省略次要的词,文字简明扼要。

3. 发展趋势

语篇的阅读理解是一种传统题型,但近年来随着教育改革的深化,语篇选用的质量有着明显的提高。主要表现在:

选材趋于多样化,生活化,时代感强。从体裁上说,现在中考试题中阅读材料有记叙文、议论文、应用文。从题材上说,所选材料密切联系生活及社会热点,内容更加广泛。

阅读速度有更高要求。纵观各省、市、区试卷,材料篇幅增长,且有三四篇短文,要求考生阅读速度每分钟不低于40字。

阅读材料趋于"原汁原味",选用语言地道的语篇,且较多出现一词多义、老词不达意的现象,隐含的信息多,使考生难于捕捉文章的思想。

二、解题策略

考生在解答阅读理解时,首先快速浏览全文,大致了解语篇大意及主旨;再去细看文后选题或正误判断题,将问题及问题选项略读一遍,大致了解内容以及其在文中的出处;最后带着问题进行细读。解答完毕还要进行复查,验证答案的准确性。

1. 解题步骤

扫读。扫读即是通读全文,把握主旨。快速浏览全文,注意每段的首尾句,弄清文章的中心思想,扫读时可以忽略细节,快速视读句中关键词语。

细读。细读即注意细节,对照试题。考生在抓住文章大意之后,再认真阅读文章,捕捉细节信息。

查读。查读即认真检查,减少失误。考生在通过前两个环节的阅读及解答后,再来重新阅读,读透关键句及细节,检查是否遗漏重要细节,是否个别题选项与语篇矛盾。注意阅读的速度以及调控好复查时间。

2. 解题策略

(1)主旨大意题

①选择标题

力求做到概括性,针对性、醒目性的有机结合。概括性原则要求标题最大限度覆盖全文,囊括文章的主要内容,体现主旨,防止以点代面,针对性原则要求标题不能太过于概括,而要直接指向文章的主要特点,也就是我们常说的量体裁衣,大小适中。醒目性原则是为了吸引读者的眼球,比较离奇、新颖,提高读者阅读的兴趣。

②确定主题句

我们常讲主题句有两个功能,它是介绍主题和控制概念。主题句中的主题实际上是段落的主题。控制概念用以控制段落中句子讨论的内容。例如:Coffee is a universal beverage that is served in different ways around the world.

主题:Coffee.

控制概念:a universal beverage that is served in different ways around the world

标题:Coffee around the world

③掌握写作目的

这类题型与中心思想密切联系,可以说是主旨大意题的变体。写作目的则阐述文章为何要表达这个中心思想,常见的发问形式有 mainly tells us about;argue for(论证);argue agaist(驳质);present(阐述);propose(建议);warn(警告)等。

④了解写作态度

解答作者的写作态度(attitude),关键在于把握作者对主体事物的态度(与主题有关);如果被问的是具体事物的态度,则可具体定位到相关句子上,然后确定答案。

(2)事实细节题

细节性问题,顾名思义,就是指考查考生对文章细节理解的试题。从近几年的试题看,细节题的数量上升,难度稍有增加,具体体现在:答案需跨段落搜寻;题目信息与原文信息表达方式不一;需要将几个信息综合方可得出答案。

(3)推理判断题

判断推理要在阅读整体语篇的基础之上,掌握文章的真正内涵。①要吃透文章的字面意思;②对文章的表面信息进行挖掘加工,由表入里,由浅入深。从具体到抽象,从特殊到一般,通过分析、综合、判断等进行深层处理,符合逻辑地推理,不能就事论事,断章取义,以偏概全。

做题时要注意题干的语言形式,常见的发问形式有"What do you think/suppose?"此外,imply(言外之意), implication,suggestion(联想),suggest,infer(推论),inference,seem,appear,probably,most likely(很可能),learn,know 之类的词都是推论题。

(4)猜测词义题

猜测词义通常的方法有:通过上下文猜测字义;通过同位关系来猜测词义;通过同义或反义关系来猜测词义;通过因果关系猜测词义;通过构词法来猜测字义。

猜测词义类题目常见的设问方式是:The word... refer to ____./The underlined word ____ could best be replaced by ____. What do you think the expression ____ stand for? /By saying ____, we mean ____./ ____ as used in the passage can best be defined as ____./Which of the following words can take the place of the word ____?

三、经典剖析

A

WHO HAS THE BEST CHANCE IN THE 2012 OLYMPICS?

	Pairs	London	New York	Madrid	Moscow
Population	2,077,537	7,651,634	8,115,135	2,847,779	8,389,700
The History of Holding (举办) Olympics	In 1900 and 1924	In 1908 and 1948	Never	Never	In 1980
Money for the 2012 Olympics	\$ 6.9 billion	\$ 4 billion	\$ 3.1 billion	About \$ 1 billion	\$ 27 million
Problems	Very few	Heavy traffic	Traffic jams; Some dangerous places	Not enough money; Violence (暴力)	Not enough money; Crime (犯罪)

注:Madrid 马德里

(哈尔滨中考题)

31. ________ is the biggest city of all according to their populations.

A. Paris B. New York C. Moscow

32. There are traffic problems in ________.

A. Moscow and New York B. New York and London C. London and Paris

33. What problems do Moscow, New York and Madrid have?

A. All of them have heavy traffic. B. They may not be safe for tourists.

C. They are all in Europe.

34. ________ hasn't hosted the Olympics before.

A. New York B. Moscow C. Paris

35. From the table above, who has the best chance in the 2012 Olympics?

A. Madrid B. Paris C. Moscow

【解析】该题是看图阅读理解题,考查学生搜集图表信息的能力.

31. 考查学生搜集、整理信息的能力。可根据"人口"一项中数字做出比较,莫斯科市人口 8,389,700,数量最多,故选 C。

32. 考查学生搜集信息做出判断的能力。根据最后一项中说明可看出,只有纽约和伦敦存在交通问题。故选 B。

33. 考查学生处理信息的能力。Moscow, New York 和 Madrid 分别有"犯罪"、"危险"和"暴力",所以游客不安全。故选 B。

34. 考查学生处理信息的能力。根据图表可知纽约和马德里从未举办过奥运会,故选 A。

35. 考查学生综合处理信息的能力。综合表格信息巴黎资金投入、举办经验有优势,存在问题较少,因此选 B。

B

Banbury House　　**Tel**:564839

Enjoying mixing with other students in pleasant accommodation(住宿)30 minutes from the station and close to all main bus routes Single and double rooms. Students provide own food but all cleaning services offered. Please bring your own bed things.

Three Seasons　　**Tel**:445987

We can provide all types of accommodation for all types of single students. Rooms are fully prepared with bed things and have reasonable prices. Full board possible 35–40 minutes from main universities and the city.

Sturtin Hostel　　**Tel**:876333

We offer beautiful views. It lies in pleasant countryside. Relax after a long day by swimming in the pool or using the exercise gym. Separate study rooms available. No children. Bar &restaurant.

First Shop　　**Tel**:223300

Ideal for new students, we provide double rooms . If you wish, we can offer help in finding a suitable person to share a room with. All washing and cleaning services offered at extra charge. Large canteen and three bathrooms on each floor.

46. Which number would you ring if you are interested in sports?

A. 564839　　B. 445987　　C. 876333　　D. 223300

47. _____ offers help in finding a room-mate.

A. Banbury House　　B . Three Seasons　　C. Sturtin Hostel　　D. First Shop

48. If you live in Banbury House , you have to _____.

A. do cooking by yourself　　B. do cleaning by yourself

C. travel by train　　D. take a school bus

49. The articles above are mainly for ____.

A. family accommodation B. student accommodation

C. travel accommodation D. cheap accommodation

50. The four texts above are most probably ____.

A. letters B. notices C. invitations D. advertisements

(杭州市中考题)

【解析】该题是有关广告内容的阅读题。主要考查学生依据图表获取信息的能力。

46. 考查学生获取信息能力。由文中 exercise gym 一词即可做出判断。故选 C。

47. 该题同样是考查学生获取图表信息的能力。由"If you wish, we can offer help in finding a suitable person... 一句即可得出答案。故选 D。

48. 本题考查学生查找关键词的能力。由文中"Students provide own food"一句可知。故选 A。

49. 该题考查学生获取信息进行分析与判断的能力。通过阅读,不难看出这四篇启事都围绕"学生",因此选 B。

50. 考查学生语篇辨别能力。由阅读可知这是四个招收学生住宿的广告。故选 D。

C

A 10-year-old British girl saved 100 other tourists from the Asian tsunami (海啸) having warned them a huge body of water was on its way after learning something about this weeks earlier at school.

"I was on the beach and the water started to go funny," Tilly Smith told the Sun.

"There were bubbles(水泡)and the huge water went out all of a sudden. I realized at once what was happening and had a feeling that there was going to be a tsunami. I soon told mummy about this ."

While other holiday-makers stood and watched as the disappearing waters left boats and fish on the sands. Tilly seemed to know the danger signs at once because she had just learned a school lesson on huge waves caused by the moving and shaking of the underwater earth.

Quick action by Tilly's mother and Thai hotel staff(工作人员)meant Maikhao beach was quickly cleared, just minutes before a huge wave fully swept the beach. The beach was one of the few on the Thai island of Phuket where no one was killed.

Her teacher, Andrew Kearney, spoke highly of his quick-thinking student. "Tilly is a very bright, clear-headed girl... It happened that our class were learning about tsunami just two weeks before Christmas," he told the newspaper.

67. What is "the Sun" in the second paragraph of the passage?

A. It is the name of a person. B. It is the name of a star in the sky.

C. It is the name of a newspaper. D. It is the name of one of the tourists.

68. What does the underlined sentence "The beach was one of the few on the Thai island of Phuket where no one was killed." in the fifth paragraph mean?

A. Only 100 tourists were not killed on the Thai island of Phuket.

B. No tourists were killed on Maikhao beach in the Asian tsunami.

C. All tourists were saved by Tilly on the Thai island of Phuket.

D. Few tourists were killed on the Thai island of Phuket in the tsunami.

69. Which of the following is TRUE according to the passage?

A. Andrew Kearney came to the Thai island of Phuket two weeks before Christmas.

B. Tilly Smith knew a tsunami would happen, so she learned about it in her lesson.

C. Tilly Smith and her mother went to the Thai island of Phuket for their holidays.

D. Maikhao beach is one of few beaches in Britain where a tsunami sometimes happens.

70. Which of the following do you think can be the best title of the passage?

A. Maikhao Beach—The Most Dangerous Place to Be

B. How to Save Tourists in Tsunamis in Time of Danger

C. School Lessons Can Sometimes Help to Save Tourists

D. A Girl Saved Tourists Thanks to Her School Lessons

(扬州市中考题)

【解析】这是一篇故事性小短文,主要说明一个名叫 Tilly Smith 的小女孩通过在学校所学的知识拯救了整个海滩的人,对同学们有一定的启发意义。

67. 考查学生的分析、理解能力。在文章的最后我们可知这是 Tilly Smith 在接受一家报社采访时所说的话,故"the Sun"是一份报纸的名称,故选 C。

68. 考查学生的深层理解能力。本句意为"这是 Thai 岛为数不多的几个没有人员死亡的海滩之一",故选 B。

69. 考查学生的判断、理解能力。通读文章,我们可以知道 A、B、D 三个选项均不正确,故选 C。

70. 考查学生把握文章主旨的能力。通过阅读,不难看出这是一篇介绍小女孩利用自己的所学知识救人的故事,故选 D。

Reading and writing can change our life. Reading is to the mind what exercise is to the body. 阅读是扩展英语知识和能力的重要途径,阅读输入是其他输出的主要前提条件,阅读是语言输出的主要根源,是听、说、写、译的基础。养成默读习惯,使注意力集中的文字符号上,纠正唇读、心读等做法,以免分散精力,影响阅读速度;克服指读、回视、重读等不良习惯,因为这样容易使理解只停留在某个词或句子上,使获得的信息支离破碎。要善于抓住句子中的核心词,从一个句子快速地扫视到另一个句子,进行连贯性理解。阅读时要把注意力放在语言意义上,把领会作者要表达的主要意图作为首要目标;根据不同的文章体裁采取相应的阅读方法和技巧,如故事类文章可采用顺读加逆读的方法,即看一遍文章,看一遍习题;某些篇幅较长的广告类应用文等可采取“逆读法”,即先读理解题,再读文章,做到有的放矢;有针对性地进行限时阅读训练,养成在限定的时间内,完成答题的习惯。英语阅读能力的培养是一个渐进的复杂过程,要养成每天阅读英语的习惯,循序渐进,持之以恒,精泛结合,广泛猎奇,在潜移默化中你会感觉到你的阅读能力又有了长足的提高。

阅读可以改变人生,它虽然不能改变人生的长度,却可以改变人生的宽度;虽然不能改变人生的物相,却可以改变人生的气象;虽然不能改变人生的起点,却可以改变人生的终点。它能够穿越时空,揭晓迷离的过去,抵达遥远的未来。它可以开启无数个维度空间,让你站在巨人的肩头上视通四海,思接千古,与智者交谈,同伟人对话。阅读使人超越世俗生活的层面,建立起精神生活的世界;阅读使人超越动物性,把自然人转化为社会人。法国大文豪福楼拜说:“阅读是为了活着。”阅读是为了快乐地活着,有灵魂地活着高质量地活着。

书面表达题型剖析

语言技能是语言运用能力的重要组成部分。语言技能主要包括听、说、读、写等方面的技能以及这些技能的综合运用能力。听和读是理解的技能,说和写是表达的技能。它们在语言学习和交际中相辅相成、相互促进。学生应通过大量的专项和综合性语言实践活动,形成综合语言运用能力,为真实语言交际打基础。因此,听、说、读、写既是学习的内容,又是学习的手段。语言技能目标以学生在某个级别"能做什么"为主要内容,这不仅有利于调动学生的学习积极性,促进学生语言运用能力的提高,也有利于科学、合理地评价学生的学习结果。下表是《英语课程标准》关于"写作语言技能"的分级目标:

级别	目标描述
二级	1. 能基本正确地使用大小写字母和标点符号; 2. 能写出简单的问候语和祝福语; 3. 能根据图片、词语或例句的提示,写出简短的语句。
三级	1. 能正确使用常用的标点符号; 2. 能使用简单的图表和海报等形式传达信息; 3. 能参照范例写出或回复简单的问候卡和邀请卡; 4. 能用短语或句子描述系列图片,编写简单的故事。
四级	1. 能正确使用标点符号; 2. 能用词组或简单句为自己创作的图片写出说明; 3. 能写出简短的文段,如简单的指令、规则; 4. 能在教师的帮助下或以小组讨论的方式起草和修改作文。
五级	1. 能根据写作要求,收集、准备素材; 2. 能独立起草短文、短信等,并在教师的指导下进行修改; 3. 能使用常见的连接词表示顺序和逻辑关系; 4. 能简单描述人物或事件; 5. 能根据所给图示或表格写出简单的段落或操作说明。

级别	目 标 描 述
六级	1. 能用恰当的格式写便条和简单的信函； 2. 能简单地描述人物或事件，并简单地表达自己的意见； 3. 能用恰当的语言书写问候卡； 4. 能给朋友、笔友写信，交流信息和情感； 5. 能对所写内容进行修改。
七级	1. 能用文字及图表提供信息并进行简单描述； 2. 能写出常见体裁的应用文，例如：信函和一般通知等； 3. 能描述人物或事件，并进行简单的评论； 4. 能填写有关个人情况的表格，例如：申请表等； 5. 能以小组形式根据课文改编短剧。
八级	1. 能根据所读文章进行转述或写摘要； 2. 能根据文字及图表提供的信息写短文或报告； 3. 能写出语意连贯且结构完整的短文，叙述事情或表达观点和态度； 4. 能在写作中做到文体规范、语句通顺。
九级	1. 能用英文书写摘要、报告、通知和公务信函等； 2. 能比较详细和生动地用英语描述情景、态度或感情； 3. 能阐述自己的观点和评述他人的观点，文体恰当，用词准确； 4. 能在写作中恰当地处理引用的资料及他人的原话； 5. 能填写各种表格，写个人简历和申请书，用语基本正确、得当； 6. 能做简单的笔头翻译； 7. 能在以上写作过程中做到文字通顺，格式正确。

一、题型探秘

（一）看图写作

考查目标：看图写作题要求学生从观察入手，通过对画面意思的理解，发挥想象力，抓住内容要点，按照一定的要求把图画内容生动、准确地加工成书面语言。这种书面表达形式有助于培养和提高学生的观察能力和组织语言材料的能力。

题型特点：看图写作题一般向考生提供若干幅图画，主要采用三种类型设计。

（1）看图填词：根据画面表现的内容，在图旁或图下的句子或短文中的横线上填入适当的词，使句子完整、通顺、正确。

（2）看图写话：根据所给图画和提示语，写出意义完整、语法正确、意思连贯的句子。考生只需要增添少量词汇、选用正确的时态和语态稍作变更即可完成答题。

(3)图示作文:根据图示以及所给的词语写一段话。要求句子通顺、故事完整,内容必须与图示相符。这种类型最为普遍。

领悟捷径:(1)认真观察,弄清题意。看图作文,首先要看图,要认真观察、分析,把其表面及内在的意思搞清楚,主要抓住五点:

①图画的主题;

②图画中人物及他们的动作、衣着、表情和神态;

③图画中的景物及它们和主题的联系;

④与图画有关的符合逻辑的联想;

⑤图画的内在含义。

(2)紧扣要求,图文结合。图看懂了并不是审题的结束,立意的时候还要紧扣作文的要求。有时"看图作文"附有中或英文提示,这时要把图和文字结合起来。

(3)层次清楚,语言流畅。作文时要做到层次清楚、语言流畅。层次清楚就是:一句接一句、一环扣一环、一层接一层、段段有侧重、全文有中心。语言流畅就是:用词恰当、句子通顺、符合习惯、阅读顺口。

(4)综观全文,仔细检查。作文完成后要通观全文,仔细检查。特别要注意图文相符、符合写作要求。

(二)根据文字提示写短文

考查目标:这种书面表达形式是带有提示性的写作。其主要是考查考生依据所提供的文字材料,进行分析与组材,布局谋篇而完成短文的能力,对考生灵活运用所学词汇、语法知识,发挥想象力,提高运用语言的能力大有好处。

题型特点:根据文字提示写短文题要求考生根据汉语或英文词语提示,按要求写短文,提示部分不会给考生设置审题障碍,但也没有提供过多的细节信息,一般只列出文章内容材料的要点,组材和使用词汇都要求考生自行完成,可以有较大的灵活性,它不同于翻译。某一考点可能会有多种不同的表达方式,考生切记按照中文提示而用汉语来思维、按汉语顺序组句,否则写出的短文将是汉语式英语。

根据文字提示写短文题一般有三种类型:中英文提示作文;中文提示作文;命题作文。体裁以记叙文为主,也有说明文和议论文。

(1)中英文提示作文:根据中文所设置的情景和英文的提示词语,写出语法正确、意思连贯的短文。

(2)中文提示作文:根据中文提示,写出句子通顺、故事完整、内容符合提示的短文。

(3)命题作文:根据题中所给的中心思想,写出切表题意的短文。

领悟捷径

(1)认真阅读中、英文提示,分析文章重点,确定如何写。对于命题作文,要审好题,确定文章的中心思想,并围绕中心思想组织材料,阐述见解。

(2)在审好题的基础上进行构思,打开思路,启动联想,勾画出文章的层次。

(3)仔细分析文中所需的时态和语态,力求做到语法正确。

(4)在读好中文提示的基础上认真选词,用正确的英语把文章意思表达出来。

(5)注意用好介词和连词,使文章简练、活跃。

(6)复合句和简单句搭配使用,加强文章的可读性。

(7)抓住重点、展开想象、拓宽思路,写好文章的结尾。

(8)格式正确、书写工整、规范、标点正确,字数符合要求。

(三)应用文

考查目标:英语应用文范围广泛,其中包括书信、日记、通知、便条、海报、请柬等。应用文的语言和其他文章一样,应当是规范语言,但由于受其内容特点和表达方式的制约,又具有不同于其他体裁文章的特色。

题型特点:应用文的语言重在实用,力求朴实、准确、简洁。常见的有三种类型:书信;日记;通知。以书信为主。

领悟捷径

1. 书信

(1)信封的格式

①写信人的姓名、地址写在信封正面的左上角。

②收信人的姓名、地址写在信封正面的中央稍偏右的地方。

③地址的写法是先写收信人或寄信人的姓名,然后按照从小到大的顺序依次写出门牌号、街道、城市、省或州名、邮编,最后写国名。

④收信人名前应根据需要加:Mr.、Mrs.、Miss、Ms.、Dr.(博士)、Prof.(教授)等称呼,以示礼貌。

Li Hai
Class 3, Grade 3
No. 14 Middle School
Anqing, Anhui, China

邮 票

Mr. Woo King
BBC English Magazine, PO Box 76, Bush House
London WC 2B 4PH, U. K.

(2). 信文的格式

①写信人的地址和日期,简称"信头"。写在信纸的右上角。地址写法同信封。

②收信人的姓名、地址，简称“内地址”。写在寄信人地址和日期的左下方，即信纸的左边，低寄信人日期一至二行处。私人信件此项可不写。

③称呼写在收信人姓名、地址下面，相距一行处。称呼一般以“Dear...”开头，后面用逗号。

④正文从称呼下一行的3至5个字母开始。

⑤注意书信的一些常用开头和结束语。

⑥在信的结尾下面签上自己的姓名。

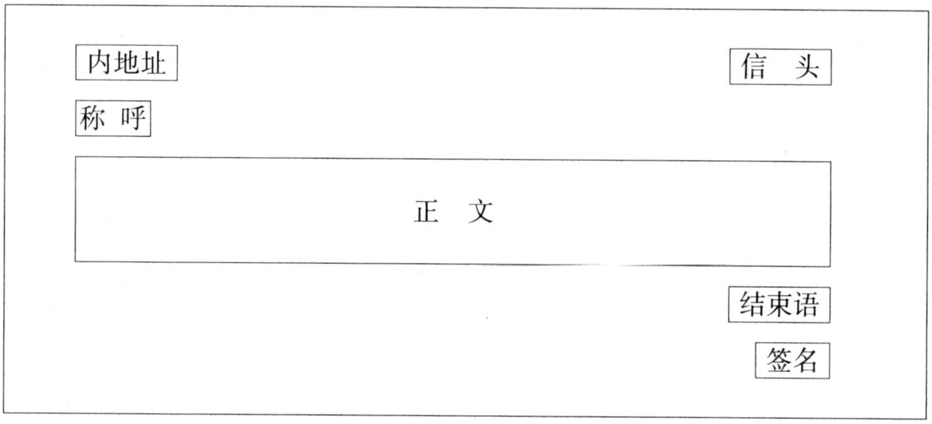

2. 日记

(1)英文日记的格式：英文日记一般由书端和正文两个部分组成。

①书端：书端是专门记载写日记的日期、星期和天气的。它被写在正文上面的左边，要顶格写。书端的日期一般是先写月份，再写日期，最后写年份。

②正文：正文的格式和书信相似。

(2)英文日记的时态：由于日记记录的是已经发生了的事，因此常用一般过去时态。

3. 通知

(1)通知通常在正文上方正中写上“NOTICE”或“Notice”作为标志。发通知的日期一般写在左下角。

(2)写通知时应注意“四多一少”。“四多”：被动语态多、将来时态多、简单句多、祈使句多。“一少”：修饰性词少。

(3)通知的开头要交代清楚活动的内容、对象、时间和地点。我们称之为四W，即：what，who，when，where。

二、经典剖析

1. 根据中文设置的情景、英文提示词语以及表格所提供的信息，写出语法正确、意思连贯、符合逻辑的英文文段。

注意:①词数 60 ~ 80。

②所给的英文提示词语及表格所提供的信息必须都用上。(可适当发挥)

③发言稿的开头和结尾已给出。(请不要抄写在答题卡是)

假如你是张斌,今年暑假你将参加学校组织的赴加拿大"绿色之旅"夏令营活动。请你准备一篇在开营式上的自我介绍发言稿。

name, Zhang Bin, fifteen years old, live in Beijing, favorite subject, biology...

Interest	Free Time Activities	Future Job	Hope
drawing	go camping, draw pictures of plants, enjoy the singing of birds in nature	biologist, grow up	good friends, do one's best, make the earth...

Dear friends,

I'm very glad to introduce myself to you . ______________________________

____

____

____

____

____

That's all. Thank you for listening.

【解析】这是一篇英文提示作文题。是一篇介绍自己的发言稿,所以时态应用一般现在时为主。短文大意已经给出(根据英文提示语),即在介绍中要说明自己的兴趣(interest)、业余活动(free time activities)、未来的工作(future job)和希望(hope)。特别要注意的是:在谈论自己的希望时,要和文章的主题相联系——绿色之旅,即要突出"环保"意识。

【参考作文】One possible version

Dear friends,

I'm very glad to introduce myself to you. My name is Zhang Bin, I'm fifteen years old. I live in Beijing. One of my favorite subjects is biology. I'm interested in drawing. In my free time, I often go camping, draw some pictures of plants, and enjoy the singing of birds in nature. I want to be a biologist when I grow up.

I feel lucky to join you. I hope we can be good friends and do our best to make our earth more beautiful and much greener.

That's all. Thank you for listening.

2. 假如你叫李华,在因特网上找到了一个叫 David 的网友,现在请你根据下列要点给 David 写个 E-mail,介绍你自己的一些情况。

李华,中学生,家住在上海。

喜欢集邮和运动。

对英语很感兴趣,会唱不少英文歌曲。

班里同学也想找网友,希望得到帮助。

想去英国看看。

注意:

①开头部分已写好,只需接着写。

②下面方框中所给的词语可供你选择使用,也可适当增加一些新的词语,使所写的短文正确、连贯。

③词数:65 个左右。

live in, collect stamps, do some sports, pen friends, visit one's country, soon English songs

【解析】这是一篇中英文提示作文题。短文大意已经给出,体裁是应用文(书信),要注意书信的格式。短文是介绍自己的情况,所以应用现在的时态。

【参考作文】One possible version

David,

How are you? My name is Li Hua. I'm a middle school student. I'm living in Shanghai now. I like collecting stamps. After school, I often play football or do some other sports. What's more, I like English very much and I can sing a few English songs. By the way, some of my classmates want to have their pen friend, too. Can you help us?

I haven't been to any foreign countries yet so I hope I'll visit your country soon.

Li Hua

3.(四川中考题)假如你所在的学校要出一期英语壁报。你准备就自己经历的一件事写一篇英语短文向壁报投稿。下面五幅图记录了你上个星期六与老师和同学们到南河边参加植树活动的全过程。请你就以下五幅图写一篇英文短文。

注意:1. 短文内容要包括所有图画中的主要内容

2. 词数:70-90 字

3. 生词提示:桶 bucket　　锄头 hoe

【参考范文】One possible version

Last Friday, our teacher told us that we would go to plant trees by the South River the next day. On Saturday morning I got up at six thirty and went to school with a bucket. My classmates were waiting at the school gate with buckets and hoes.

When we got to the South River, we began to plant trees on the river bank. (On the river bank some students were digging holes, the others were planting or watering the young trees.)

After we finished our work, we were happy to see the young trees we planted on the river bank.

4. (江西南昌中考题)今天你到广州的一家超市购物,遇见一群英国游客,在交谈中他们谈到明天想去广州动物园参观,向你打听该园的门票价格和开放时间。请你根据下面表格中的内容向他们作个介绍,并顺便提醒他们一些你认为参观时应注意的事项。(词数:不少于 80 个。给出的首句不计入总词数)

<table>
<tr><th colspan="2">票　价</th><th>开 放 时 间</th></tr>
<tr><td>成　人</td><td>80 元/人</td><td>星期一——星期五
上午:9:00-下午 4:00</td></tr>
<tr><td>1.20 米以上儿童</td><td>40 元/人</td><td rowspan="2">星期六-星期天
上午:8:00-下午 5:30</td></tr>
<tr><td>1.20 米以下儿童</td><td>免　费</td></tr>
</table>

(注:成人 adult)

Guangzhou Zoo is the largest one in our city. ______________________________

____

____

【参考范文】One possible version

Guangzhou Zoo is the largest one in our city. The ticket for an adult is 80 yuan. The children over 1.20 m in height can pay only half of it, and the ones under 1.20 m can enter the zoo for free. The zoo opens from 9:00 am to 4:00 pm on weekdays and from 8:00 am to 5:30 pm on weekends.

By the way, while visiting the zoo, you'd better not feed the animals with the food you take. And don't get too close to or even touch the animals. That would be very dangerous. Please keep the zoo clean as well.

Wish you a good time!

【解析】本题主要考查考生依据所提供的文字材料，进行分析与组材，布局谋篇而完成短文的能力，同时也考查考生灵活运用所学语言知识和语法知识的能力。本题是一道典型的中文提示作文题，介绍的是参观动物园的有关事项，体裁应该是说明文，所以时态一般应该为一般现在时。本文的内容主要是介绍票价和开放的时间，应该依据表格的信息，介绍票价时应分三种情况，介绍开放时间时可分两种情况；在介绍注意事项时，考生需要发挥想象，可根据教材上所学的相关内容，例如：不要喂食；不要靠得太近；保持动物园干净等，这些都是考生应该想到的。

5.（湖北黄冈中考题）台湾自古以来是中国领土不可分割的一部分。尽早解决台湾问题，实现祖国的完全统一，是中华儿女的共同企盼。假如你们正在举行“我心中的台湾”主题班会，请你根据以下提示写一篇发言稿：

1）台湾是中国的一部分；

2）我所知道的台湾（地理位置、人口或其他资讯）；

3）台湾与祖国大陆的民间交往（走亲访友、商业往来、兴办工厂等）；

4）愿望。

词语准备：Taiwan Island, Taiwanese, the mainland, many kinds of, beautiful, relative, shop, factory, lie, visit, build, run.

要求：1）语言必须包含上述提示的四条内容；2）词数在 80 词左右。

【参考范文】One Possible Version

There is but one China and Taiwan is part of ChinA. Taiwan, the biggest island, lies to the southeast of Fujian Province/ it has a population of 22,000,000. Taiwan produces many kinds of products, especially seafood. It is a very beautiful island, Riyuetan Pool and Mount Ali are very famous places of interest. Now, many Taiwanese come to the mainland, they visit their relatives and friends, and some of them build factories and run shops. I love Taiwan very much and I hope I can visit Taiwan some day.

学习英语的最终目的是具有综合运用英语的能力，这也是我国基础教育阶段英语课程的总目标。书面表达是综合运用英语的一个很重要的落脚点。英语对于中国学生是一门外语，由于没有很多的积累，就谈不上综合运用，为了要表达自己的思想，只能将独立的词汇进行简单的堆砌，写出中文式的英语。因此，要想使我们的学生可以书写出地道、流畅的英语文章，唯一的途径是大量地阅读，只有大量地阅读英语文章，拓展学生的视野，丰富学生的知识面，学生才能更好地理解语言、从而达到熟练、恰当地使用英语。美国作家德尔文·G·舒伯特曾说过：“Reading is writing” 美国总统奥巴马说，“Maybe you could be a great writer—maybe even good enough to write a book or articles in a newspaper—but you might not know it until you write that English paper—that English class paper that's assigned to you.”坚持记英语日记、写英语作文，是提高英语写作能力的有效途径。

——·教育评价篇·——

减负增效　促进学生健康成长

背景

中小学生课业负担过重的问题仍然比较突出，根据对义务教育阶段学生课业负担的相关调研，目前，中小学生课业负担仍然较重并有随年级升高而趋于严重的趋势。具体表现在“四多三少”，“四多”是学习时间多，家庭作业多，考试排名多，课外补习多。“三少”是睡眠时间少、体育课和体育锻炼少、自主支配时间少。美国评选的儿童给成人的忠告第一句话是“我们的手很小，请不要往上面放太多的东西。”这意味着什么？要把握度，不要过重的课业负担，减负时刻不能忘。

多年来，我们一直在探讨减轻学生过重课业负担的问题。几代党和国家领导人都为此发表过讲话，国家教育行政部门曾先后发出过三十几个减负文件，但始终收效甚微。以至于有些人认为，在中华文化的背景下，减负是一个无解的教育难题。长期以来，大家比较关注的造成学生课业负担的关键因素有两个，一个是学校和教师的教育思想和教育水平，一个是选拔和考试制度。所以，产生了两种说法，一种是减负的瓶颈在教师，一种是减负的瓶颈在高考。

现象1　每年约百万考生放弃高考

据教育部发言人透露，近五年来高考弃考率约为10%。据专家估计，每年弃考人数约百万。在弃考的人群中，有的选择出国留学，不再走高考的“独木桥”，更多的弃考学生直接选择了就业。部分人对中国教育失去信心，引发留学移民潮，发达地区中学生乃至小学生出国不足为奇；普通学生、困难学生也开始走出国门接受教育。

现象2　我国青少年近视率居世界之首

据2012年教育部、卫生部公布的调查数据，我国小学生近视率超过25%，初中生近视率达70%,高中生达85%,青少年近视发病率每年以8%的速度增长,近视眼人数居世界第一位。孩子近视,家长忧心!社会忧心!政协委员高文朗在《中小学生近视率十年翻两番,高度重视青少年眼睛健康》的提案中表示,我国青少年近视率居世界之首,说明我们保护青少年视力的状况不但没有好转,还变得越来越差。分析认为,其重要原因就是学生学习负担重。

现象3　MOOC跨越时空

大型开放式网络课程,即MOOC(MOOC是Massive大规模的、Open开放的、Online在线的、Course课程四个词的缩写,指大规模的网络开放课程。它是由很多愿意分享和协作以便增强知识的学习者所组成的。)2012年,美国的顶尖大学陆续设立网络学习平台,在网上提供免费课程。

现象4　全国在家上学联盟1.8万人

目前,我国"在家上学"的实践在教育理念、内容、方法上呈现多元,但有一点是共同的,就是重视家庭教育的价值,重视家长的直接参与,强调对儿童的爱和尊重,实施以每一个学生为本的个性化的教育。21世纪教育研究院院长杨东平说,"这一实践顺应了社会结构分化、教育需求多样化的发展趋势,对于增加教育的选择性、丰富性和提供高品质的教学,满足不同群体的教育需求具有重要价值。"

现象5　中美孩子家务清单对比

网上一组名为《中美孩子家务清单对比》的漫画激起了很多网友的共鸣。从出生9个月到13岁的阶段,美国孩子的家务从"自己扔尿布"到"修剪草坪、做饭"种类丰富,而中国孩子的家务就是各种"读书、学习、才艺培训"。准确地说,这可能是"中国城市孩子与美国孩子的家务清单对比",但"万般皆下品,唯有读书高"的古训和"不能输在起跑线上"的新喻,还是让中国父母们将孩子的学习看作头等要事,至于扫地、擦桌子之类的家务还是"放着,我来"。

事实上,中美孩子"家务清单"背后折射的是"教育培养什么样的对象"这个命题,究竟是培养"完整的人",还是"高分机器"?

有专家研究过,高中前阶段中国的孩子,从智力开发到学习能力同比水平高于其他国家孩子,但进入社会后,综合素质能力低于国外同龄人很多。建议家长们少一些"圈养式"教育,多借鉴一些"散养式"教育。

国家在行动

《国家中长期教育改革和发展规划纲要(2010-2020年)》明确指出:"减轻中小学生课业负担。过重的课业负担严重损害青少年身心健康,危害民族未来。"减轻中小学课业负担已成为素质教育中刻不容缓的问题。减负的阻力主要来源于片面追求升学率。减负能否成功，社会的教育观和人才观，家长的教育观念和教育方法，教师的业务素质和文化水平都是决定性因素。

十八大报告明确提出，要“减轻中小学生课业负担，提高学生综合素质”。报告同时提出，要“深化教育内容方式、考试招生制度、质量评价制度等”。这几项改革是切实把教育理念从增加中小学生课业负担以应对升学考试的应试教育，转变到素质教育的根本。

2013 年 6 月，教育部出台了《关于推进中小学教育质量综合评价改革的意见》，中小学综合评价改革是破解素质教育难题的迫切需要，倒逼课程改革顺利走出深水区。评价改革涉及品德发展水平、学业发展水平、身心发展水平、兴趣特长养成及学业负担状况 5 个维度、20 项指标。其中，“学业负担状况”维度包括以下 4 项关键指标。

评价内容	关键指标	指标考查要点	评价主要依据
学业负担状况	学习时间	学生上课时间、作业时间、补课时间、睡眠时间等。	义务教育课程方案和各学科课程标准、普通高中课程方案和各学科课程标准、《中共中央国务院关于加强青少年体育增强青少年体质的意见》、《中小学学生近视眼防控工作方案》、《教育部关于当前加强中小学管理规范办学行为的指导意见》以及其他相关规范性文件等。
	课业质量	课程教学、作业和考试（测验）的有效程度以及学生的感受和看法。	
	课业难度	课程教学、作业和考试（测验）的难易程度以及学生的感受和看法。	
	学习压力	学生在学习过程中表现出的快乐、疲倦、焦虑、厌学等状态。	

2013 年 8 月，教育部公布小学生减负“十项军规”：1. 阳光入学；2. 均衡编班；3. “零起点”教学；4. 不留作业，小学不留书面式家庭作业，可布置适合小学生特点的体验式作业；5. 规范考试，一至三年级不举行任何形式的统一考试，从四年级开始，除语文、数学、外语每学期可举行 1 次全校统一考试外，不得安排其他任何统考，每门课每学期测试不超过 2 次，考试内容严禁超出课程标准；6. 等级评价；7. 一科一辅；8. 严禁违规补课；9. 每天锻炼 1 小时；10. 强化督察。

我们怎么办

一、严格执行《教育部关于当前加强中小学管理规范办学行为的指导意见》以及教育部有关减负文件精神,促进学校规范办学

1. 科学安排作息时间,切实减轻学生过重课业负担。

为贯彻国家义务教育阶段减负的要求,2013年,北京推出“史上最强减负八条”,明确要求小学生在校时间不能超过6个小时,中学生在校学习时间不超过8个小时。“史上最强减负八条”:严格执行国家和北京市课程计划,严格控制学生在校学习时间,严格控制作业量,严格规范考试和评价工作,严格禁止违规补课,严格教辅用书管理,严格各类竞赛管理,严格落实工作要求。减轻了中小学生的课业负担,使广大中小学生拥有更多课外时间追求个性发展。

2. 严格执行课程计划,切实提高教育教学质量。

3. 严格规范考试科目与次数,逐步完善教育评价办法。

二、遵照《课程方案》,开齐开足国家课程,积极开发地方课程、校本课程

如果一件事或活动是行为者心向往之的,那么即便行为者消耗数量过大的“时间和精力”来完成这些,行为者也不会觉得是负担,例如,玩游戏;如果一件事或活动是行为者厌恶、逃避、反感的,那么即便行为者为之付出较少的“时间和精力”,它也是一种沉重的负担。“时间和精力”的过度消耗是负担的一种表现,而不是负担产生的原因。负担主要是一种体现在精神层面的“不得不做”的感觉;与之相反的是“做了还想做”、“心向往之”的感觉,负担主要源自行为者的精神压力。

创新管理模式,把创新教育有机渗透到教学中去,做好“加法”,如开展兴趣小组活动,把兴趣迁移到学习上来,真正实现减负。

2014年3月6日,专为南京市小学生编写的《游戏》教材在溧水实验小学正式首发。这门课程在南京51所小学试行成功后,将普及到整个南京市小学,并成为体育课一类的必修课程。《游戏》包含了户内户外游戏,教材搜罗了上百种适合孩子的游戏,包括老鹰抓小鸡、跳格子等传统游戏,还有网络游戏、文字游戏等。

《游戏》有书本教材,按照游戏的种类、宗旨等分类成10个单元,每周上一节,共36课时。目前先以南京51所小学为试点,等待课程试行成熟后,将普及到整个南京市小学,并作为必修课程学习。

该门课程在部分小学试行后,受到了学生和家长的普遍欢迎。不少小学生表示,“比体育课更有意思”“下课之后也可以和同学玩”等,而家长则认为,“玩是孩子的天性,寓教于乐是一种值得尝试的教育方式。”

课程科研是学校的核心竞争力，是学校的立校之本、发展之本。国家课程、地方课程及学校课程三级课程管理体制的诞生，使教师获得了校本课程开发的权利，成为校本课程开发的主体，提升课程意识，提高科研能力，挖掘身边的课程资源，增加学校发展内涵，最终实现让学生参与，促进课程走向民主。“课程育人”理念的提出，可以带领我们回归教育原点再出发，从课堂教学走向课程育人。

课程是教育的心脏。教育改革主要在体制改革和课程改革中进行，而在更大层面上，是围绕课程改革进行。课程是实施素质教育的重要载体，必须下大力气加强校本课程的深度开发，打造一批优质特色品牌校本课程，并提供丰富多彩的课程让学生选择，进一步激发学生学习的积极性，拓宽学生的视野，丰富学生的知识面；让学生通过课程学会交往，学会关爱他人；健全学生的人格，启迪学生的心智，学会自信，学会承担责任；学会自主探究，提高获取知识的能力；学会关注社会，感悟生活；学会发现美、欣赏美、创造美；提高人文素养和科学素养；掌握基本的健身娱乐技能，提升生活质量。

构建三级课程体系，开展校本特色课程建设。

学校课程分为基础型课程、拓展型课程以及研究型课程三个层级体系，它们之间层层递进，从而形成合力，最终达到和谐。

课程无处不在，环境是天然的课程。营造良好的育人环境是减负的有力保障作为知识经济灵魂的创新、创造活动需要环境的优化，创新意识、创新精神和创新能力的孕育需要良好的环境。学校环境的概念可以分为物质环境、精神环境和信息环境。物质环境包括校园文化建设，例如宣传橱窗、黑板报、校报、校刊、校训等，还可以进行电子板报、书法、美术等比赛，使学生健康、活泼地得到发展。精神环境包括德育建设，例如校风、教风、班风，广播站等，这些都起着潜移默化的熏陶作用。信息环境涉及社区教育、法制学校、网上学校等，我们可以直接接受信息并且对外交流。

学校利用外部资源、挖掘自身优势，外引与内培相结合，重点培育校本特色课程。推进学校对校本课程的开发和管理，加强这方面的师资队伍建设，利用“教学节”评选表彰在实施校本课程方面优秀的教师。建立“人生与社会、文学与艺术、技能与生活、体育与健康、科学与实验、信息技术、学科拓展类课程、国际化课程”等健全的校本课程体系。

领域	目标	开设课程
人生与社会	帮助学生形成健康的人格与品质，做积极的生活者。	班会、社会实践活动、学校传统活动、接触大自然、参观工厂、时间与效率、精彩人生（励志）、心理与健康、职业生涯早规划、演讲与口才、中华礼仪、各国风俗、旅游地理、股票与证券、宪法与生活等
文学与艺术	提高学生的思想品德修养和审美能力，提升文化品位，做有修养的生活者。	诗歌鉴赏、播音与主持、佳文赏析、中国世界文化遗产、人物速写、民歌欣赏、英美文学、名画赏析、篆刻艺术等
技能与生活	帮助学生掌握生活技能，发展特长、陶冶情操，做有情趣的生活者。	茶艺初步、布艺扎染、十字绣、编织艺术、摄影、插花艺术、服装设计、服装搭配、烹饪与美食等
体育与健康	帮助学生形成健康的生活方式、掌握体育技能，做健康的生活者	跆拳道、太极拳、游泳、球类运动、击剑、减肥与健康、饮食与健康、裁判培训等
科学与实验	培养学生的科学精神和实践能力，拓展理科技能。	标本模型制作、种植饲养、熊希龄科学实验班、医学科学实验班等各类理科实验、数学归纳法、圆周运动与航天知识、用数学原理诠释生活原理、几何画板、走进物理学家等
信息技术	帮助学生掌握信息技术，做与时俱进的生活者。	会声会影、网页制作等
学科延伸拓展类	通过介绍一些新的科学理论，扩大学生视野，促进能力进一步发展。	语数英等基础学科的拓展，如学法指导、科学与生活、环保与生活、美文欣赏、英语口语、英语视听课、基因奥秘、天文知识讲座、戏剧欣赏等
国际化课程	帮助学生掌握多种语言技能，培养国际化人才。	各种小语种、双语音乐、双语美术、双语体育、英国课程、美国课程、托福等

三、以中小学教育质量综合评价改革实验为契机，认真研究中小学生学业负担状况，为教育主管部门决策提供科学依据，切实减轻学生过重的课业负担

为切实减轻学生课业负担，进一步深化学校素质教育，同时解决放学后部分家长按时接孩子离校有困难的后顾之忧，今年1月份，北京市教委下发《关于在义务教育阶段推行中小学生课外活动计划的通知》，北京市将为此投入5亿元人民币。按照该项计划，北京市各区县与学校可在周一至周五下午3点半至5点的课外时间，安排体育、艺术、科技等形式多样的社团活动，每周不少于3天，每天不少于1小时。北京市财政根据义务教育阶段实际在校生人数，按城区生均每年400元、远郊区县生均每年500元标准将经费拨至各区县。

安庆作为经济欠发达地区，教育的投入虽然无法与发达地区攀比，但是，同样受应试教育的羁绊，我们的学生同样需要优质的教育。安庆被教育部选为全国三十个综合评价改革实验区之一，这是安庆教育人的自豪，也是安庆教育人的责任，说明安庆市委市政府对教育的高度重视，说明安庆教育在全国的分量，预示着安庆正在由教育大市迈向教育强市。综合评价改革实验无疑给我们提供了一个契机，我们将认真研究安庆市中小学生学业负担状况，为教育主管部门决策提供科学依据，切实减轻学生过重的课业负担，促进学生积极主动、健康快乐地成长。

四、减负增效，构建魅力课堂，向课堂教学要质量

转变和更新教育观念是减负的前提条件。21世纪给我们带来的教育理念是终身教育。它的特征是终身学习、网络化学习、开放式学习和自主性学习。因此教师确立先进的现代教育观念尤为重要。

李希贵说，优秀的管理者是让人感到自由自在而不是感到受到控制，同样，优秀的教师让学生感到的也是自由自在。

课堂教学的目的就是促进学生的发展，关注学是教的根本，所以，必须关注学生的课堂表现。无论公开课还是平时的日常教学，一定要重视学生的收获。而不是把课堂当作教师表演的舞台，进行才艺展示。魅力课堂需要关注学生的情绪状态、参与状态包括静态的思维状态，以及交往状态。

上海奇葩"帽子老师"沈文华，上海巨鹿路第一小学语文教师，全国模范教师、全国优秀班主任、全国教育系统巾帼建功标兵，"以学定学"，践行"风筝理论"。沈文华老师的语文课和以往的课完全不同，她将课堂完完全全地交给了学生。古诗教学不再是简单的"老师讲学生听"，而是让学生进行小组学习，自己来做"老师"带领"学生"学习古诗。如果把这节课比作是一场戏，沈文华老师是导演和编剧，学生们则是戏中的主演。一个又一个的"知识面包"让学生们的思维火花在不断地碰撞；一段又

一段的精彩发言让学生们的语言表达能力在不断地进步；一首又一首的自创小诗让学生们的才思在不断地涌现……短短的35分钟精彩纷呈，给听课的语文教师带来了全新的体验，回味无穷。单纯的"教"给孩子答案，等于剥夺了学生思考的机会。老师应该教会学生掌握学习的方法，成为"让孩子自己发现水源，并寻找适合自己的打水工具的指路者。"把课堂"还给"学生，让他们成为课堂真正的"主人"。

五、创新作业设计，引领学生愉快学习

精心设计学业，从重视学业数量转向重视学业质量。精心设计的学业既要符合特定年龄阶段的学生特有的"遗忘规律"和"认知发展规律"，又要符合知识本身的逻辑结构。使完成学业的过程既可以起到巩固知识的效果，又能让儿童体验到收获的感觉、进步的感觉、自我胜任的感觉，这些积极的感觉可以进一步激发学生对学习的积极性和自信心。

尊重学生的学习自由、学习意愿、学习选择。一般而言，人们总是喜欢去做基于自己意愿而自由选择的事情。因此，如果这种学习是基于学生的自由、自主、自愿的选择，那么我们没有理由认为这样的学习对学生而言就是一种负担。遗憾的是，这种出自学生自由、自主、自愿选择之手的学习实在是太少了；大多数学习都是学生不得不接受、不得不去尽力去完成的外部任务。因此，在布置学业时，可以给学生留出自由选择的空间，例如：允许学生在所布置的作业中自由选择完成其中的某几道作业而非全部作业；可以设计几类作业，让学生自由选择其中的某一类；甚至可以尝试让学生自己给自己布置作业，自己给自己制定作业方案，然后交给教师指导与备案。

减负减的是过重的课业负担，不是把所有的作业减去，要经常教育学生认真对待，独立完成，准确规范，从严要求，知难而进，仔细检查。要尽量渗透到课堂去，课后练习和作业要分层，不同学生不同对待，使不同层次的学生都能得到发展。

布置较多的课外作业学生成绩就会好，那是老师的自我安慰和美丽幻想；大量重复简单机械的知识性作业，那是粗放的教学方式和低级的教育取向。新课程倡导"自主、合作、探究"学习，其目的就是要造就创新型人才，培养有自主能力、善于合作、勇于实践、敢于批判的自信中国人。我们拼奥赛，美国学生在做研究、在探寻科学的奥秘，我们的研究性学习流于形式，小制作、小发明不少为他人代劳，学生缺乏动手实践的能力。中国中小学教师应学习美国教师创造性设计趣味盎然的致力于培养探究与创新能力的作业。改革作业形式，设计项目化的作业，可以激发兴趣，挖掘潜力，减负增效，增强自信，张扬个性，培养学生动手实践的科学精神。

美国小学低年级教师就开始给学生布置"小论文"，以期培养孩子对科学研究的兴趣。而家长也积极鼓励孩子进行探索，并且为孩子的探究学习提供坚实的后盾。

下面，是美国中小学生研究的一些有趣的课题：

——音乐(古典音乐、乡村音乐、摇滚乐)对植物生长的影响

——色彩对植物生长过程的影响

——猫是左撇子,还是右撇子

——辛辛那提地区的气温与环保

从这些研究课题,不难发现这些孩子的思维非常活跃,这与老师和家长从小鼓励他们进行探究性学习,并保护其创造性思维的发展有很大关系。通过小学到中学循序渐进的独立探索、独立研究,学生在查找资料、获取有效信息和动手操作等方面的能力得到不断提升。这无疑为美国的科学发展和全民科学素质的提高铺平了道路。

钟启泉:从"机械性练习"走向"有意义练习"

为了让学校的"练习"变得更自由、更快乐、更有趣,教师首先要认识到学校教育中的"练习"是一个系统,应当把"练习"作为一个系统来开发。

"练习"无所不在。一线教师面临的挑战是:如何从"记忆型教学"走向"思维型教学",从"机械性练习"走向"有意义练习"。

传统的作业单或测验卷令人生厌,死板、僵化、不容反思、不容修正,单一的标准答案,唯一有效的办法是死记硬背。"练习"不是被动的、窘迫的、压抑的,"练习"应当是主动的、积极的、生机盎然的。"练习"变了,学习才会变;学习变了,学校才会变;学校变了,才会有好的人生、好的未来。作业理想的状态应当是开放性、探究性、自主性的,为此,安全感、挑战性、主导性,都是不可或缺的要素。

练习的问题归根结底是教学创新的问题。在练习系统的设计中,儿童的角色不是"被动消费者",而应当是"主动创造者"。练习不应该是无聊的、讨嫌的活动,练习本身不求功利,而是引发兴趣。惟其如此,练习才能达致完美的境界。

六、加强招生考试制度的改革,促进学生健康成长

减负,本质上是与学校的"练习"千丝万缕地联系在一起的。"减负与增负"的拉锯战持续了几十年,其根源在于愈演愈烈的应试教育。不摧毁应试教育的观念与体制,不终止应试教育的升学竞争,"学业负担过重"的大山依然会压在每一个学生、每一个家长与每一个教师的身上。

加强招生管理,严格规范招生秩序。《安庆市区 2014 年义务教育阶段招生工作的意见》指出:小学、初中实行"划片、就近、免试"招生原则、进城务工人员随迁子女入学享有城市学生同等待遇原则。取消特长生,引导学生发展自己的个性、特色 民办学校不采取考试选拔学生,一律采取自愿、按计划招生,不设任何形式的重点班。

为了遏制择校成为特权现象,2013 年秋季开学安庆市出台了"史上最严格的择校限制令",对安庆城区公办学校一律实行"零择校",对领导干部"批条子和打招呼"一律零容忍,并首次明确提出严禁"拼爹"上学。

《关于做好全市 2014 年初中毕业学业考试与高中阶段招生工作的通知》指出:

继续坚持将省示范性普通高中招生指标分解到各初中学校(含民办初中学校),纳入各地中招工作中,实行统一管理,分校录取,分解的指标要不低于省示范高中计划内招生总数的 80%,并逐年提高,市区分解的指标为省示范高中计划内招生总数的 80%。

2014 年高考,安徽省的“寒门学子”可低于一本线上省内名校。我省已启动“农村考生专项招生计划”,省属一本院校将拿出总招生计划的 2%“降分录取”农村高考生。凡高考文化成绩达到一本线下 20 分以内,且具有农村户籍的学生均可报考。

以上政策的出台都是教育部门在均衡教育上所作出的努力。由于历史等原因,我们的招生与考试制度还有许许多多不尽如人意的地方,有待我们一起去改变、去完善,从而促进的学生健康成长。

七、发挥家庭教育作用,做好青少年成长的加减法

美国神经科学家约翰·梅迪纳约翰·梅迪纳曾说过:“孩子的童年只有一次”“拥有一段美满的婚姻,常常会为你的孩子带来红利。”“在美国,对学业成就的最佳预测指标,就是家庭情绪的稳定性。家庭情绪稳定性大部分可被父母关系所预测。如果你真的对孩子的智力发展更感兴趣,你的第一要务就是爱老婆。”“阅读对孩子的大脑非常有好处。即使是大人在读,而孩子只是在看,也会对孩子未来的习惯有着非常强大的影响。”教育的真相:在这个世界上,最棒也是最小儿科的健脑技巧可能就是一个纸箱、一个新的铅笔盒和两个小时,而最糟糕的恐怕就是家长最新购买的平板电视。

家庭教育作为学校教育的补充, 可以使教育具有更强的针对性, 学校应充分发挥家庭教育所独具的优势, 如因血缘关系亲近而特有的亲情教育、融于日常生活关照之中的隐性教育、营造适合学生个性特征的心中有他人、关心他人的教育等。如:通过家长学校、家长培训、专家讲座等, 引导家长树立正确的教育观念, 掌握科学的教育方法, 尊重子女健康的情趣, 加强与学校的合作, 共同减轻学生课业负担。关心社会教育, 帮助子女养成良好习惯, 促进学生健康成长。

改进教育,让教育成为“真正”的教育,而非一种“应试的工具”。细观当下之教育,人们就不禁感慨,教育在一定程度上偏离了对“唤醒人的生命意识、启迪人的精神世界”的价值追求,他催促着学生对考试分数而非知识本身展开竞争性争夺,导致学生对学习本身失去了兴趣。因此,要改变这种现状,就必须改变教育:让学校成为学生学习的乐园、求知的天堂、生活的家园;让学习成为学生“心向往之”的一件有意义的活动;让作业对儿童具有如同“游戏”所具有的那般强大的吸引力;让知识本身而非考试分数成为激发儿童学习动机的激励之物。

如果我们的教育是充盈着希望的;如果我们的教育是促进一种人的成长与解放的正能量;如果作业可以让儿童体验到成功和自我胜任感;如果我们的学生能够基于“好知、乐知”之本性自由地选择学习;那么学生还会在乎学业量的多与少么?

快乐学习　夯实基础　发展能力　提高素质

——2014年安庆市七年级新生学情调研检测英语试卷分析报告

一、命题的指导思想

教育部《关于积极推进小学开设英语课程的指导意见》指出：小学英语课程的目的是激发学生的学习兴趣，培养他们英语学习的积极态度，使他们建立初步的学习英语的自信心；培养学生一定的语感和良好的语音语调基础；使他们形成初步用英语进行简单日常交流的能力，为进一步学习打下基础。

《义务教育英语课程标准（2011年版）》指出，测试与评价的三个主要目的是："使学生在英语课程的学习过程中不断体验进步与成功，认识自我，建立自信，促进学生综合语言运用能力的全面发展；使教师获取英语教学的反馈信息，对自己的教学行为进行反思和适当的调整，促使教师不断提高教育教学水平；使学校及时了解课程标准的执行情况，改进教学管理，促进英语课程的不断发展和完善。"

七年级新生学情调研检测属于水平评估，旨在检查学生是否达到《义务教育英语课程标准（2011年版）》的二级目标。

本次命题以《义务教育英语课程标准（2011年版）》为依据，符合小学生的心理特点和教学目标要求。以教材为载体，立足基础，题型灵活多样，题意明确，内容覆盖面大。在考查学生基础知识和基本技能的基础上，注重试题的开放性、实践性和人文性，突出学生的主体性，尊重个性差异。既注意培养兴趣，体验成功，建立自信，又客观、公正、全面、准确地评价学生通过小学阶段的英语学习所获得的相应发展。同时也为进一步规范安庆市小学英语教学行为，指导教师在查找问题的基础上进一步改进教学，提高教学水平，具有一定的导向作用。

二、试题概况

（一）题型结构

根据命题的指导思想，参照《义务教育英语课程标准（2011年版）》的二级目标，为了较全面地检测学生的英语水平，本试题既有客观题，也有主观题，旨在引导学生进行创造性思维，培养学生初步建构语言的能力；既有听力题，又有笔试题，注重发展学生运用语言的能力。2014年安庆市七年级新生学情调研检测试卷，分为听力和笔试两大板块，总分100分，第一部分为听力，共四大题，满分30分；第二部分为笔试，共七大题，满分70分。

表 1

题　型			测试目的	题数	分值
	Ⅰ. 听句子,选单词。	客观题	寓词于句,考查学生的听辨能力(所给单词为四会单词)	5	5
	Ⅱ. 听答句,找问句。	客观题	在交际语境中考查学生的语言理解能力	5	10
	Ⅲ. 听对话,选图片。	客观题	在语境中考查学生观察与把握关键信息的能力	5	5
	Ⅳ. 听短文,选答案。	客观题	考查学生听短文,把握关键信息,以及对篇章大意的理解能力	5	10
	Ⅴ. 单项选择。	客观题	考查学生对语言基础知识的掌握和在特定 定语境中正确运用所学知识的能力	10	10
	Ⅵ. 选词填空。	客观题	考查学生对语言基础知识的掌握情况和语言的运用能力	5	5
	Ⅶ. 单词拼写。	客观题	寓词于句,考查学生的单词理解、记忆和拼写能力	5	5
	Ⅷ. 情景会话。	客观题	考查语言的运用能力,有助于学生进行初步的交流	5	10
	Ⅸ. 补全对话。	客观题	考查学生在特定的语言环境中运用语言知识进行语言交流和逻辑推理能力	5	10
	Ⅹ. 完形填空。	客观题	考查学生在对话或短文中综合运用语言基础知识的能力	10	10
	Ⅺ. 阅读理解。	客观题	考查学生对语段的初步理解、分析和概括能力	5	10
	XII. 书面表达。	主观题	考查学生综合运用英语进行书面表达的能力,有一定的开放性	1	10

从以上题型看,测试分为单项测试和综合测试两类。单项测试(I、II、V、VI、VII)主要考查学生对某一单项语言知识和言语能力的掌握情况,综合测试(III、IV、VIII、IX、X、XI、XII)主要考查学生综合运用英语的能力。

(二) 试题特点

1. 形式活泼,难易适度,稳中求新

试卷力求彰显新课标的理念，布局规范合理，图文并茂；语言材料真实地道，贴近学生生活，坚持从能力的角度考查学生对各种语言知识的掌握。所有试题不偏不怪，避免了繁、难试题，在秉承往年试题优点的基础上，根据英语教学要求和学生实际作了适度调整。尽量采用形式多样的命题方式，凸显稳中求变，稳中求新，稳中求活的原则，增强了试题的灵活性、开放性，试题的考查形式更加科学、合理、有效，对安庆市的小学英语教学有较好的导向作用。

听力题 Ⅱ、听答句，找问句。与 2013 年测试卷中类似题型“听问句，选答句”有所不同，题目要求根据所听到的答句选出可以提问该句子的问句，涉及句型均为学生熟悉的交通方式、爱好、数字、地点等话题，便于学生捕捉信息并选出正确的答案。稍作改动，形式上的小小创新，力求全方位模拟真实生活场景。

笔试 Ⅵ、选词填空。

从方框内的选项中选出能填入空白处的最佳答案，并将其序号填在题后的括号内。选项中有两项为多余的。

A. flying	B. for	C. sweep	D. is	E. sweeps	F. are	G. with

(　　)31. I can ______ the floor.

(　　)32. Do you like ________ kites?

与 2013 年的词形变换题（用括号中所给单词的正确形式填空）相比，由填词到选词的转变，首先降低了难度，既着眼于一些基本语法、交际用语、固定搭配等基础知识的考查，又力求体现本试卷“淡化语法，注重运用”的宗旨。

笔试 Ⅸ、补全对话。（选句子，补全对话）

——Hi, Mary. You didn't go to school yesterday. ___46___?

——I went to my uncle's house. He was ill.

——___47___?

——He had a fever.

——Oh, I'm sorry to hear that. ___48___?

——I bought some fruit for him.

同样是补全对话，但 2013 年是“选单词，补全对话”，侧重考查的是常见的容易混淆的动词、介词等用法，有点偏重语法；而今年的“选句子，补全对话”，更能彰显英语教学“为用而学，在用中学，学了就用”的原则，体现了整体语言教学，所选话题改编自 PEP6A，PEP6B 的课本对话，涉及日常生活中“生病”这一话题。充分考虑到答句与上下文的过渡和联系，有利于考查学生在具体的情境中的英语综合运用能力和逻辑推理能力。此外，本题在一定程度上弥补了没有口语测试的不足。

2. 贴近学生，回归教材，注重基础

试卷所选择的语言素材和创设的语言运用情景充分考虑到学生的生活实际、生活体验以及社会发展状况,与学生的身心发展水平相适应。试题重视从教材中挖掘命题素材,重视教材在语言学习中的作用。为了发挥此次考试对平时教学的正面导向作用,所选语言材料均源于教材,在以后的教学中教师要引导学生在复习时回归课本。

听力部分 IV、听短文,选答案。题目要求根据所听到的短文内容选择正确答案,所选听力材料来源于 PEP5A,P40 的内容,稍有改动,这是学生熟悉的话题,便于学生捕捉信息并选出正确的答案。

VIII、情景会话

(　)41. What's in your room? PEP5A

(　)42. Can I speak to your mom? PEP5B

(　)43. When are you going? PEP6A

(　)44. Does your uncle live in Anqing? PEP6A

(　)45. How did you go there? PEP6A

X. 完形填空。主要通过阅读来考查学生的语言知识和综合运用语言的能力,这是 Unit 1,PEP5B 的一段对话,所选话题是基于认识新朋友并试着了解对方的日常生活这一话题。选材典型,考查了动词、介词、名词及一些习惯用法等。

3. 突出语境,强调应用,考查能力

试卷的选材从学生的生活经历出发,涵盖了学生的衣食住行各个方面,依托教材中学生熟悉的话题,寓词于句,寓句于境,体现整体语言教学,着力营造语言氛围,避免了单纯考查语言知识的现象,把语言知识放在各种实际的语境中考查,注重问题的真实性、情境性和应用性。引导学生关注生活、关注社会,有利于学生的全面发展。各类题型力求语境完整、真实,突出实用性。试题来源于生活,答题的过程仿佛就是在体验生活,避免了机械的、枯燥乏味的纯语法试题,充分体现语言的交际性和实践性。

听力题有四种题型,听力的题型、话题和语境都是学生熟悉的。具有较强的情境性、交际性和实用性,语言材料贴近学生的生活实际,语境真实,考点分布合理,涵盖面广。题目将《义务教育英语课程标准(2011 年版)》所要求掌握的词汇融会贯通到教材的主要句型中,真正体现"词"为"境"所用。如 III、听对话,选图片。每一幅图一个对话,涉及天气、饮食、活动、爱好等场景,带给学生视觉和听觉上的双重冲击,缓解了学生因考试带来的紧张情绪,激发学生的解题兴趣和动机。

XI. 阅读理解。阅读理解主要考查学生对短文的理解能力,包括直接理解、间接理解和综合分析能力。考查内容为一段有教育意义的故事短文,渗透了人文教育的理念。本篇选材新颖,浅显易懂,贴近学生生活实际。更易引起学生的共鸣。要求学生根据短文内容判断正误。短文生词已作注释。学生在答题的过程中,适时地渗透思想品德教育,引导学生关注生活、树立正确的人生观,这有利于学生形成积极向上的心态,对社会充满爱心。

XII. 书面表达"My favourite season"是学生生活中非常熟悉的一个话题,也是他们感兴趣且贴近生活实际的内容,话题源自 PEP5B 第二单元的主题。学生有话可说,有词可用,知道怎么写。

综上所述,该试卷充分体现了语言的工具性、服务性,从学生熟悉的生活情境与感兴趣的话题出发,选材源于学生生活,涵盖衣食住行各个方面,围绕课标的二级话题,学生在答题时感到轻松自如,得心应手。

三、成绩分析

(一)基本统计数据(表2)

报名人数	6749	实际考生人数	6660
满分人数	74	80 分以上比例	50.96%
平均分	73.58	及格率	74.94%
区分度	0.4357	方差	512.5107
标准差	22.6387	难度系数	0.75

(二)平均分统计情况(表3)

参考中学	30 所	及格学校数	24 所
80 分以上	4 所(农村初中 1 所)	70-79 分	8 所
60-69 分	12 所	不及格	6 所(1 所城区中学、1 所民办学校,4 所农村初中)

(三)成绩分布直方图(表4)

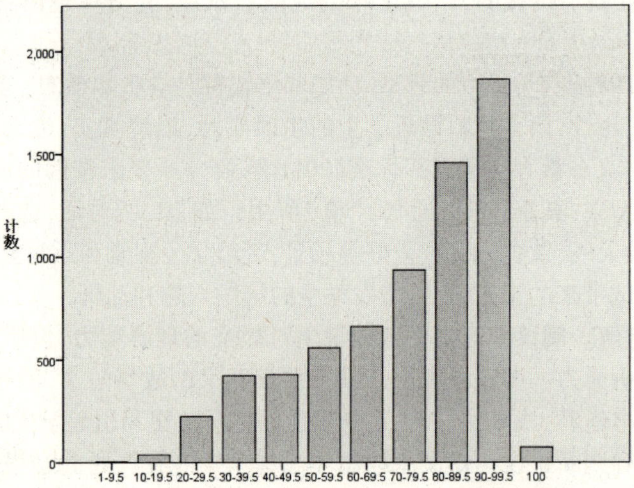

图形呈正态分布状,说明总体情况良好。

(四)抽样统计数据与分析

抽样试卷450份,总分100分,平均得分72.55分。(表5)

学校	I	II	III	IV	V	VI	VII	VIII	IX	X	XI	XII	总分
1	4.10	7.47	3.23	7.60	6.18	2.73	1.93	6.47	6.77	6.53	7.47	3.42	63.90
2	4.33	8.1	3.83	8.83	7.1	3.5	3.14	8.59	7.72	7.55	8.38	6.24	77.31
3	4.33	8.10	3.83	8.83	7.10	3.50	3.14	8.59	7.72	7.55	8.38	6.24	77.31
4	4.22	7.08	3.47	8.64	6.25	2.93	2.37	6.95	7.32	7.19	7.66	3.56	67.66
5	4.24	7.68	3.41	8.81	7.32	3.65	2.97	7.84	8.16	7.76	8.11	5.59	75.54
6	4.71	8.90	4.47	9.52	8.36	4.34	4.22	9.14	9.10	8.59	8.86	7.34	87.55
7	4.47	7.70	4.02	8.93	7.02	3.62	2.65	8.20	8.40	7.63	8.20	4.82	75.65
8	4.03	6.27	2.6	6.93	5.87	2.43	1.58	5.73	5.6	6.18	6.67	1.6	55.5
平均分	4.26	7.66	3.61	8.51	6.9	3.34	2.75	7.69	7.6	7.38	7.97	4.86	72.55

各大题抽样得分分析(表6)

<table>
<tr><th colspan="2">题　型</th><th>满分</th><th>抽样得分</th><th>分　析</th></tr>
<tr><td rowspan="4">听力部分</td><td>Ⅰ.听句子,选单词。</td><td>5</td><td>4.26</td><td rowspan="4">录音清晰,内容紧扣教材,难易适中。调研成绩反映学生在语境中能抓住关键信息,进行短文和对话的理解,能较好地辨析词汇。
11-15题原本很容易,少数学生没看清题意,导致错了不少,日常教学中此类题型可以多练习。</td></tr>
<tr><td>Ⅱ. 听答句,找问句。</td><td>10</td><td>7.66</td></tr>
<tr><td>Ⅲ.听对话,选图片。</td><td>5</td><td>3.61</td></tr>
<tr><td>Ⅳ.听短文,选答案。</td><td>10</td><td>8.51</td></tr>
<tr><td rowspan="2">笔试部分</td><td>Ⅴ.单项选择。</td><td>10</td><td>6.9</td><td>考查了学生运用所学语言知识在特定的语境中进行语言交际的能力,体现了语法服务于语言、形式服务于内容的原则,每道题都要求考生考虑语境来解题。考查面广,考查内容有名词、动词、数词、疑问词及交际文化,学生答题情况较好。</td></tr>
<tr><td>Ⅵ.选词填空。</td><td>5</td><td>3.34</td><td>这两题涉及到词的拼写与变换。选词填空题完成较好。</td></tr>
</table>

题 型		满分	抽样得分	分 析
笔试部分	Ⅶ. 单词拼写。	5	2.75	“单词拼写”题得分不高，说明平时对写的方面关注不够，“写”依然是一个薄弱环节。如题目要求根据汉语提示完成句子，部分学生在填空时没有考虑到联系整个句子填写该单词在句子中的正确形式。少数学生字迹潦草，四会单词掌握不牢。
	Ⅷ. 情景会话。	10	7.69	这两题为情境对话，贴近学生平时学习活动，答题情况较好，不少学生满分，少数学生词汇量小，没看懂对话意思，导致出现错误。
	Ⅸ. 补全对话。	10	7.6	
	Ⅹ. 完形填空。	10	7.38	本题根据课本 Unit 1，PEP5B(P6)的内容作了适当改编。学生须在联系上下文的情况下完成，因文中未出现生词，答题情况良好。
	Ⅺ. 阅读理解。	10	7.97	本题要求学生阅读一篇有教育意义的短文，并根据短文内容判断正误。完成情况较好。
	Ⅺ. 书面表达。	10	4.86	本题要求学生以 My favourite season 为题书写一篇短文。这个话题学生很熟悉，也是 PEP 教材中一个单元的主题，相对于写人的作文，部分英语基础薄弱的学生不太擅长这个题目。教学中教师要多让学生尝试不同话题的作文。

四、启示与思考

根据测试结果分析，我们可得出以下几点启示和思考：

1. 提高认识，推进城乡均衡发展

这次学情检测英语学科实测考生数为 6660 人，生源来自市直、迎江区、大观区、宜秀区、开发区的 30 所中学(80 所小学)，总平均 73.58 分，平均最高分 85.79，一所农村初中平均81.18分,平均最低分39.38。6所初中平均分不及格,究其原因,大致如下:一是教育主管部门重视不力,农村小学师资配置不足;二是农村小学英语教师不能专任,甚至以教授其他学科为主;三是课时开设不够,不符合学生语言学习的规律;四是民办中学提前招生,导致个别城区中学学区固有生源流失。希望有关部门关注农村英语教师队伍的建设,切实推进城乡均衡发展。

2. 兴趣引领,构建有效的魅力课堂

小学生学习英语,最重要的莫过于兴趣,"兴趣是学习的第一动力",托尔斯泰说过:"成功的教学所需要的不是强制,而是激发学生的兴趣。"培养、提高、保持学生的学习兴趣就会提高教学效率,同样也是提高学生学习成绩的首要条件。我们的课堂要以"英语教学"为载体,因时、因地、因人创设多种能激发学生学习兴趣的教学情景,以增强英语课堂教学效果,提高学生英语水平。教师要充分利用好英语课堂,创造各种较贴近生活实际、自然愉快又令学生感兴趣的情境进行教学,为学生创设轻松、愉快的学习气氛,消除他们过于紧张的焦虑情绪,使他们处于最佳的学习状态,提高学习效率。另一方面,课下,根据学生的年龄特点和兴趣爱好,学校、教师应有计划、有组织地积极开展各种有助于学生增长知识、开阔视野、展现才能的英语课外活动。如:成立英语课外活动小组,开展演唱英语歌曲、讲英语故事、英语演讲、表演英语会话或短剧、英语角、英语墙报、英语主题班会和展览等丰富多彩的课外活动,结合实际组织英语竞赛,如英文书写竞赛、朗诵比赛、单词听写竞赛、单词接龙比赛等。让学生在这些活动中互相帮助、互相感染,保持学习英语的持续兴趣,提高英语语言素养。

3. 夯实基础,学习基础知识与基本技能

在高年级英语教学中,我们在继续发展学生听、说能力的同时要重视培养他们初步的读写能力,促使听、说、读、写协调发展。如一些学生对四会单词的拼写掌握不牢:

(　　)37. Sometimes I visit my ______(祖父母).

少数学生把 grandparents 写成 parents 或 grandparent。

(　　)38. ______(因为)I can sleep a long time, I'm not tired.

有的学生写 because,但疏忽了首字母大写。

(　　)23. Please come to my ______ birthday at 6 p. m. on Sunday.

A. ten　　B. ninth　　C. mother

有的学生缺乏在语境中判断、运用词汇及动词的时态等简单语法知识,如:单项选择23和25题,学生容易顾此失彼,以为是"母亲的生日",却不知应用名词所有格mother's。

从单词、短语、句型入手,注重基础知识的落实。着重培养学生的词汇记忆、词汇联想、词汇区别和具体情境下的词汇运用能力。另外,少数学生书写不够规范,有些学生字迹潦草,导致字母变形,分辨不出是 m 还是 n。在日常教学中我们要抓住学生的心理特点,从学生感兴趣的事物出发,拒绝机械抄写,定期举行写单词、写句子比赛等,在小组内开展英语书法展,优秀作业展等形式多样的活动,激发学生书写的兴趣,并使学生养成规范书写的习惯。注意培养学生细致、严谨的学习态度,减少考试中出现的低级错误。

这次的书面表达虽然是学生非常熟悉的话题,但是少数学生对这个话题显得信心不足,甚至不敢尝试。在五、六年级,我们要有针对性地加大书面表达的训练力度。坚持由词到句,由句到段,由段到篇的训练程序,通过训练仿写、背诵课文、看图写话等不同形式来训练学生的写作,不能完全靠生硬的、毫无科学性的死记硬背写作。小学英语教材蕴含着丰富的写作素材,可谓取之不尽,需要我们去挖掘。例如,在学了 I have a pen pal 这个单元后,可以指导学生模仿课文写一篇作文 My friend/My pen pal。从教材中挖掘出来的写作素材适合小学生进行写作训练,因为在写作之前,学生在听、说、读三项语言技能和词汇、句型、语法等语言知识上有了一定的基础,只要对课本内容加以延伸与拓展,就可以获得适合学生的写作内容。以读促写,可以拓展学生的阅读能力,减轻学生写作的心理压力,同时也让学生感受到写作的乐趣。

4. 加强英语阅读训练,提高学生语言素养

少数学生综合运用基础知识的能力和语篇阅读能力不强,不能从语篇的上下文及句与句之间的联系去思考问题,对部分固定搭配特别是熟词的用法了解不够。英语知识的获得与能力的提高是在听、说、读、写的训练过程中逐步形成的,阅读是积累词汇量和提高语言运用能力的良方,因此,要加强阅读训练。阅读能力的培养得法于课内,得益于课外,首先要让学生喜欢阅读,通过运用绘生绘色的讲述故事、播放录音、多媒体演示等多种手段引出阅读材料,使学生产生阅读的兴趣。安排多种形式的读,如自由读、默读、个别读、齐读、小组读、分角色读、接龙读以及排序、选择、判断、连线、填空、填表、画图或回答问题等形式多样的方式帮助学生阅读,让阅读逐步升华为"悦读"。教师可选择或编写学生感兴趣的、与课文主题相关、与学生知识水平相当的可读性课外阅读材料让学生阅读,体裁可以更为广泛,包括英文报纸、诗歌、谜语、绕口令、童谣、对话、故事、课本剧、上网浏览等。提高学生阅读能力,不是一朝一夕就能做到的。我们要持之以恒地培养学生的阅读兴趣,引导他们广泛阅读,帮助学生养成良好的阅读习惯,逐步提高学生的阅读理解能力。

5. 遵循学习规律,反思教学促进提高

激发学生学习英语的兴趣,让学生敢说英语,乐学英语,为将来的学习打下良好的基础。素质成于习惯,过程决定结果。英语是实践性很强的学科,我们应该不断改进自己的教学方式,重视给学生创设各种英语实践的机会,如课前设计要考虑如何引导学生积极主动地学习;在批阅作业或试卷时,要分析每题的错误率,引导学生建立错题集,对学生经常错或弄不懂的题目要精讲,还要进行反馈性训练;对教学中的难

点要重点攻关，化难为易，做到“温故而知新”；开展游戏、歌曲演唱、情景表演、英语角等丰富多彩的教学活动，这样，学生的知识会滚雪球式、螺旋式地上升。

通过这次调研检测的反馈，我们要反思日常教学，吃透《义务教育英语课程标准(2011 年版)》的精神，把握一二级目标，钻研教材，把握教学内容的深度与广度，在教学中力求让所有学生都能在和谐的教学氛围中焕发出英语学习的激情，促进学生积极、主动而愉快地发展。

突出语篇　强调应用　注重交际　提高素质

——2014 年普通高等学校招生全国统一考试(新课标 I)英语试卷评析与教学建议

2014 年普通高等学校招生全国统一考试(新课标 I)英语试卷不仅坚持了"在稳定中求发展"的命题原则,而且充分体现了《普通高中英语课程标准(实验)》的教学要求,全卷突出语篇,强调应用,注重交际,注意提高考生的素质,有利于较全面、科学地检测考生的英语水平,有利于高校选拔人才,对中学英语教学改革也能起到较好的点拨作用。

一、试题结构合理,测试目标明确

题号			题型	主/客观	测试目标	题量	计分
第一部分听力	第一节	1-5	听对话,选答案	客观	听力理解	5	7.5
	第二节	6-20	听对话或独白,选答案	客观	听力理解	15	22.5
	合计					20	30
第二部分阅读理解	第一节	21-35	阅读理解	客观	阅读理解能力	15	45
	第二节	36-40	任务型阅读	客观	阅读理解能力	5	15
第三部分英语知识运用	第一节	41-60	完形填空	客观	语言知识综合运用	20	40
	第二节	61-70	阅读填词	客观	语言知识综合运用	10	15
第四部分写作	第一节	1-10	短文改错	客观	写作与评价能力	10	10
	第二节		书面表达	主观	写作能力	1	25
总计	合计					101	180

从上表可以看出,2014 年普通高等学校招生全国统一考试(新课标 I)英语试卷测试目标明确,对考生语言知识运用和听、说(通过书面形式考查)、读、写等运用能力的考查均在试卷中有不同程度的体现,赋分合理,题量适度,有助于考生积极思考,发挥自己应有的水平。

二、加强听力检测，体现语言特点

语言是人们进行交际的工具，近年来，由于高考设置听力试题的正确导向，广大中学生的听力水平有了较明显的提高。2014 年普通高等学校招生全国统一考试(新课标 I)英语试卷的听力材料和题目设计“强调语言的实际应用”，语速接近人们交流的正常语速，这有利于考生正常发挥并能较好地测试出考生的英语实际水平。听力材料内容生活化，话题有问路、天气、谈论业余生活、出行计划、求职招聘等。有些考查细节理解，这要求考生听题时应弄清时间、地点、人物关系、数字、活动等关键词句的具体信息；有些考查考生的推理判断能力，这要求考生在弄懂对话(独白)内容的基础上，能够推断出说话人的观点、态度、彼此的关系、主旨大意等。具体考查点见下表：

疑问词	what							who	why	when	where	how	how much	how many	how long
题	1,2,7	4,18	5	12	14	19	20	3	6,11	8	9,13	10	15	16	17
考查点	活动内容	看法	谈话内容	人物关系	职业	性质	属性	身份	原因	时间	地点	方式	收入	数量	多久
合计	10							1	2	1	2	1	1	1	1

三、突出读能考查，选材广泛恰当

1. 阅读理解

近年来，全国高考英语试题注重阅读理解能力的考查。2014 年普通高等学校招生全国统一考试(新课标 I)英语试卷选取了四篇阅读理解题，赋分 45 分；其题材广泛，涉及广告应用、历史知识、社会生活、文化教育等，体裁分别是应用文、记叙文、议论文、记叙文等。A 篇介绍剑桥科技节的有关信息；B 篇讲述旅鸽逐渐消失的过程；C 篇通过驯兽师驯狮子时把椅子放在狮子前面引起讨论，当人类面对很多选择时，我们应该怎么做；D 篇讲述世界上有很多语言和文化即将消失，很多学者正在努力运用现代电子技术进行保存或保护这些文化。阅读理解文章的篇幅较长，长句、难句较多，出现了一些从考纲词汇转化合成、派生的词，如 curiosity，affectionately，respectful，supportive，educational，scientific，cultural，specialize，reconnect 等，也有少量生词如 ethnolinguistic 等，这无疑增加了阅读的难度。

鉴于阅读理解题多、量大，还有一些生词，考生不但要有较快的阅读速度、快速搜索信息与处理信息的能力以及必要的归纳、综合与推理的能力，而且要视野开阔、英语国家文化知识丰富。本大题 15 小题考点类型详见下表：

类别	事实、细节理解	推理概括	词义猜测
题号	21,22,24,26,28,32	23, 27,29,30,31,34, 35	25,33
题量	6	7	2

例如:第22小题 When will the prize-giving ceremony be held?

A. On February 8th.　　B. On March 10th.
C. On March 15th.　　D. On April 21st.

本题考查事实细节理解能力,根据第三段 Students who enter the Curiosity Challenge and are selected as winners will be honor at a special ceremony during the CSF on Sunday, April 21st. 可知进入挑战赛的并获奖的同学将在4月21日的颁奖典礼上接受颁奖,所以选D。

第35小题 Which of the following best describe Turin's work?

A. Write, sell and donate.　　B. Record, repair and reward.
C. Collect, protect and reconnect.　　D. Design, experiment and report.

本题考查考生推理判断的能力,根据文章第四段 Documenting the Thangmi language and culture is just a starting point for Turin, who seeks to include other languages and oral traditions across the Himalayan reaches of India, Nepal, Bhutan, and China.他一直都在收集这些材料;根据文章第五段 which had remained unstudied and were badly in need of care and protection 可知他在努力这些材料。再根据文章最后一段 the endangered languages can be saved and reconnected with speech communities 可推断正确答案为C。

第25小题 The underlined word "undoing" probably refers to the pigeons´ ____.

A. escape　　B. ruin　　C. liberation　　D. evolution

本题考查词义猜测,根据文章第二段3,4行 there was an ever-lasting supply and killed them by the thousands, Commercial hunters attracted them to small clearings with grain, waited until pigeons had settled to feed, then threw large nets over them, taking hundreds at a time. 可知很多鸽子都被捕捉并杀死卖往餐厅。所以 undoing 应该是指鸽子遇见了毁灭性的打击,故选B。

2. 阅读理解七选五题型

该类题型要求从短文后的七个选项中(均为完整的句子)选出五个能填入文章空处的最佳选项,主要考查考生对文章的整体内容和结构以及上下文逻辑意义的理解和掌握。其命题形式深受英语四六级和考研阅读多项选择题的影响,体现了《新课标》"用英语获取、处理和运用信息的能力;逐步获取用英语思维的能力。"的阅读学习和教学理念。

从《考试说明》对该题型命题目的的表述"主要考查考生对文章的整体内容和结

构以及上下文逻辑意义的理解和掌握。”可以得出以下判断：该题备选项可分为主旨概括句（文章整体内容）、过渡性句子（文章结构）和注释性句子（上下文逻辑意义）三类。其多余的两个干扰项也往往从这三方面进行设置，例如主旨概括句或过于宽泛或以偏概全或偏离主题，过渡性句子不能反映文章的行文结构，注释性句子与上文脱节等。

阅读理解七选五题型要求考生从整体上把握文章的逻辑结构和内容上的联系，理解句子之间、段落之间的关系，对诸如连贯性、一致性等语段特征有较强的意识和熟练的把握，并具备运用语法知识分析理解长难句的能力。2014 年普通高等学校招生全国统一考试（新课标 I）英语试卷的阅读理解七选五试题是一篇记叙文，主要讲述如何帮助孩子发展他们的技能。

例如，第 36 小题是一道推理题。根据前一句 The jobs of the future have not yet been invented 未来的工作还没有发明出来。所以我们也不知道它们究竟是什么样子的。更谈不上让我们的孩子为之做好准备。我们能做的就是让我们的孩子练好传统的技能。所以选择“D. So how can we help our kids prepare for jobs that don't yet exist?”。

第 40 小题考察本段主旨大意。根据 music, acting, drawing, building, photography. 可知这些都是我们表达自己思想的有效方法，能够让孩子有这些有效的方法进行表达思想也是一种很重要的技巧，我们要培养孩子这方面的能力。故 G 选项 Being able to communicate ideas in a meaningful way is a valuable skill. 符合上下文语境。

四、知识覆盖面广，注重语境设置

2014 年普通高等学校招生全国统一考试（新课标 I）英语试卷在保证知识覆盖面的同时，加强重点知识的考查，强化语境，突出应用。

1. 完形填空

2014 年普通高等学校招生全国统一考试（新课标 I）英语试卷完形填空题是一篇议论文，阐述人生感悟。大意是，讲述了一旦我们的各种活动成为我们日常生活必须做的事情时，无论是哪个年龄段的人都会感到无聊而半途而废了。接下来具体说明了从小孩子、到青少年、再到成年人、到老人都会有这种情况出现。全文篇幅与往年相仿，设计了 20 小题，其考查范围详见下表：

类别	名词	动词	形容词	副词
题号	41，42，44，49，50，51，52，57，60	43，54，55，59	45，46，47，56	48，53，58
题量	9	4	4	3

由上表可见，完形填空考查实词居多，其中，名词、动词、形容词等实词更为活跃。其干扰项的设置均与语法结构错误无关，旨在考查考生在阅读理解的基础上对语言

知识的综合运用能力，侧重于检测考生对全文的综合理解和整体把握，它要求考生不仅要具备扎实的语言基础知识，而且要具有较强的阅读能力、逻辑推理能力、分析判断能力和综合运用语言的能力，其中，阅读能力是根本，正所谓“解文才能解题”。例如：

For example, on Christmas morning, children are excited about __43__ with their new toys. (A. working B. living C. playing D. going)第 43 小题考察动词短语辨析，work with... 与某人一起工作，live with 与... 同居，play with 玩耍，go with 与... 相配套，play with 是指不按照规则的随便玩耍。孩子们对于玩新的玩具总是很兴奋，所以选择 C. playing。

Before people retire, they usually __55__ (plan) to do a lot of __56__ (great) things, which they never had __57__ to do while working. (57. A. time B. money C. skills D. knowledge)第 57 小题考察名词词义辨析及上下文语境关系；本句的关键词是 while working，人们在工作的时候是没有太多的事情做别的事情的。故 A 正确。

2. 阅读填词

2014 年普通高等学校招生全国统一考试（新课标 I）英语试卷出现了阅读填词题，要求考生根据阅读材料，在空白处填入适当的内容（不多于 3 个单词）或括号内单词的正确形式。

阅读填词的基本特点是：

（1）形式：重点考查单词拼写、语言基础知识、语篇理解能力和语言表达能力；在考查词汇的同时也考查学生读与写的能力。考生必须在理解短文内容的基础上，把握短文主旨大意，运用所学语言知识填空，使短文语篇完整；

（2）选材：符合学生的书面表达水平，短文共设 10 小题，第一行不设题，其余每行挖空一处设一题；考查以实词为主，兼顾其他词性；

（3）提示方式：有首字母提示、汉语提示、语境提示。

2014 年高考（新课标 I）英语试卷的阅读填词题是一篇议论文。论述了当人们遇到看起来不可能做的事情时应该怎样做？短文以治理长期被污染的河流为例，一开始看起来治理它很难，但是经过几个月甚至几年的时间终于变成清澈的小河了。同样的，对于我们大多数人一样，做出改变需要的是努力和耐心。例如：

第 61 小题 Are you facing a situation that looks impossible to fix? In 1969, the pollution was terrible along the Cuyahoga River Cleveland, Ohio. It __61__ (be) unimaginable that it could ever be cleaned up. 根据本段第一句 In 1969, the pollution was terrible 可知本段叙述的是过去发生的事情。the Cuyahoga River Cleveland 在过去被污染地如此地严重，过去没有人能够想象倒这条河被清理干净。所以填 was。

第 65 小题 It took years of work __65__ (reduce) the industrial pollution and clean the water. 本题考察固定结构 It takes sb. some time to do sth. 做某事花了某人……时

间;句中的不定式 to reduce he industrial pollution and clean the water 是句子真正的主语,前面的 it 是形式主语,填 to reduce。

第 67 小题 Maybe you are facing an impossible situation. Maybe you leave a habit __67__ is driving your family crazy. 这是一个定语从句,先行词是 a habit,定语从句中使用关系代词 that/which 指代先行词在句做主语,填 that 或 which。

五、注重语言评价与写作能力考查,全面提高学生素质

1. 短文改错

短文改错题重在考查考生对书面语言的理解分析、监察评价的能力,错题的类型主要包括词法、句法、语篇结构、行文逻辑等,具体涉及名词、动词、形容词、副词、连词、介词、同义词、习惯搭配等,它为考生提供了判断错误和改正错误的范例。2014 年高考(新课标 I)英语试卷短文改错讲述英语初学者学习英语写作的感受和体会,是我国中学生都必须经历的过程,读来并不陌生,增强了考生答题的信心。本题的考查类型详见下表:

类型	名词	动词	形容词	副词	代词	介词	连词	冠词
错一词	3	4	7,10	1,6	8	2 习语		
多一词							9	
缺一词								5 习语

例如:Nearly five years before ,and with the help by our father, my sister and I planted some cherry tomatoes(圣女果)in our back garden... 句义是"大约 5 年前,在父亲的帮助下,妹妹和我种了一些圣女果。"这里,错一词,before 改为 ago,一段时间和 before 连用常常用于完成时;一段时间和 ago 连用,常常用于过去时;with the help of 是习惯搭配。

As result, the plants are growing somewhere. 句义是"结果,圣女果长得到处都是。"这里少一词,在 As 后面加 a,考察固定搭配 as a result(结果是)。

Although we allow tomato plants to grow in the same place year after year, but we have never had any disease or insect attack problem. but 改为 yet(错一词)或者去掉 but(多一词),从属连词 although 不能和并列连词 but 连用,可以将 but 改为副词 yet。

2. 书面表达

书面表达题旨在考查考生根据所提供的情景和特定的要求,综合运用各项语言知识、正确地遣词造句、连句成篇、进行书面表达的能力;考查考生理解情景提示的内容,抓要点和中心思想的能力。2014 年普通高等学校招生全国统一考试(新课标 I)英语试卷书面表达题考查应用文(书信)的写作,以李华的名义写信给英国的一个培训中心询问暑假培训的详细内容。此题具有一定的开放性,内容贴近生活实际,考生

有话可说,有利于其发挥创造性思维,培养创新能力和运用英语解决实际问题的能力,引导中学英语教学关注学生实际生活,培养学生写作能力,提高学生的英语综合水平和自身素质。

据考生书面表达的答题情况,以下几点应引起我们注意:考生要清楚这是一封信,要符合信的格式,这是考生非常熟悉的一个应用文文体。考生要注意动词时态的变化,以一般现在时为主,兼有将来时,比如:功课什么时间开始? 这是将来的事情。注意恰当使用一些连词,使文章自然、流畅。使用一些高级句型和词汇来提高作文档次。运用 plan to do sth. ,would like to do sth. ,pay for, look forward to doing/sth. 等一些短语,增加文章的色彩;使用一些过渡词如:first, besides 等,使文章过渡自然;用一些连词使句子结构复杂化不再单一,如:I'd also like to know how much I have to pay for the course and whether accommodation is included. 在 wish 后用虚拟语气,增加文章的亮点。

考生容易遗漏一些关键信息,这会影响内容的完整性,从而导致失分;不能正确地遣词造句、连句成篇,以致错误运用语言知识,不能恰当使用语句间的过渡、连接成分(如 first, besides 等),致使句子间关系松散;少数考生还会出现一些低级的语法错误等;选择句式缺乏变化,不能按照要求灵活使用带有从句的一些高级句式。

六、夯实基础,突出运用,发展能力

1. 研读课标与考纲,增强复习教学的针对性、实效性

《普通高中英语课程标准(实验)》明确了英语学科的基本理念、课程特点、课程目标以及教学建议,这是指导教学的权威性、规范性的文件。复习教学要以《普通高中英语课程标准(实验)》《考试大纲》为依据,抓住高考复习的"方向标",不能仅抓所学的教材,受教材的束缚。高考命题的依据是《普通高中英语课程标准(实验)》和《考试大纲》,而不是某一版本的教材。如果只局限于某一种版本教材,我们就可能顾此失彼。教学时教师要树立课标意识,坚定新课标理念,整合所学基础知识,提高语言技能和语言知识教学的针对性和有效性,发展学生的综合语言运用能力,提高学生的人文素养,切实减轻学生的负担。

2. 更新理念,联系实际,构建魅力课堂

2014 年高考英语试卷遵循《普通高中英语课程标准(实验)》,以《考试大纲》为依据,考查学生综合语言运用能力,尤其是对学生思维能力、听读理解与分析能力、推理能力、应用写作能力的考查。

作为教学"指挥棒"的高考牵引着一线教学的方向,教师要与时俱进,改变陈旧的教学方式,用先进的教育理念指导教学,注重培养学生的创新精神和实践能力,倡导学生自主学习、合作学习、探究学习,培养学生通过听读输入、搜集和处理信息的能力、获取新知识的能力、分析问题和解决问题的能力,通过说和写发展语言有效输出

的能力。

摆脱当下“费时低效”的困境，回归英语学习的本真，指导学生广泛阅读，变“死读”为“活读”。教师要引导学生关注生活，课堂教学只有贴近学生、贴近社会实际，才能激发学生学习兴趣和热情，让复习教学充满魅力。

3. 优化复习策略，提高复习效益

教师要深入研究每种课的复习模式，做到循序渐进、步步为营、厚积薄发。对学生进行全面深入地了解、分析和研究，了解学生学习现状，分类推进、因材施教，让学生在每节课上都有所得。合理分配时间，将学生的自主学习与教师的课堂讲授有机地结合起来，充分发挥学生的主体作用。认真探讨复习方法，提高学生自主学习能力。教师可根据不同学生的学习特点，指导他们制定切实可行的复习计划和各阶段的复习目标，引导学生养成反思和调控自己学习的习惯。

4. 注重听力训练，不断提高学生的听力水平

加强针对性训练，选择题目较为灵活、干扰性强、材料题材与长度符合高考要求的资料进行训练。推荐两种听的训练方法：expansive listening 泛听，扩大听力范围，不去留意特定的点，只抓取大意；这对于我们平常练习、全面提升听力能力很重要，这样的材料稍微难一点也无所谓，在长期训练之后自然就能听懂更难的材料了。reductive listening 有选择性地听，缩小听力范围，只抓重要的点；这个技巧对考试相当重要，在听力考试当中我们很多时候不需要去注意不重要的信息，只需要抓取能够答题的关键点即可。

5. 夯实语言基础，构建知识网络

知识是能力的基础，能力是对知识的运用，二者密不可分。全国(新课标Ⅰ)卷加强重点知识的考查，如完形填空、阅读填词、短文改错等，但强化语境，突出应用。教师教学时要深入研读课标和考纲，突破现有教材的体系，整合有关词汇、语法知识，帮助学生建构知识的网络，夯实英语基础知识，使基础知识条理化、系统化，克服思维定势的影响，培养学生在语境中灵活运用所学知识，达到融会贯通，举一反三的目标。

6. 加强语篇学习，提高阅读速度和理解能力

全国(新课标Ⅰ)卷的阅读理解题以细节理解题和推理概括能力的考查为主，因此，复习阶段，教师要有针对性地指导学生进行限时阅读技能训练，重点培养学生用英语获取信息、处理信息的能力、分析问题和解决问题的能力。

朱永新说，“一个人的阅读史就是一个人的思想发育史”。把好阅读选材关，指导学生阅读启迪智慧、开拓视野、催人上进的适合学生认知水平和心理特点的材料；不只是用阅读试题代替英语文本阅读，不能用标准化训练代替英语阅读活动。做好阅读方法指导，阅读得法，加强理解、内化知识，融会贯通；要训练阅读策略，使学生能够根据不同的阅读任务采取不同的阅读策略。教师要创设适宜的阅读活动让学生在阅读中增长自信，陶冶情操，丰富思想；在阅读活动中发展能力，增进友谊，丰富生活。

7. 改进写作教学方法，培养逻辑思维和创新思维能力

写作教学要长计划短安排，从模仿写作、尝试写作到自由写作，遵循规律，循序渐进，从句型替换句子改写到掌握书信、日记、通知、便条、简讯等不同文体短文的写作规范，指导学生熟记相关文体的固定表达，储备必要的词汇、句型。在此基础上，进行尝试写作，在一定的框架和情境提示下，就一个话题进行表达，做到内容充实、语言正确、逻辑严密。鼓励学有余力的学生进行自由写作，通过办英语手抄报、结交国外电子笔友（e-pal）等发表见解、抒发情感。教学要重过程轻结果，重内容轻形式，鼓励学生表达真情实感，反对死记硬背和生搬硬套。突出思维能力训练，在作文审题、要点概括、话题切入、内容展开过程中发展学生的逻辑思维能力、批判性思维能力，在表达个人看法中发展学生的语言创新能力。

8. 研读真题，规范、系统训练，提升学生的解题能力

认真研究近几年的高考试卷，增强复习的针对性。近几年的高考试题展示了命题者的立意角度和涉及的知识范围，是考生了解考试的窗口。教师应认真研究近几年的高考试题，总结命题立意和命题手法，把握方向，精选复习资料，选择有针对性的题目，精讲善练，不搞"题海战术"，增强高考复习的有效性。解题能力的欠缺是导致学生答题失分的要素之一。为提高学生的解题能力，教师对学生的考前训练应有针对性、合理性，力求系统训练、规范训练，切不可盲目搞题海战术。

考前训练，教师要针对不同题型，如听力题、完形填空题、阅读理解题、书面表达题等进行分类指导，教会学生这些题型的解题技巧，了解应注意的事项；训练学生注重答题的条理性和有序性，强调答案的规范性；及时评讲，纠正学生解题方法和技巧上的错误。

2014 年普通高等学校招生全国统一考试（新课标 I）英语试卷贯彻执行了《普通高中英语课程标准（实验）》与《考试说明》的精神，体现了课改的方向，在充分彰显选拔功能的同时，很好地发挥了对英语教学的积极导向作用。课程改革在全国各地深入、持续地开展，国家《普通英语课程标准（实验）》指出：基础教育阶段英语课程的总体目标是培养学生语言技能、语言知识、情感态度、学习策略和文化意识的综合语言运用能力，词汇量达 3000 多个；高考英语试题渐渐淘汰单项选择题等纯知识性的题型，更加关注阅读、写作、听力等能力的检测，由此看来，我们的中学英语教学任重而道远。

激活思维　有的放矢　针对实效　激励进取

——关于试卷讲评创新的思考

试卷讲评课是日常教学的课型之一，尤其是毕业班教学的冲刺复习阶段，更凸显它的重要性。讲评课的主要功能是矫正学生在答题过程中暴露的问题，深化对英语知识的理解，提升以思维品质为核心的各种能力。在时间紧、任务重、备课量大的情况下，试卷讲评往往成为薄弱的一环，也容易落入俗套。如何创新试卷讲评，提高讲评效率呢?

一、趁热打铁，评讲试卷

测试之后，教师要尽量在当天做好试卷的批阅，进行详细的统计分析，次日进行讲评。趁热方能打铁，因为此时学生还处于思维的热点，对试题相当熟悉，他们对自己的解题思路与方法还很清晰，这时讲评必能收到立竿见影的效果；而且测试后学生急于知道分数，急于知道正确答案，此时学生的求知欲极强。否则，时间一长，学生将试题内容和解题思路忘得一干二净，寻求正确答案及原因的积极性也大大降低，不利于对错误的纠正及知识的弥补。

及时讲评可以调动学生的非智力因素，使他们以更积极的姿态认真听讲，提高讲评的效率。

二、激励进步，有的放矢

对总分情况进行总结说明，表扬高分的，有显著进步或有一定进步的同学，而不是一味地责怪学生“这些内容老师平时再三强调过，为什么还错?”一堂好的讲评课，首先应该发现学生已经掌握了什么，充分肯定成绩，鼓励和表扬学生的进步(落实到具体的学生、具体的题目)。

做好测试的小结，包括考试的准备情况、答题情况、得分情况、出错的主要原因等。反思“错在哪里”是基础不扎实还是审题不细心? 是解题表述不规范还是隐含条件的意义不清? 是思想不重视还是心理紧张过度? 是实力分还是运气分? 要对症下药，以求收到实效。对照答案写出对题意的理解，解答过程等，做好个别辅导和答疑工作。有代表性的小结在课堂上交流，针对学生的小结，教师可以帮助学习有困难的同学制定改进计划，确定可行的目标。

三、分析试题，改进教学

讲评的目的在于教学双方通过讲评发现各自存在的问题，一边在今后教与学的过程中加以解决。具体地说，就一份试卷而言，讲评的目的在于重点解决一些比较特殊的问题，给学生的答题指点迷津，同时深化试卷的所学内容。讲评是对试卷本身的分析，是对学生答题掌握情况的分析。

1. 分析试卷命题情况

首先，对试卷所考查的知识点进行统计，对知识点在试卷的分布情况进行分析，以判断试卷的难易程度。

其次，对试卷各题的命题思路进行分析：命题者通过什么手段设置干扰项，对这个知识点我们还可以从哪个角度进行考查。

2. 分析试卷答题情况

首先，对学生答题的总体情况进行分析，了解自己所任教班级的学生的整体水平。

其次，逐项分析答题的正确率，了解学生掌握知识的程度。

然后，分析学生解题的思路，正确的解题思路要分析，错误的解题思路也要分析，以了解学生在平时学习中存在的薄弱点。

通过命题和答题分析，可以加强讲评的针对性和指导性。教师尤其要对由于自己的教学而导致学生产生的错误进行反思，如知识的遗漏使学生没有形成知识链；所教的语法项目或词汇的用法不够深入，学生掌握得肤浅，而导致了错误等。对这类错误的出现，教师除了在讲评课上或今后的教学中及时弥补，还要认真剖析在教学方法、教学内容、教学重难点、教学进度等方面存在的问题，及时调整，努力改善自己的教学。

四、分步实施，各个击破

课堂是讲评试卷的主要过程，教师要吸引学生积极参与课堂。师生通过各种课堂活动，既要把出错频率高、难度系数大的解决掉，也要给不具代表性的小问题，临时冒出的新问题以满意的答复，让每个学生都能得到最大的成就感。

提高试卷讲评效率：统计每道题的错误率，40% 以上错的，研究透彻其共性，进行集中讲解；出错在 15 ~ 40% 之间的题，通过小组合作解决，让一部分学生当小老师，兵教兵；错误率在 15% 以下的不讲，引导学生查、问、独立解决，培养学生自主学习、自我完善的能力。

要进行针对性讲解，把握脉络，注重系统，构建框架，而不能游离，要看到知识以外的东西，从简单到系统，将零星链接成系统。

1. 小组讨论

首先，让学生以小组的形式，讨论彼此试卷中的错误和疑问，或者查阅相关的课本和资料。通过学生之间的交流，很多问题即能得到解决，既提高了学生的学习热情，又使学生对错误加深了印象。教师的任务是到各小组聆听，必要时也参加讨论或给予引导。教师把问题呈现给学生,引导学生共同讨论、各抒己见,构建一种师生平等、互动的学习环境。

2. 迁移训练

教师要充分利用好每一份试卷,借题发挥,突出重点,突破难点,针对问题,贵在精讲,启迪思维,举一反三,归纳演绎,注重实效,借考试达到巩固所学知识点的目的。"借题发挥"在这里有多方面的含义:其一,一套覆盖面再广的试卷也只能考查到一个学生英语语言运用能力的一部分,很可能还有某些知识点的遗漏,所以教师应该有意识地把遗漏的知识点"牵扯"进去;其二,讲评某一题时,借题说明还有哪些知识内容会以此题的形式进行考查,对相关的知识点可以做一个系统化的罗列;其三,针对解题时运用到的技巧教师要能给学生举一反三的运用机会,选择有针对性的适量的作业,让学生有巩固和练习的机会,同时检查一下是否真的明白了,若反复犯错,则仍需继续找原因。学生能答出正确答案并不意味着他理解了问题的核心,追根究源,知其然更知其所以然,因此,教师应让学生对自己的答案进行思考,找出该答案正确的理由。学生的正确概念是在不断地同错误概念进行斗争,不断地从失败到成功的过程中逐渐形成的。例如,在错题的训练上,就试题进行分析解答后,教会学生用同样方法再做相关的题目,进行迁移练习,让学生从方法上获得训练和实践的机会,提高综合语言运用能力。

3. 教师主讲

经过以上的步骤,教师的讲评内容和讲评方式已经水到渠成,讲评内容是大部分学生反映出的疑难问题,讲评的方式是教师深思熟虑过的,从而能够吸引学生的注意力。出错频率小,学生反馈较少的试题,教师可以一带而过,甚至忽略不讲,因此,教师讲题是"跳跃式"的,有针对性、有代表性的讲评可以极大地提高课堂效率。讲评过程中,教师应该促使学生掌握正确的解题思路、方法和技巧。比如,在讲评单项选择题时,指出解题的正确方法是:识别所考查的知识点,抓住关键因素,运用所学知识迅速作出选择;掌握技巧:联系题干分析备选项,用识别法、排除法、暗示法作出正确选择。讲解完形填空与阅读理解试题时,不必逐篇逐题泛泛而讲,而应该进行必要的解题指导,指导学生注意精读文章段首句,善于从段首句中抓住信息,学会快速通读全文,挖掘文章寓意,理解作者的写作意图,积累一定的词汇量,有时要学会根据上下文猜测词义,努力丰富中西文化背景知识等。这样,假以时日,对于培养学生的思维能力和阅读理解能力将大有益处。

4. 答疑解惑

教师的主讲彻底地解决了试卷中涉及的绝大部分问题。但被教师忽略的极少数学生的问题可能还悬而未决;对于教师主讲的全部内容,或许并非每个学困生都弄明白了;而且教师的主讲过程使得有些学生联想到了新问题。这时,教师要做的就是把这些小疑惑激发出来。鼓励学生之间相互讨论,也可以让部分学生当一回小老师,尝试回答上述问题,教师给予面对面的点拨。对于学生来说,来自教师详细而准确的反馈和及时得到老师提供的额外帮助,这些都有助于形成积极的课堂环境,从而使不同层次的学生的不同问题都得能到满意的解决。

五、建"错题集",反思改进

讲评后应给学生一定的时间进行消化和巩固。要求学生在讲评的基础上再认真审阅,清理自己的失分点,要求每位学生建立"纠错本",每次考试后收录自己的错题,并且写明错误原因,以便随时查阅反思,避免再犯类似的错误,使学生真正达到"失败乃成功之母"的境界。

同时,教师也建立"错题档案",对于试卷中出错率较高的题目,教师要针对该题所涉及的有关知识内容、技巧、技能、思想、方法,多角度、全方位地精心编制一些补偿性练习或变式训练,使学生从不同角度加深对该问题的理解和掌握,帮助学生加深认识和扩展知识,以便及时巩固与提高。

根据英语试卷的命题特点,从知识的系统性、语用角度、语篇结构、交际功能着手,以试卷讲评为载体,做到知识的归纳和延伸、学生能力的培养和提高、应试技巧的训练和养成,才能成为一堂充满活力的试卷讲评课。

教与学不只为赢得成绩。不要将学生成绩公布于众,不要进行中、高考倒计时,努力做到每一天优秀,结果就有可能优秀。要关注成绩背后的东西,诸如成长、习惯、理想、家庭、学校、社会等因素,学校是洋溢着生命气息的地方,要努力把学校建设成为求知的学园、活动的乐园、生活的花园和温馨的家园。

——·教育研究篇·——

创新教研方式　提升教研品味

教研员队伍是具有中国特色的一支教育精英队伍,需履行研究、指导、服务、管理的职能;教研员被誉为"教师的教师",对教师的成长起着唤醒、点拨、引领的作用,一位优秀的教研员就是一支优秀的学科教师队伍。面对新的教育形势,基层教研室要创新自己的工作思路,作为"教师之师"的教研员必须重新定位自己的角色。我们的目标是,创新教研方式,提升教研品味。

一、解决突出问题,教研主题系列化

教研活动主题化、专题化、系列化,解决突出问题。专题先行:每个学期初公布教研专题,阐述专题生成的背景、研究的目标,展开的方式和要求,使全市教研连接成为一个相互关连的网络。每学期围绕一两个突出问题,组织专题教研活动,注重教研活动的计划性,强化教研活动的指向性,提高教研活动的针对性与执行力,促进教学质量的提高。围绕教师专业素养提升、课堂教学有效、教研组作用发挥等突出问题,开展主题化、专题化、系列化教研活动,强化教研活动的指向性。努力做到教研活动次次有主题,过程有记录,资源能共享,教师有收获。

二、进行案例研究,做实做真教研

以课堂教学为主阵地,以课例研究或案例分析为基础,组织开展同课异构、课例观摩、评课议课等教研活动,提高教师教学业务水平;充分发挥名师的示范、引领作用,通过上示范课、观摩课,推广成功教学经验,带动全体教师课堂教学水平的整体提升。

案例研究植根于实践的土壤,所探讨的问题皆源自于真实的教学情境,有着较普遍的代表性,对这些问题作深入地研究,将有益于新课程理念下的教学实践。

坚持案例研究"用心观察——发现问题——深入反思——形成理论"的基本流程,注重"问题意识""反思意识",练就一双慧眼,发现问题,研究问题,解决问题,使

每一次教研成为发现之旅。课改伊始,安庆市迎江区率先开展了案例研究活动,案例研究成为教师的工作常态,此举得到《人民教育》(2005 年第 1 期)的宣传推广,多位教师的案例研究在《人民教育》上发表。

三、建设教研基地,发挥辐射效应

创新方式、重心下移,切实发挥教研基地的辐射效应。教研基地是教研信息交流的平台、成果推广的中心、资源共享的超市。建设市级教研基地,推广校本研究经验,放大研究效应,充分发挥基地的辐射作用。蹲点基地,倾听学校的呼声,增进彼此的了解;走近教师,触及教师的心灵,缩短彼此的距离。变灌输式指导为对话式互动,变指令性安排为参与式服务,实现教研人员与教师的共同成长。

在校本研究区域推进过程中,为促使城乡连动、校际互动、优势互补、资源共享、以强带弱、整体提升,通过专业引领、校际会课、专题合作、专家会诊、主题论坛、教学互访等不同方式积极开展多种主题的校本研究活动。基地的建设,必将推进安庆市校本研究的深入发展,形成"滚雪球"式的发展局面,由学科校本研究的"星星之火",形成大面积的"燎原之势",从而加快校本研究的整体进程。彼此分享智慧与创造,化解教育生活中的疑难与困惑。

安庆市各县(市)、区教研员均有自己的教研联系点、实验点,做到基层学校需要什么指导与服务就提供什么,力求优质高效。落"地"生根,变"在上指挥"为"上下结合",使研究接"地气"。让教研员说话有底气,评课有依据,研究有支撑,成果有意义。导引并行,变"遥控指挥"为"贴身服务",以"服务"为宗旨,以"指导"和"助推"为手段。教研员要以平等心态对待学科领域的教师,听课、评课、交流都不以专家自居,而以同事之位相处,让一线教师有与教研员平等交流的机会,增加"亲近度"与"信任度"。

四、关注教育热点,拓展教研内涵

社会的急剧转型,基础教育的快速发展对教科研工作提出了新的挑战。2012 年,针对安庆市班主任专业发展出现高原现象、中学生生涯规划教育仍处在盲区,以及一段时期中学生因心理问题多次出现恶性事件等现状,我们审时度势,顺势而为,在全市举办了中小学生心理健康教育研讨会、中小学班主任工作暨中学生生涯规划教育研讨会、中小学班主任主题班会赛等大规模、有影响的活动,深得广大学校领导、教师好评。这些创新性工作依然是我们今后的重点工作,依然是拓展教研内涵的重要路径。

课改的深入赋予教研工作新的内涵,教研工作从研究教材教法走向课程领导力的发挥,支持、帮助教师研究课程标准、研究学生;研究如何根据学生的特点和需求,基于课程标准实施有效教学;研究如何从课程执行走向课程开发和利用等。教研员应从区域的"学科领导"走向"课程领导"。

五、借助现代媒体，发挥教研效应

网络办公提高效度。2005年以来，安庆市教研系统全面实行无纸化办公，节约资源，及时快捷，提高效率，教研通知、信息、资源网络共享，使一线教师直接受益。

三间“名工作室”辐射无限。为建设一支高素质、高质量的教师队伍，安庆市于2007年、2008年及2009年教师节设立了名教师工作室、名校长工作室、名班主任工作室，“三名志士”奋发有为，利用网络平台，示范引领，以点带面，为安庆教育事业的发展作出了突出的贡献。

博客教研影响广远。2006年，安庆市启动了教师博客建设工作，通过网评员制度、网上月评制度、年度“十佳博客团队”及“百名优秀教师博客”评选表彰制度、定期交流研讨制度的建立，博客在引导广大教师开展互动学习和行动研究方面发挥着越来越重要的作用。

“魔灯教研”跨越时空。2008年，安庆市迎江区率先将“魔灯”技术引进教育教学中，发挥“魔灯”软件的课程管理、学习管理、网络管理三大功能，建立了教师课程、学生课程两大教育资源，开通了“师师互动”“师生互动”“生生互动”“家校互动”四个对话通道，方便了教育教学的广泛需求，最大限度地优化了教育教学。

六、探寻教育模式，创新教研文化

课程改革的核心环节是课程实施，而课程实施的基本途径是教学。在教与学这对矛盾中，教师的教是矛盾的主要方面，因而转变教师的教学行为是课程改革的关键。更新观念，问“道”于生，求“道”于学，“以生为本”，“以学定教”，从改变课堂结构入手，积极践行，出模式、出经验、出思想，创造有生命活力的课堂，提升教研的质量与品味。

学习借鉴先进的课堂教学与管理的经验，深入研究影响课堂教学效益的因素，结合市情，大胆改革，不断创新，探索出适合安庆市学校实际的教育教学模式，并通过成功模式的总结、推介，切实推进课程改革由理念向实践转化、课程向教学转化、教材向教师转化。

创新有效课堂教学模式，促进学生高效学习。课改以来，安庆市组织优秀教研员、骨干教师赴南昌参加金太阳教学模式研修，积极探索与尝试学导型思辨课堂模式，近三年，安庆市开展了两次“成功教学模式和典型教育经验”征集和推介活动，共评选出93项成果，对“语文主体性发展”教学模式、“双主互动”课堂教学模式、“三步五段式”计算教学模式、“问题生成学导课”模式等进行分批展示推介，在望江县杨林初中举行“有效课堂”教学模式现场会。

通过学、研、行、导、著，提升教研员职业境界，优化教研员专业素养，增强教研人的服务意识，追求“得要领，善引领，能统领”的教研境界，充分发挥教研的正能量，营造和谐、智慧、高效的教研文化，努力形成自己的教研特色。

校本教研与教师发展的思考

教育部在《关于改进和加强教研工作的意见》中明确提出教学研究应以校本研究为主:"学校是真正发生教育的地方,教学研究只有基于学校真实的教学问题才有直接的意义";"学校是基地,将教研重心下移到学校,在学校中发现问题、分析问题、解决问题";"教师是主体,不断提高教师专业发展能力是教育创新的活力所在"。

一、校本教研的概念

英文中的"school-based education research",是指"基于学校的教育研究"。校本教研是为了学校发展、立足于学校并在学校中开展的一种开放式、发展性教育研究实践活动,是伴随新一轮课程改革不断向纵深推进而生发的一种学校教育研究策略,是实施科研兴校战略、建设学校办学特色、提升学校品质形象、促进学生发展、推动教师专业成长的有力举措。校本教研,是为了改进学校的教育教学,提高学校的教育教学质量,从学校的实际出发,依托学校自身的资源优势、特色进行的教育教学研究。它是指以学校为基地,以学校内教育实践中的实际问题为研究内容,以学校管理和教师为研究主体,以促进师生共同发展为研究目的所开展的教育研究活动。校本教研是一种理论指导下的应用性研究,既注重切实解决实际问题,又注重概括、提升并探索规律。

二、校本教研的意义

1. 校本教研是促进学校发展的动力之源

校本教研可以改变中小学教师在教学实践中仅仅处于执行和服从的被动地位,为尊重、调动和保护中小学校长和教师教学创新的积极性开辟了道路。中小学教师可以理直气壮地"开展自己的教学研究","解决自己的教学问题","发表自己的研究成果","改善自己的教学实践"。

2. 校本教研是引领教师可持续发展的一盏明灯

教师通过校本教研,使教育过程成为实现和提升生命价值的过程,在教育过程中通过激发学生的生活热情、挖掘他们的巨大潜能、塑造他们的健全人格,实现自己的精神追求,丰富自己的情感生活,释放人生的智慧光辉,实现自己的幸福理想。

三、校本教研的基本理念

校本教研是一种以校为本的教学研究制度。它涉及三个重要的理念,即:"为了学校”“基于学校”和“在学校中”。学校是真正发生教育的地方,教学研究只有基于学校真实的教学问题才有直接的意义。

1. 为了学校

以校为本的教学研究,无论作为一种活动,还是作为一种机制,其直接目的都是为了改善学校的教学活动,提高教学效率,促进教师和学生的共同发展。其中的核心是教师的专业发展和学生身心的健全发展,这是体现学校办学水平的主要内容,是学校可持续发展的灵魂。

2. 基于学校

学校是教学研究的基地。校本教研强调学校是教学研究的基地,意味着教学研究的重心要置于具体的学校教学情境中,教学研究的问题是从学校教学实践中归纳和汇集的,而不是预设和推演的,要在学校真实的教学情境中发现问题、分析问题和解决问题。以校为本的教研,要有宽松自由的学术研究氛围,学校应当给教师机会,重视教师的研究,充分肯定和承认教师的研究,释放教师的创造精神,特别是允许有不同的方法,引导和鼓励教师上出“自己的课”。创设一个宽松的氛围 ,让教师敢于发表自己的意见,这种研究状态,对广大教师来说,更为引人入胜。

3. 在学校中

校本教研基本上都在学校开展。学校即研究中心,教室即研究室,教师即研究者。校长是校本教研的第一责任人,校本教研是学校教学管理的重要抓手。教师是教学研究的主体,教师即研究者。校本教学研究强调教师是教学研究的主体,认为教学研究不能只是少数专职研究人员的专利,还应该是所有教师的权力和责任。只有当越来越多的一线教师以研究的态度来对待自己的教学实践和从事教学工作,并且在这个过程中不断提高解决实际教学问题的能力,学校教学质量的普遍提高和教师的专业发展才有可能。

4. 教研机构是校本教研的支撑力量

强调教研机构是校本教研中的支撑力量,实际上要求学校积极主动地争取专业研究人员的支持和指导。教学实践问题的研究和解决、教师专业的成长及学校办学水平的提高,离不开教学研究专业人员的指导和引领。重视教研机构在校本教研中的积极作用,是校本教研得以深化发展的重要条件。

四、校本教研的基本要素

教师个人、教师群体、专业研究人员是校本教研的三个核心要素,它们构成了校本教研的三位一体关系。三者在行动研究中互相作用,缺一不可,具体表现为以下三种行为(见表1)。

表1　自我反思(实践与反思,教师与自我的对话)

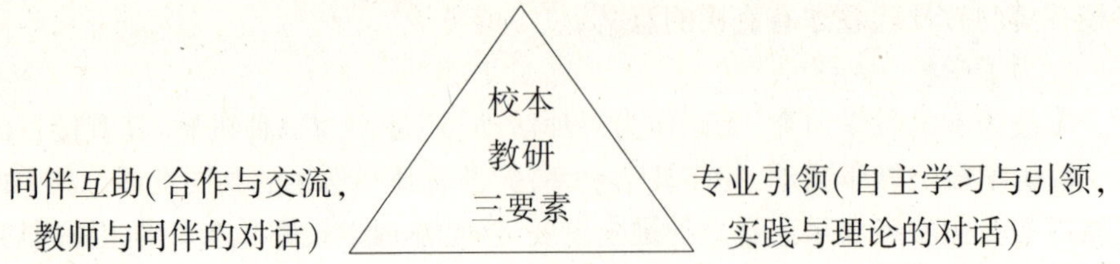

1. 自我反思

教师的自我反思在内容上包括教学观念、教学行为、教学效果三个方面。通过反思,教师不断地更新教学观念、改善教学行为、提升教学水平,进而对教学现象和问题形成独立的有创造性的见解,从而提升教学活动的自主性、目的性,克服被动性、盲目性。

教师的自我反思在不同阶段有着不同的特点和具体的表现形式。一是在实施课程之前的反思,这时候的反思往往是一种预设性的反思,即教学设计的过程,教师通过教学假设,综合学生各种因素,促进教学行为更有效。二是在教学过程中的反思,在教学过程中进行及时的反思,处理和思考随时出现的各种问题。这种反思具有监控性的即时性特点,教师通过反思及时调整教学思路、教学过程及教学方式,使教学活动得以高效顺利地进行。三是在课程实施后的反思,教师在教学活动结束后,及时并有效地回顾自己的教学活动过程,不断总结经验教训,使教育理论与教育实践进行有机结合,使教师逐步成为专家型的教师。

2. 同伴互助

同伴互助建立在教师自我反思的基础之上,是校本研究最本质的活动形式。校本研究如果只停留在自我反思的层面上,就变成了“师生研究”,而非真正意义上的校本研究。只有通过同伴互助这种群体性的研究方式,才能改革教学研究中“单打独斗”的局面,教师群体的共同发展才有所依托。

同伴互助的活动方法有:①对话——可交换信息、可共享经验、可深度会谈、可探讨、可辩论、可质疑、可答疑。②协作——寻找伙伴,共同承担某个实际问题的研究;有共同的研究目的,也有各自的研究责任、群策群力,完成既定的研究任务。③帮助——指具有丰富的教学经验和教学成绩的骨干教师,指导新任教师或教学能力亟待提升的教师,使其尽快适应环境和角色的基本要求。

3. 专业引领

专业引领主要是指各层次教研人员、科研人员和相关的专家、学者对校本教研的介入。专业引领是强化理论对实践的指导,是理论与实践的沟通。引领的主要方式,一是靠教师自觉学习并吸收先进的教学理论,并运用于反思和互动的教学研究活动之中;二是靠专家、学者的指导,通过他们,提炼教学中的实际问题,分析问题的成因,设计改进的策略,验证教学研究的成果。专业引领就形式而言,主要有学术专题报告、学习辅导讲座、教学专业咨询、教学现场指导等。

五、校本教研的基本类型

1. 校本教研的本质

校本教研从本质上说是行动研究。科学研究一般分为两种形式:理论研究和行动研究。理论研究是通过许多现象或大量事实的收集、整理,寻找其中规律性的东西。行动研究是教师(还有其他教学管理人员、家长、学生等)在学校真实的教育环境中发现问题、研究问题以及解决问题的一种工作方式,具体地说,就是“研究课题来自实际工作者的需要,研究在实际工作中进行,研究由实际工作者和研究者共同参与完成,研究成果为实际工作者理解、掌握和实施,研究以解决实际问题、改善社会行动为目的”,简而言之,即为行动而研究,在行动中研究,由行动者研究。行动研究强调理论与实践、研究与行动相结合。

2. 行动研究的特征

谋求改进(improvement)、自主参与(involvement)、合作交流(collaboration)。

3. 行动研究的步骤

任何研究都始于“问题”。当教师意识到自己的教学中出现了某种“问题”并想方设法(“设计”)在“行动”中解决问题且不断回头“反思”解决问题的效果时,教师也就踏上了一条由“问题——设计——行动——反思”铺设的校本教学研究的旅程(见图1)。

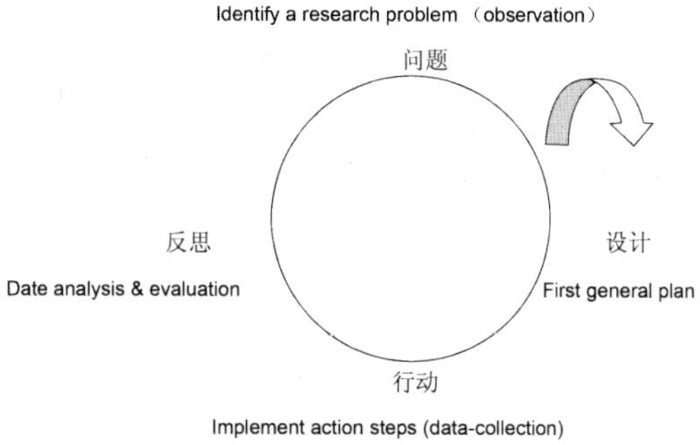

图1　行动研究的基本过程(螺旋式循环研究)

行动研究是教师在教学过程中对所从事的教学活动不间断的反思,实验,再反思,强调把教学过程变成一个不断发展的、螺旋上升的过程,是校本教研的有力抓手(见表2)。

表2 行动研究案例

研究过程	举例
1、发现问题/感觉疑惑	教师发现一个问题或疑惑：我的学生好像很少使用目的语(英语)
2、初步调查	到底怎么回事？连续录音、观察几节课。
3、提出假设	教学过程中多使用母语，重要内容都是用母语进行的。
4、设计干预	教师增加使用目的语进行教学，并用目的语组织教学。
5、行动	学生使用目的语增加。
6、反思总结	研究报告发表在教学通讯上。
7、发现新问题/感觉新疑惑	学生使用目的语不够熟练，发音不准等。

4. 校本教研的类型

校本教研的常见类型有教育日志、教育课例、教育案例、教育叙事、教育反思、微型课题、教育博客、专题讲座、课改沙龙、读书报告会等。

(1)教育日志

日志在英文中有不同的名称，如 diary，logs，field notes，journals 等。行动研究中的日志是关于我们教学情况的日常记录，包括观察、情感、态度、认识、反思、假设、分析和评价等教学内容，日志是一种与个人的对话，它可以记录作者认为有意义的事件。教师日志主要记录教师在教学过程中感到对自己有意义的事件、想法和感受。通过记日志，教师必然要对自己的教学进行反思，因而使反思成为经常性的行为，为行动研究打下良好的基础。

(2)教育课例

一份规范、完整的教学设计一般应有以下栏目：设计理念、教学目标(认知目标、能力目标、情意目标)、教学内容、教学手段、教学方法、教学过程，在教学过程的各个环节，可添加设计意图；一旦上完这节课，还可以加上教学反思。没有预设的课堂是不负责任的课堂，而没有生成的课堂是不精彩的课堂，预设与生成相得益彰，预设因生成而精彩，生成的课堂充满了生命活力。

(3)教育案例

案例是实践中发生的带有普遍性、代表性的典型事例；它反映一个事件发生、发展和演变的过程。教育案例研究是以课堂某一教育现象为研究样本，通过观察、反思等反复地分析和研究，以案例的形式来揭示其内在规律的科学研究方法。教育案例描述真人、真事、真情、真知，描述作者真切的感悟。信实和典型是案例最突出的特点，也是案例构成的两个基本前提；所谓信实，就是实事求是、客观可信、不掺假，不玩文字游戏；所谓典型，是指所记录的事件具有较普遍的指导意义，而不是不分主次的流水账。

(4)教育叙事

教育叙事是指参研人员以叙事、讲故事的方式表达对教育的理解或解释,它不直接定义教育是什么,也不直接规定教育应该怎么做,它只是给读者讲一个或多个教育故事,让读者从故事中去体验教育是什么或应该怎么做。这些“故事”样式的实践纪录,是具体的、情景性的,活灵活现地描绘出教师的经验世界,纪录的是教师心灵成长的轨迹,道出的是教师在教育教学活动中的真情实感。

教育叙事的基本结构:标题、引言、述说教育过程,反思或讨论等。

①引言:问题产生的背景。背景是交代故事发生的时间、地点、人物、起因,但不必面面俱到,关键在于说明故事发生有何特别原因和条件。

②述说教育教学过程:问题情境描述。每个教育叙事都必须有一个鲜明问题或矛盾。不能杜撰,但可以对实际情节进行选择,目的凸现焦点。要有细节的描写,描写生动,引人入胜。描写一般采取叙议结合,即描述+分析,也可以夹叙夹议。

③反思或讨论:问题解决结果或效果的描述。

教育叙事的写作过程可作如下概括(见表3):

表3　教育叙事的写作过程

写作步骤	建议的写作与研究方法
参与教育叙事研究活动	教学、听课、讨论、访谈等
观察并记叙教育教学过程	反思与诊断
参研人员教育叙事报告交流	综合评估、定性分析
资料整理	快速写作
修改与报告	投稿或网上交流

(5)教育反思

反思(reflective thinking,meditation),意为对自己的行为思想作深刻思考,自我检查自己的行为思想,把自己做人做事不对头的地方想清楚,然后纠正自己的错误。经常反思会促进教师的发展,提高教学质量。要通过说课、评课、撰写教学随笔等多种形式进行反思,深入到实际当中去反思,哪些行为有利,哪些行为不利,扬长避短,写出自己的真实体会,从见解的形成过程、思想的碰撞、观点的交锋、到点滴的收获和意外的尴尬都可以写。反思性教学实践的过程,既是一个从发现问题、分析问题到解决问题的循环往复的过程,也是一个教师素质持续发展的过程,更是经验型教师走向学者型教师必须经历的过程。

(6)微型课题

微型课题研究,是教师基于解决自身的教育教学困惑或具体问题而进行的一种微观的应用研究。微型课题研究是自主自发的,它是教师在教育教学过程中发现了问题,并在教育教学的过程中尝试解决这些影响教学效率和质量的问题,教师在对教学过程的干预和对教学方法的改进的过程中不自觉地进入了研究状态。

微型课题的特点：微型课题以自己为对象，为自己而研究；微型课题以行动为引领，为行动而研究，“课题的价值在于做”；微型课题以经历为载体，为经历而研究；微型课题以表达为需要，为表达而研究。

微型课题的选题：教育事件、教学事件——课题产生的触发点；教师个体从自身教育教学面临的困境中发掘问题；来自同伴的（年级组、学科组、班级组、办公室）共同感兴趣的话题；教师自身在读书、学习后的对某种新理念、新方法在自己教育教学中的嫁接、应用；教师围绕学校主课题研究，结合自身实际，确立的具体可行的子课题研究，进行建构性试验。

微型课题结题报告的格式：一、问题的提出；二、研究目的；三、国内外研究现状，本研究的特色（可略）；四、理论与实践的依据（可略）：依据——起点，条件，基础；五、研究内容；六、研究过程及方法；七、研究结果及分析；八、研究的主要结论；九、问题讨论与建议。

（7）教育博客

博客的诞生被称为“个人媒体时代的到来”，博客的教育意义在于将互联网过去的通讯功能、资料功能、交流功能等进一步强化，使其更加个性化、开放化、实时化、全球化。把信息共享发展到资源共享、思想共享、生命历程共享。教师博客的出现，对教育事业的发展是极有好处的，它的好处至少体现在以下几个方面。一是推进了课程改革；二是扩大了交流面；三是话语权的回归。

校本教研是一座桥梁，一座先进教育理念通往实际教育行为的桥梁。希望我们每一位教师从上好每一节课开始，关注教学设计的规范性、有效性，做到教学活动化，活动生活化，努力构建充满生命活力的乐学课堂，着重从课程入手，从问题入手，从案例入手，通过自我反思、同伴互助、专业引领，在实践中感悟、积累、沉淀、反思、总结、内化、升华，从点滴做起，坚持写教育札记，摄下自己的得意瞬间，记下自己的某一失误，录下自己的困惑，这些是我们从事行动研究、开展校本教研、撰写教育叙事、教育案例、教育课例、教育反思、参与教育博客的源头活水。

案例研究——引领我们成为研究型教师

在新一轮课改中,教育科研校本化是学校实现跨越式发展的动力,开展校本教研是21世纪教师的一项基本任务。通过教育科研校本化,可以总结经验,研究规律,指导实践,推动教育事业的发展和教育质量的提高;同时,也可以进一步提高教师的思想素质和业务素质,使广大教师不仅仅停留在单纯的传道、授业、解惑的层面,而要努力争取成为掌握先进教育理论、具有科研能力的学科专家。

我们要努力争当研究型的教师。苏霍姆林斯基说:“如果你想让教师的劳动能够给教师带来乐趣,使天天上课不至于变成一种单调无味的义务,那你就应当引导每一位教师走上从事研究这条幸福的道路上来”。

案例研究是实践者的研究,案例研究使我们的教研、科研找到了一个很好的结合点、化“天马行空”为“脚踏实地”,使人有一种回归本真的感觉。这项工作若能持之以恒地做下去,那么“教育家”的梦想就不会遥远了。

案例是实践中发生的带有普遍性、代表性的典型事例;它反映一个事件发生、发展和演变的过程。案例研究是指通过对这些典型事例的分析,提出解决问题的办法和思路,这种方法使课堂与社会紧密相连,理论与实践紧密结合,理论一旦进入实践操作层面,如同鱼入大海,鸟飞蓝天,“海阔凭鱼跃,天高任鸟飞”。教学案例研究是以课堂某一教学现象为研究样本,通过观察、反思等反复地分析和研究,以案例的形式来揭示其内在规律的科学研究方法。

案例是社会发展的阶梯,案例是人们成就事业的镜子。阶梯,可以使人们在向目标攀登中避免盲目徘徊;镜子,可以使人们更加清醒、明智与客观;二者都是我们生活与事业中的必备工具。

教学案例研究有助于我们把先进的教育理念落实到具体的课堂教学行为之中;有助于提高教师的实践反思能力,总结得失,明确方向,促进教师的专业成长;有助于同伴互助,相互交流研讨,共同提高;有助于教师深入地开展课题研究,提高课题研究的实效。对作者而言,经常撰写教学案例,发现问题、分析问题、试图解决问题,是教师自我提高的好途径;对同行而言,经常开展“案例讨论”,各抒己见,从中引出对某些规律性的认识,这是标本培训的好形式;对专家来说,常采用“案例教学”,理论联系实际,深入浅出,这是大家欢迎的互动式报告形式。

案例的形成过程:首先明确研究对象与目的,并通过观察访谈、调研及教学回顾等搜集时间地点、人物、情节、结果的实践“故事”素材;其次,分析素材,去粗取精,去伪存真,在同类材料中选出最具代表性的典型,形成案例原形;我们可撷取一个教学片段，针对一种教学现象，乃至一段对话，一个问题的设置，一幅板书的设计，组成“案例”；也可以“杂取种种，合成一个”，从多个“教学实录”中，选取具有共性的片段，组成“案例”，从而发现共同的特点和规律。接着，付诸文字，命名案例，整理成文。进而，自评、评析或反思，抒写作者所受的启发、感悟、引出的思索或评价。

案例的基本结构

(1)主题

案例应有一个主题，常常用一个醒目的标题来衬托。主题对于一个案例来说是不可缺少的，也就是说，一个教育案例必须交代清楚是关于什么的案例。它通常应关系到课堂教学的核心理念、常见问题、困扰事件，要富有时代性，体现改革精神。

(2)背景

教育案例应该把背景交代清楚，即说明故事发生的环境和条件，以便案例的使用者更好地理解，从而既能设身处地思考案例中的问题，也能摆脱情境的束缚，去探讨更深层的问题。

背景可以从以下方面展开：首先，描写你的难题，进行自我介绍；其次，提供一些基本情况，如学校类型、学生情况等；第三，生动地叙述，具体、明确地表达对你的教学或学生学习产生重要作用的学生的文化、种族背景等。

(3)情境描述

对事件进行简单的叙述，主要对案例故事的关键环节作详细的描述，着重围绕关键问题叙述如何处理，描述具体措施，假如又发生相似的情况，你采取什么不同处理方式？为什么采取这种不同的处理方式？在这里，案例是坦率的、中立的、戏剧性的、可读性强的叙述，它描述了一系列教学事件而又不仅仅只是描述或描写一些特定的一连串的事件，其间包含了教师的心理活动、观念冲突、反思等。为了使案例易于激发教师间的讨论，在案例中还大量叙述经常会出现的、典型的、犹豫不决或是导致陷入进退两难的困境中的典型事件。

案例描述应是一件文学作品或片段，而不是课堂实录，无论主体是多么深刻，故事多么复杂，都应该以一种有趣的、引人入胜的方式来讲述。

案例描述不能杜撰，它应来源于教师真实的经验(情境故事、教学事件)、面对的问题。当然，具体情节可经适当调整与改编，因为只有这样才能紧紧环绕主题并突出讨论的焦点。

案例的描述部分是案例的主体。通常我们说的“案例”指的就是这一部分，其余的部分都应该围绕案例来展开，虽然允许有一定的引申，但也要避免漫无边际的发挥。

(4)分析与讨论

首先根据现代教育理论和技术以及新课程理念，对案例中的课堂教学行为作技术分析，展现案例的价值 ，其中包括教师的课后反思、体会与启示、对教与学原则的引申等,案例研究所得的结论可在这一部分展开。然后提出建议讨论或需要进一步研究的问题,如学科知识问题、评价学生的学习效果、教学方法和情境问题、扩展问题等。

撰写教学案例要求:做到目标明确,描述鲜活而具体的"故事",问题与时俱进,选材有价值,材料选取适当,构思巧妙,表达生动,努力做到"言之有物,言之有理,虚实并重,小中见大。"案例要有理论意义,其中蕴含着教育基本原理,或是最新教育理论成果,或是课程标准的基本理念;案例要有实践意义,是教学实践需要解决的问题,是理论操作化的问题,是能促进师生共同进步的问题。教师需要案例的专业引领。对于他人的案例,我们一是学习,二是分析,三是找规律,四是实践;对于研究者自己的案例,我们一是实践,二是反思(分析、找寻规律),三是总结,四是再实践。

一个优秀的案例就是一则优美的故事,是教师生命之光的记载,它承载难忘的历史,开启美好的未来;一个富有启迪意义的案例使我们豁然开朗,如获至宝,顿生"众里寻她千百度,蓦然回首,那人却在灯火阑珊处"之喜。

案例是先行者为后来者树起的坐标和书写的启示录,是理念与实践如盐溶于水的鲜活文本。通过对"案例"的反思,我们可以更好地发现问题、思考问题、研究问题、解决问题,从而"产生一次新的质的飞跃"。我们可以更好的学习理论、结合理论、运用理论,把实际工作的得失由肤浅的、表面的"感性认识"上升到深刻的、本质的"理性认识"。

学,然后知不足,教,然后知困。朋友,请把你的每一个思想的火花,每一个"也许我那样会更好"记录在案,用来指导或启发今后的教学。一个阶段以后,你会发现在组织下一次教学活动的时候,已懂得了怎样更好地为学生服务,哪些环节还需要推敲斟酌的,这些一旦付诸实施,将会给你带来巨大的成功体验。

加强教育反思　做研究型教师

新的课程改革在对传统教师角色、传统教学方式形成前所未有的冲击的同时，也为教师成为研究型教师提供了广阔的发展空间，只要教师在教学中，把成为一名合格的教学工作的组织者、研究者、领路人和成为一名研究型的教师作为一种理念，作为一个追求的目标，在课程改革中是可以大有作为的。

行动研究——引领我们成为研究型教师。行动研究是实践者的研究，在行动研究的过程中，教师是研究的设计者、实施者、评价者和使用者。行动研究引导教师对自己的课堂教学进行研究，通过观察、分析、反思和研讨，运用教学理论和方法解决已发现的问题，不断改进自己的教学，提高教学效果，形成教师可持续发展的动力和能力。其中，自我反思是教师可持续发展的核心，行动研究则是其表现形式。任何研究都始于“问题”（以及由问题而发生的“惊异”）。当教师意识到自己的教学中出现了某种“问题”并想方设法（“设计”）在“行动”中解决问题且不断回头“反思”解决问题的效果时，教师也就踏上了一条由“问题——设计——行动——反思”铺设的校本教学研究的旅程。在这个过程中，教师的“行动”如何经由“反思”而成为反思性实践呢？

在整个校本教研的过程中，“反思”实际上是贯穿始终的。“问题”之所以能够提出来，“设计”之所以可能，“行动”之所以能够创造性地执行方案，都有“反思”的介入和参与。也有人因此将设计的过程称为“行动前的反思”，将行动的过程称为“行动中的反思”，将“回头思考”的过程称为“行动后的反思”。

但“反思”一般指“回头思考”，它指教师以及合作研究者在“行动”结束后回头思考解决问题的整个过程，查看所设计的方案是否能够有效地解决问题。如果问题没有很好地得到解决，需要进一步理清究竟是由于所设计的方案本身不合理，还是因为方案的执行发生严重偏离。

一、何谓反思

反思是一种能力。在英文中，“反思”译成 reflective thinking，meditation 或 self-examination，意为对自己的行为作深刻思考，检查自己的行为，把自己做人做事不合理的地方想清楚，然后纠正自己的错误，修正自己所走的人生道路。通过“反省”，我们做人会越来越成功，我们的事业会越来越成功，我们的生活会越来越幸福。

教育反思是一种回忆、思考、评价教学经验的活动过程，它是对过去经验的反馈，同时又是做出新的计划和行动的依据。反思性教学实践要求教师在实践中反思实践的内容和结果,分析其背后蕴含的理论知识,提出解决问题的假设,并在实践中检验假设,周而复始,循环往复,不断发展。

北师大教授林崇德精辟、透彻地指出:“优秀教师=教育过程+反思”,可谓语中的。美国心理学家华勒斯提出了教师成长的公式:成长=经验+反思(如图1)。相反,如果一个教师仅仅满足于获得经验而不对经验进行深入的思考,那么,即使是有“20年的教学经验,也许只是一年工作的20次重复;除非善于从经验反思中吸取教益,否则就不能有什么改进”。他永远只能停留在一个新手型教师的水准上。

我们正在进入学习化社会,教师首先要学会学习,在实践中学习是最有效的学习,教育反思则是教师最好的学习,是树师风、铸师魂、练师能的综合学习。

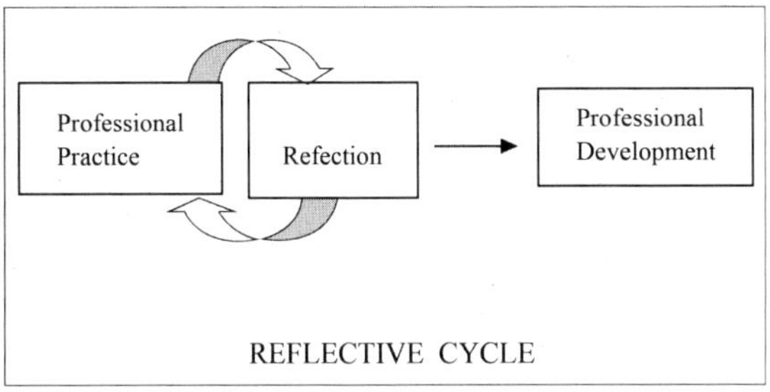

图1 教师自主发展和反思

(Action Research for Language Teachers, Michael. J Wallace)

二、反思的特点

1. 反思内容具体化

反思必然是形象思维和逻辑思维的有机统一,是真情体验和真情感悟的有机统一。这两个“统一”正是教育灵感和教育创新的先导,所以教育反思也实实在在地促进我们向科研型、创新型转化。吉林第一实验学校的教师们就是这样的,他们经常反思自己的教育教学,从中捕捉有价值的问题,激发新的教育灵感,不断实现超越。他们写的“素质教育千字文”,内容丰富多彩,解析生动活泼,写的事情虽小,但小中见大,探讨的却是教育改革的前沿课题,反思的是具体的教育过程,发现的却是素质教育的普遍规律。这也是吉林第一实验学校成为“名师成长的摇篮”的重要经验。他们“通过教育过程的自我评价学习,通过教学效果反馈学习,通过经验交流共享学习,有机地把学习和实验结合起来”,造就了窦桂梅等一大批享誉省内外的优秀青年教师。

2. 反思主体自觉性

对以往教育活动的反思,或者是从失误中找到教训寻求成功,或者是从成功中找寻经验探索规律,或者是面对重大的教育责任寻求解决问题的途径,都是由强烈的求知欲所促进。这种强烈的进取心、责任感和执着追求必然极大地增强教育反思的自觉性。

上海闸北八中刘京海校长和他的同事们，面对全区最差的学校和学习最困难的学生，反思以往的教育思想和教育方法，清清楚楚地认识到，不能再走老路了。他"带着众多的问题去学习"，在艰苦的探索和思辨后，勇敢地走上教育改革的新路——开展"成功教育"研究，实施成功教育。几年后，闸北八中一跃成为全区、全市乃至全国的先进学校，毕业生合格率由原来不足30%变成合格率、优秀率两个100%。闸北八中的实践证明，教育反思的自觉性和水平有多大提高，对教育改革的贡献就有多大。

3. 反思形式灵活性

教育反思形式灵活多样。如一事一议、小评论、日记、教后记、教育研讨、经验总结等。灵活多样的形式，适合各种层次风格教师的需求，适合各种教育反思的需要。所以深得广大教师、教育专家的欢迎。

苏霍姆林斯基、魏书生的伟大成就与天天写日记密切相关；张思中对以往的外语教学进行了大胆的解剖和批判，反思和总结自己的教学工作，创立了享誉全国的"张思中外语教学法"，创造了大面积丰收又培养出大批尖子的教学奇迹；李吉林从运用"情境教育"的理论出发进行研究，这也是对自己和实验教师们的理论与实践进行反思、完善、深化、拓展的结果。

三、反思的内容

1. 研究学习者及其基本认识方法

作为第二语言的学习者，其认知的方法，语言学习（习得）的心理过程，习得的顺序等都值得教师反思和研究。只有做到知己知彼，才能做到有的放矢。研究学习者也就是我们所说的备课要备学生。因为学生是教育教学的主体，这就要求教师深入了解学生的需求、兴趣爱好、学习环境、认知方式、学习策略等，结合自己的教学进行广泛的反思。教师只有及时地了解学生的学习特点、方法需求、兴趣并给予相应的策略和方法的指导，才能使学生学习的过程积极有效。

2. 反思自己的教学信念

教师的教学信念是经过一定时期的培养而后渐渐建立起来的。不同的人由于其不同的学习和教育、教学的经历，其教学信念的基础也不同，既有主观因素，也有客观因素。Jack C. Richards 在其 *Reflective Teaching in Second Language Classrooms* 中是这样描述这些主、客观维度（dimension）的：

· Their own experience as language learners（他们作为语言学习者的自身经验）

· Experience of what works best（最佳工作的经验）

· Established practice; Personality factors（惯例；个性因素）

· Educationally based or research-based principles(教育基础或研究基础原理)

· Principles derived from an approach or method(源于途径和方法的原则)

要一名教师反思自己的教学信念往往是一件非常不易的事情,因为教师的教学信念往往被视为教学财富的积累、经验的结晶。当然我们所说的反思教学信念并不是要教师轻易地改变原有的教学信念,而是要反思上述的维度对自己的实际教学的影响,认清哪些是积极的,哪些又是消极的,只有明白了积极的和消极的因素,才能为反思后的自我发展找到支点。作为一名英语教师我们可以从下面几个方面着手来反思自己的教学信念:

· What are the sources of belief? (信念之源是什么?)

· What do I believe about teaching and learning? (关于教学我相信什么?)

· How does my belief influence my teaching? (我的信念如何影响我的教学?)

· How is my knowledge organized? (我的知识结构怎样?)

3. 反思自己的教学行为

对自身行为的反思往往是最具体的。反思自身行为很重要的一个方面,就是反思自己在教学活动中充当的角色。现代教学理论认为教师已不再是课堂教学的主宰者,以学生为中心的教育教学方式一方面使教师在教学中的中心地位成为过去;另一方面更又使教师的角色更为丰富,教师不再是仅仅是知识的传授者,而且更是学生需求的分析者、学习行动的研究者、学习的督导者、学生的顾问(指导者)、课堂的管理者、课堂活动的组织及参与者。这一切都为教师反思自己的教学行为客观上提供了丰富的内容。例如:作为课堂的管理者及组织者,教师要反思 T-S interaction(师生交互作用), S-S interaction(生生交互作用), validity of activities(行为的有效性), steps of assessment(评估的步骤), question opportunity(提问的时机),accidental event(偶然性事件)等是否同预期的一样,离差是多少,原因何在,该如何改进等。

4. 反思教学的决策方式和过程

教学的决策是教学行为的前奏,也是教师要反思的重要内容之一。

好的教学策划往往是成功教学的基础。在教学的准备阶段,不同的教师对教学的目的(objectives)有不同的理解。

互动性决策是指教师在课堂上遇到的非预测性情况时所作出的决定。课堂教学是动态的,在某种程度上来说有不可预测性,所以教师要随时地做好应变准备。在使用这一技能时,教师需要不断地通过学生的态度、注意力集中的情况和学生的反应估计教学的进展情况,判断是否需要临时中断、对自己讲过的内容重新强调或对学生做简单的检测,看看学生的理解情况。

对教学过程的设计在以学生为中心的课堂中并不总是能如教师所期待的那样进行。因此,在 S-S 互动、T-S 互动的过程中,哪些活动是如期的,哪些活动不是如期的;哪些互动是积极有效的,哪些是低效或无效的,都需要在课后作总结或评估,这也

就是我们所说的评估性阶段(evaluating decision)。教师对自己的教学的评估可以从以下方面作一些尝试:

· Was this lesson successful? Why or why not?(这一课是否成功?为什么成功或不成功?)

· What were the main strengths and weakness of the lesson?(这课的主要长处和弱点是什么?)

· Did the lesson address the Ss' need?(这课适合学生的需要吗?)

· Were all Ss involved in the lesson?(课文是否使所有学生感到困难?)

· Do I need to Re-teach any aspect or the lesson?(我需要重新教哪些方面或课文吗?)

· What would be a suitable follow up to the lesson?(什么是适合于深入探究课文的?)

· Should I have employed alternative teaching strategies?(我将使用可供选择的教学策略吗?)

教师对自己的教学进行评估本身就是在反思自己的教学,为今后的计划决策和互动决策积累经验。因此计划、互动和决策是互为关联的。

四、反思的过程

根据教学活动内容与教学程序,我们可按以下三个阶段开展反思活动:

(1)为实践反思,即实践前反思,发生在课前的备课阶段,指向于未来教学,对过去的经验进行反思,使未来教学的设计建立在过去经验教训的基础之上,有助于增强教学设计的针对性,发展教师的智慧技能。教师智慧技能主要体现在两个方面:一是看能否预测学生在学习某一教学内容时可能会遇到哪些问题;二是看能否寻找到解决这些问题的方法。从现状来看,主要存在着两种不良的倾向:一是照搬现成的教案,以"他思"取代"我思",不考虑自己所教班级学生的实际;二是一些所谓有经验的老师备课时,过分依赖多年积累起来的教学经验,这种习惯化的思维使他们不注重反思自己的经验,凭原有的经验设计教学方案,有的甚至照抄以往的备课笔记。针对这些问题,要求我们在备课时,先要对过去的经验进行反思,使新的教学设计建立在对过去经验与教训反思的基础上。

教前反思清单:

第一,自己在过去的教学中曾遇到过哪些问题?采取什么策略和方法去解决的?其效果如何?

第二,他人的教学有什么可借鉴之处?其优点何在?你认为还存在哪些问题?理由是什么?

第三,根据目前所教班级学生的学力状况,在学习中可能会出现哪些新问题?你准备采取哪些策略和方法？

在对案例进行反思的基础上设计出新的教学方案，既可以增强教学设计的针对性，又可以养成教师良好的反思习惯。

（2）实践中反思，指向于当前教学，反思发生在实践的过程中，对教学过程本身进行反思；教中反思，可以从容驾驭，精心调控，机智地解决问题。

教中反思清单：

学生在学习教学的重点和难点时，出现了哪些意想不到的障碍？你是如何机智地处理这些问题的？

教学中师生之间、学生之间出现争议时，你将如何处理？

当提问学习能力较弱的学生，该生不能按计划时间回答问题时，你将如何调整原先的教学设计？

学生在课堂上讨论某一问题时，思维异常活跃，如果让学生继续讨论下去却不能完成预定的教学任务，针对这种情况，你将如何进行有效的调控？

当课堂出现气氛沉闷的状况时，你将如何有效调控？

（3）实践后反思，指向于过去教学，对教学经验和结果进行反思，对教学的理念、教学行为、学生表现及教学的成败进行理性的分析等。

教后反思清单：

第一，教学目标是否达到了？达到的标志是什么？

第二，教学中还存在哪些问题？哪个问题是最为关键性的问题？

第三，你打算在后续的教学中如何解决这个关键性的问题？

第四，教学中，哪些环节没能按计划进行，为什么？

第五，教学中有无发生让你印象深刻的事件？其蕴含意义有哪些？

第六，教学中，是否出现了令人惊喜的“亮点”？原因何在？

第七，今后教学同一内容时，你准备作怎样的更改？

在行动的研究中，教师需要跟进行为做全过程反思。

五、反思的方法

为了提高反思的效率，我们应讲究科学的反思方法。

1. 反思总结法

反思总结法是总结反思自己或他人教学实践活动中的经验与教训的方法。反思总结的内容十分广泛，可以总结自己在教学过程中各种灵感顿悟和对教材、学生教法等要素的理解，可以总结学生和同事的反馈意见，也可以总结他人的宝贵经验或失败的教训，还可以总结教学实践中的关键事件。常见的反思总结法有课后备课、反思日志及观察分析等。

课后备课：即教师上完课后，根据教学中所获得的反馈信息进一步修改和完善教案,明确课堂教学改进的方向和措施。有助于教师从正反两方面及时总结经验教训,有效地增强教学效果,提高教学专业水平。

课后备课亦称教后感或反思性教案。反思性教案在一定程度上能体现教师的教学道德水平,要敢于自我"揭短",敢于诱发痛苦,敢于站在自己不合理性的对立面,以期达到学生"学会学习"和教师"学会教学"的最终目标。所以,教案应成为教师生命历程的记录,成为思想与思想的碰撞,心灵与心灵的交流,生命与生命的对话的美妙篇章。

反思日志:即教师有意识地记录自己教学过程中的所见、所闻、所感,并适时分析、总结,从中获取对教学实践的深层认识,为发现问题、解决问题提供有效参考。

观摩分析:即教师相互观察彼此的课,并对观摩的情况进行分析;它不以评价为目的,它是为了开展对教学的研究,为了发现问题、分析问题和解决问题而进行的;在观摩活动中,观摩者需记录观摩的内容,或根据事先讨论目的和要求填写观摩记录表,在观摩课之后,观摩者应及时与执教者进行交流、分析、反馈观摩感受。

2. 对话反思法

对话反思法是通过与其他老师研讨交流来反思自己的教学行为,使自己清楚地意识到隐藏在教学行为背后的教学理念,进而提高自己教学监控能力的方法。对话反思法类似于我们平常采用的专题性的小型研讨会。其操作程序为:第一,由一名执教老师围绕研讨专题上课,其余老师带着问题听课。第二,由执教老师阐述自己教学设计的内容以及这样设计的理论依据。第三,由执教老师与其他听课老师展开对话,产生思维碰撞。第四,执教老师根据讨论结果修改完善教学设计方案,并写出反思性总结。每一次研讨都是一次平等的对话、心灵的交流、思想的碰撞、理念的升华。

3. 录像反思法

录像反思法就是通过录像再现教学过程,让教师以旁观者的身份反思自己或他人的教学过程的方法。这种反思方法能起到"旁观者清"的效果。这种方法的操作程序为:第一,上课和录像。第二,观看录像,比较录像的教学过程与预先的教学设计有什么不同。第三,反思评价,包括自我评价和听课或观看录像人员的评价,评价主要教学环节所应用的教学技能和策略以及理论依据。第四,根据评价内容进一步修改完善原先的教学设计,写出反思性总结。

4. 文件夹法

文件夹法又称档案袋法,是以专题的形式存档。每个专题之下,由教师本人通过回忆自己的教育观念、教育行为并对其进行反思,从而记录下自己过去的状况、现在的状况、自己的进步、自己尚需努力之处。文件夹建立的过程是教师对已有经验进行整理和系统化的过程,是对自己成长的积累过程,也是教师自我评估的过程。

文件夹法可以代表教师个人在某一领域或者某一专题内研究发展的历史、现状与未来趋势。

加强反思，促进提高。课堂教学过程是实施操作的过程，在实施过程中会出现计划与实际的矛盾，主观与客观的矛盾。经常反思会促进教师的发展，提高教学质量。要通过说课、评课、撰写教学随笔等多种形式进行反思，深入到实际当中去反思，哪些行为有利，哪些行为不利，扬长避短，写出自己的真实体会。从见解的形成过程、思想的碰撞、观点的交锋、到点滴的收获和意外的尴尬都可以写。一学期坚持下来，就会体会到反思的重要。有一位教师写道："教学真是一种神奇的艺术，细心揣摩，就会发现以往我们忽略了某些东西，我们真应该关心学生在学习中的情感和兴趣，也许我们一个微笑，一个鼓励会造就一个人才，也许不经意的一瞥，一句话会深深地挫伤一个学生的自尊心、自信心，使他对这个学科终身不感兴趣。我们应该关注学生的情感，让学生高高兴兴地上学，快快乐乐地成长"。另一位教师写道："作为 21 世纪的教师，不能只要求学生会做各种各样的习题，应该让学生体会数学的社会价值，在生活中去体会数学思想，不论哪一门学科的教师都要考虑到人的全面发展"。还有一位刚参加工作的教师写道："无须刻意求佳境，自有奇峰报晓春。给学生一个思维的空间，他们会给你一个意外的惊喜"。从这些富有哲理的思考中，我们看到了教师的思想在成熟，理念在更新，新型教师在反思中成长。

反思性教学实践的过程，既是一个从发现问题、分析问题到解决问题的循环往复的过程，也是一个教师素质持续发展的过程，更是经验型教师走向学者型教师必须经历的过程。

我们坚持进行求真、求精、求实的反思性教学，可以培养反思意识，积极主动的反思态度，敢于质疑、提出不同见解、善于探究的良好的反思品质，在案例研究中反思，在反思中快速成长。

学，然后知不足，教，然后知困。朋友，请把你的每一个思想的火花，每一个"也许我那样会更好"记录在案，用来指导或启发今后的教学。一个阶段以后，你会发现你在组织下一次教学活动的时候，你懂得了怎样更好地为学生服务，哪些环节还需要推敲斟酌的，这些一旦付诸实施，将会给你带来巨大的成功体验。

"当局者迷，旁观者清"，在校本教研中，我们不仅要经常性地自我反思，而且要加强同伴互助、专业引领。

教育是为学生服务的，我们要学会倾听，倾听学生的心声，切实做到教学相长。

教育科研论文的写作

苏霍姆林斯基说,“如果你想让教师的劳动给教师带来乐趣,使天天上课不至于变成一种单调的义务,那你就应当引导每一位教师走上从事研究这条幸福的道路上来。”

一、为什么要撰写教育科研论文?

某报曾开辟专栏进行了“中小学教师评职称要不要论文”的专题讨论,引起不少读者的“共鸣”,那就是:论文不能作为职评的基本条件,理由是:中小学教师的任务就是教书育人,无需撰写论文;目前不少人花钱买论文,其含金量不高,如此等等。

笔者以为:上述见解确有偏颇之处,时代在前进,以创新为内核的素质教育需要科研型的教师,减负要求我们向教育科研要质量、要效益。课程改革要求我们成为一名研究者,成为一名研究型的教师。志存高远,向教育科研要质量,当一名研究型的幸福教师,是当代教师追寻的目标。一位好的教师,不仅要有娴熟的教学技巧,精通所教学科,还应该在教改上不断创新,超越自我,在造就学生的同时,也造就自己。我们一线教师遍地是黄金,不少人有宝贵的教育、教学经验,若能将其付诸铅字、发扬光大,不仅是我们多年辛勤耕耘的写照、是我们人生价值的体现,而且更利于我们更好地教书育人,进而以点带面、影响一片,促进教师队伍整体素质的提升。

二、撰写教育科研论文要树立良好的心理优势

提及论文写作,不少人摇摇头,总以为那是专家学者、高校教师的专利,与我们中小学教师无缘;或者觉得写论文高不可攀,是一件苦差事,不敢问津;或者认为教务繁忙,没有时间和精力,以致疏于动笔。这是我们应该摈弃的几种错误观点,我们要勇于揭开论文写作的神秘面纱。这些心理虚势使我们对论文写作望而生畏,即使有所感,也不敢提笔。于是,评职称时,一些人硬着头皮,东拼西凑,手忙脚乱地挤出一点干巴巴的东西,连自己也不知所云,让人读起来索然无味。因此,对我们中小学教师而言,写论文首要的一点就是树立良好的心理优势,要勇于拿起笔杆子,勇于从成功中总结经验,勇于从失败中吸取教训。写教育科研论文固然需要一定的知识、经验、资料、信息的积累,但只要有一点自己的见解,遵循正确的方法,我们都可以写出一篇较好的论文。

其实,我们绝大多数教师都具有很强的责任心,有精深的专业知识和丰富的教育实践经验。经验是撰写论文最最宝贵的财富,没有经验,论文写作就会成为无本之

木、纸上谈兵。所以,笔者以为:写论文关键的一点就是要有感而发。我们要在教育实践中不断地挖掘、提炼素材,这样才能写出有血有肉的东西,才能写出真实、可信、有说服力的文章,才能写出自己满意的作品!拙作《目的+方法+恒心=成功》《"归纳浏览联想"复习法》《"纵向搜索横向贯通综合演练"三轮复习法》《把握规律 高效记忆》分别是本人平时对学生听、说、读、写的学习、英语复习及单词记忆进行指导的写真,写起来很流畅,文章还被《中国教师报》《英语教师》《中学生英语》《考试》及《中国高校招生》等报刊所采用。

三、教育科研论文的基本形式

教育科研论文是专门研究、探讨教育教学规律的学术论文。学科论文主要研讨本学科教学的内容、方法及对象,通常包括以下四个方面:

(1)知识性小论文:其研究的深广度较小,系作者学习、研究学科的心得,常见于以学生为主要读者对象的报刊,对学生的学习有一定的导向、促进作用。

(2)经验总结:将教育教学实践中丰富的经验事实加以抽象概括而上升为理性认识的一种研究方法,不能面面俱到、记流水账、或停留在经验上。

(3)研究性论文:根据教育界普遍关心的热点进行研究、分析,不拘泥于个体经验,但须有作者个人观点,并提出建设性的意见。

(4)实验报告或调查报告:前者通常是亲自参加教改实验者所写,一般包括确定研究课题、提出假设和预测、实施、验证、追踪、对照等;后者撰写的是调查教和学的情况报告。二者一般都含有数据等统计资料。

正规论文在题目和正文之间常有"内容摘要"(200 字以内)和"关键词"(若干组,每组 5 个字左右),以备电脑检索、标引文献。

四、教育科研论文的写作方法与步骤

1. 确定选题

写论文,首先要有选题。我们要从当前教育教学实践中亟待解决和对教育教学改革实践起指导作用的问题中确定选题。题目是文章的眼睛,应该让读者一看题目就能洞察出文章的内容范围。

(1)选题要新颖

创新是科研论文的生命线。尽量写别人未总结过的东西,要有创造性、新颖性,做到人无我有、人有我新,以爆"冷门",增强发表的命中率。选题要新颖,就要把握时代的脉搏,关注学科教学改革的动态,捕捉、探讨本学科的信息,以科学性为前提,言他人所未言,发他人所未见,示读者所未知。例如:《九年义务教育全日制初级中学英语教学大纲》指出考试要有笔试、口试和听力测试三种形式,本人抓住这一点,写了《听力技能的培养和提高》一文,发表在《英语周报》(教师版)1995~1996 学年度第21～22期上;1996年高考英语试题的“阅读理解”部分增加了“口语应用”题,笔者结合平时的教学实践撰写了《新题型对话理解题》,发表在《中学英语教学参考》1996年第11期上;1997年秋,说课活动全面展开,笔者结合实践经验撰写了《新颖实效的说课活动》一文发表在《英语周报》上;教育界千呼万唤素质教育已经多年,笔者拜读了不少力作,也在教学中作了一些尝试,鉴于外语教学界当时全面阐述外语教学素质教育的论文尚不多见,1998年暑期,笔者以《英语教学素质教育论》为题撰写了一万二千字的长篇,该文连载在《中学英语教学参考》上。1999年6月召开了第三次全国教育工作会议,创新教育成为全社会关注的热点,拙作《诱发创新兴趣 启迪创新思维 培养创新能力》应运而生,刊于2001年第三期《中小学外语教研通讯》,并获全国人文科学优秀科研成果一等奖。2000年伊始,教育部发出关于“减负”问题的通知,笔者研讨有关政策,并结合实际,撰写出《“课堂革命”促“减负”》一文,刊于2000年7月4日《考试报》;2002年,国家《英语课程标准》实施,为帮助一线教师学习新课标,笔者作了《新课程 新理念 新景观》的讲座,2003年1～4月《英语周报》对此进行了连载;实施新课程,任务型教学被广泛关注,笔者于2003年作了讲座《任务型教学的理论与实践》,2004年7～9月《英语周报》对此进行了连载;新课程呼唤研究型教师,2003年9月,笔者以《投身课程改革,做研究型教师》为题,探讨了校本教研,该文2004年1～4月连载在《英语周报》上;新课程倡导校本教研,2007年10月,笔者作了讲座《校本教研,教师成长的良田沃土》,发表在2008年4月《中国民族教育》上。

新颖性还指选题的写作角度新、立意新,别人写过的老题目,如兴趣教学、课文教学等,我们可以从新的角度去写,另辟蹊径,写出自己新的经验、观点,写出自己的真知灼见,只要能予人以新的启示,同样能取胜。例如:写培养兴趣的文章俯拾皆是,笔者以《书山有路趣为径 学海无涯乐作舟》为题谈英语学科的兴趣教学,以排比式的“实施成功教育,激发兴趣”“改革课堂教学,提高兴趣”“加强情感教育,保持兴趣”“创办英语乐园,发展兴趣”四个部分阐述途径,令人耳目一新,耐人寻味,刊于2000年7月31日《英语辅导报》头版头条。新颖还表现在文章的内容要“推陈出新”,措词要合乎时代的要求,譬如,“差生”这一概念已不多见,而被“后进生”“学困生”“学习有潜力的学生”所替代。

(2)从小处着眼

大题目的论文并非不能写,但题目过大,会不着边际,捉襟见肘,往往要说的东西太多,结果是什么也讲不深道不透,两、三千字无法包容其内涵。从小处着眼,把题域缩小一些,使题目变得具体、实在,有利于作者更集中、深入地搜集材料、出示论据,写起来得心应手,做到“小题目写大文章”,从而给读者更多有益的东西。例如:有位同志以《用竞争活动来激发学生学习的兴趣》为题谈兴趣教学,他所选的就是一个侧面,并由此拓展开来,挖掘其各个方面内涵,该文就不失为一篇佳作;一篇题为《创设情境 策略引导 参与实践》的论文谈幻灯片在数学活动课中的应用,其切入点小,探讨得深刻、透彻。

有时,也可以"大题小做",拙作《关于中小学外语教学的思考》就是从几个侧面来谈中小学外语教学的,该文刊于2003年第2期《英语教学通讯》,被中国人民大学书报资料中心全文收录,并获得全国优秀教育管理科研论文一等奖。

在取得一定的写作经验之后,一旦有大的选题而且有迫切的写作欲望,我们同样可以着手撰写。拙作《激发兴趣 指导交际 精讲知识 培养能力 加强反馈》《英语比较教学法探讨》《英语教学素质教育论》《诱发创新兴趣 启迪创新思维 培养创新能力》《21世纪英语基础教育前瞻》《基础教育英语教学法探讨》《新课程 新理念 新景观》《任务型教学的理论与实践》《投身课程改革,做研究型教师》《校本教研,教师成长的良田沃土》《实施任务型教学 享受教育的幸福》《中考英语命题述评与展望》及学法指导之作《目的+方法+恒心=成功》的题域都较宽,反响也甚好。

2. 构思谋篇

教育科研论文的写作十分辛苦,是一种复杂的精神劳动,需要充分的准备和筹划,需要精心的构思和谋篇。

(1)博采众长,兼收并蓄。有目的地阅读教育学、心理学、学科教学法及一些专业著作中与所确定选题有关的内容,以便将实践经验上升到理论的高度,用理论来武装自己的作品,增强论据的权威性和说服力。书读千卷,才能融汇笔端,构思奇巧,笔行万里,方可达到更高境界。拙作《基础教育英语教学法探讨》参阅了李岚清同志《在全国外语教学座谈会上的讲话》、教育部《关于我国基础教育阶段英语课程标准的设想》、《中共中央国务院关于深化教育改革全面推进素质教育的决定》等文献。

(2)搜集整理资料,作读书笔记卡片。在平时教学和课外阅读中,我们要做有心人,善于观察,将教学实践中有益的感受记载下来,利用报刊图书,广阅博览,摘录有关资料、信息,作学习札记,制作成卡片,并分类归档,以备参考选用,做到厚积薄发。笔者重视教研投资,每年坚持订阅《中国教育报》《教育文摘周报》《人民教育》《教师博览》《中小学英语教学与研究》等权威报刊,添购了《陶行知教育名篇》《给教师的建议》《新教育之梦》《与名师为友》《怎样当个好教师》《中国著名特级教师教学思想录》《教育科学研究方法》等经典著作。本人将有关报刊资料上收集的有益句段摘抄到我的"锦言妙语集"以备选用。实践证明,投资学习就是投资未来;开卷自有益,见多方识广,多输入才能多产出。

(3)草拟构架,自如运筹。撰写论文时拟订提纲恰似建筑施工之前的图纸设计,因为论文须有严密的逻辑性,支撑论点的大量零散材料应该组织得好,否则文章写起来就可能松散、缺乏力度。提纲通常包括:论题、论点、目录、材料排列等。拟订好提纲后,可对资料卡片进行分析,重新排列组合,抽出所撰写论文需要的材料,为正式写作铺平道路。

3. 执笔行文

写论文不是将收集到的材料进行简单的堆积,而必须注意融会贯通,把这些原材料有机地结合起来,变为自己的东西,用自己的语言阐明自己的观点。

(1)初稿

写初稿时,不看卡片,根据提纲把自己的想法、体会、感受全部写出来,每段表达一个完整的意思,写好主题句。这样,作者可避"文抄公"之嫌,能将自己的观点及笔记中主要有益的内容包罗进去;还可以避免简单堆砌材料,使文章意思连贯。撰写初稿要明确观点,组织结构严谨,说明清楚,层次分明,必要时,用量化的叙述、图表、图解等来增强论据的说服力。

(2)二稿

写好初稿后,我们即可借助卡片重塑初稿,将撰写初稿时可能遗漏的某些材料安插到文章的合适地方;需要直接引用时,引文要核对无误、精少得当,还要加注,说明出处,以示对他人劳动成果的尊重;写二稿时,要检查细节安排是否妥帖,语言是否准确,举例是否恰当。

(3)定稿

写论文最好能"一气呵成",以免打断思路,但修改时宜作"冷处理"。文章不厌百回改,二稿撰毕,可暂时放一段时间,多修改几次,因为随着时间的流逝,作者可能有新的体验、新的发现,以便反复推敲修改,字斟句酌,精益求精,确保文章具有科学性、客观性、创见性及应用性等特点,努力做到:内容充实,例证材料丰富;见解新颖,论证精辟,概括恰当,用语贴切;行文有章法,逻辑严密,结构完整。还可以请行家审阅,吸取他人的见解,进而加工润色,锤炼文字,以臻完善。

五、撰写教育科研论文的注意事项

撰写教育科研论文要有务实的精神。作者要沉得住气、耐得住寂寞,做到严谨、细致、认真,切忌浮躁、冲动、急功近利。要实事求是,注重事实而非想象,偏爱逻辑思维而非意识流,需要热情而非浪漫,无需华丽辞藻的粉饰,返璞归真方成正果。要深入实际,将教学研究植根于日常教学中,在教学中研究,在研究中提高,不搞闭门造车、坐而论道。我们有些教师工作十分勤恳,但平时缺乏积累、疏于动笔,对论文写作望而生畏,不能用课标、用先进的教育、教学理论武装自己的作品,不注意吸纳他人的成果,使作品成为单纯的经验、感受;或反之,只谈理论,不能用宝贵的实践经验来证明自己的论点,使作品缺乏生机、缺乏说服力;理论与实践相结合是论文写作应遵循的一项基本原则,论文写作需要理论与实践的共同积累和凝练。示范课、考评课与说课、省市课例点评、讲座等对笔者是压力,更是动力,笔者认真面对,加强总结,将相关的教案、说课稿、讲座稿投往《英语辅导报》《中学英语教学参考》等有关报刊发表;1997 年为迎接香港回归,当时笔者所在的中学举行文艺会演,笔者编排了英语短剧

Hongkong ,Welcome Back! 该剧发表在1997年7月1日《英语周报》头版头条;1999年笔者应聘英语教研员的答辩稿《英语教研员的素质与职责》刊于2000年8月26日《学英语》上;2000年12月笔者在全省基础教育英语教学座谈会上的交流材料《英语教材改革势在必行》刊于2003年1月9日《光明日报》;2001年暑假笔者为英语教师培训班编导的英语短剧 *Beijing, the Winner*! 刊于2002年5月16日《英语辅导报》;2002年9月、2003年3月、2003年9月、2007年8月、2007年10月,笔者所作的讲座《新课程 新理念 新景观》《任务型教学的理论与实践》《投身课程改革,做研究型教师》《实施任务型教学 享受教育的幸福》《校本教研,教师成长的良田沃土》均在《英语周报》《安徽教育科研》《中国民族教育》等报刊发表;2011年3月,笔者的讲座《与名师为友 创精彩人生》发表于全国核心期刊《中小学教师培训》;2012年11月,笔者主持的省级课题结题报告《探寻名师成长规律 提升教师队伍素质》发表于《中小学校长》;2013年1月,笔者的新年新词《创新教研方式 提升教研品位》发表于2013年7月《基础教育参考》……只要我们的作品对学科有贡献、对实际工作有指导作用,能够产生良好的社会效果,就不愁不发表。

他山之石,可以攻玉。在论文写作中,笔者还进行跨学科借鉴。俗语道:隔行不隔理,笔者在翻阅报刊时,也常关注语文、数学等相关学科的精品。1999年4月《安徽教育》刊发了《面向21世纪的数学教育展望》一文,笔者读后深受启发,笔者撰写出《21世纪英语基础教育前瞻》《基础教育英语教学法探讨》二文,前者刊于2001年第1期《教书育人》,后者刊于2002年第7期《中小学教材教学》,这两篇文章均被中国人民大学书报资料中心《中学外语教与学》全文转载。

知己知彼,找准感觉,百战不殆。了解报刊特点,选准对口栏目,善于揣摩编辑的思路和风格,注意稿件的时效性乃至同步性(尤指教辅用稿),有的放矢地撰稿,减少盲目性。如:有的刊物以高校教师为读者对象,一般就不适合我们中小学教师投稿。

华罗庚说:“勤能补拙是良训,一份辛苦一份才。”只要坚持不懈,勇于实践,大胆创新,勤于钻研,研贵以恒,善于总结,我们就终有所获。回顾走过的写作之路,笔者深感艰辛及艰辛后的甜头:十几年来,笔者在《光明日报》《中国教师报》《教学与管理》《考试》《中小学校长》《基础教育参考》《中小学教材教学》《中小学教师培训》《中国高校招生》《中小学英语教学与研究》等报刊上发表400多篇教学论文等作品,《21世纪英语基础教育前瞻》《基础教育英语教学法探讨》《把握规律 高效记忆》《关于中小学外语教学的几点思考》《兴趣开路 任务推进 学会学习》等被中国人民大学书报资料中心《中学外语教与学》《小学各科教与学》全文收录,《英语比较教学法探试》入选《中学外语教与学》索引;形成了“激发兴趣 指导交际 精讲知识 培养能力 加强反馈”20字英语教学法(刊于2013年9月《中学教学参考》)、英语比较教学法(刊于1996年12月《中小学英语教学与研究》)、“归纳 浏览 联想”复习法(刊于《中学英语之友》,配套用书《初中英语复习新概念》由新世界出版社出版)、“纵向搜索 横

向贯通 综合演练”中、高考三轮复习法(刊于《考试》《中国高校招生》,配套用书的初中版、高中版分别由新世界出版社、青岛出版社出版),《新世纪中学生英语演讲精粹》初高中版及《阅读科普》等8册系列丛书由新世界出版社出版,笔者被评为国家基础教育实验中心外语教育研究中心优秀研究员、《学英语》《英语周报》《学习科学研究》等报刊社优秀作者,《20字英语教学法》等三篇获中国外语学习学研究会优秀科研成果一等奖,《中考英语命题述评与展望》等30余篇获全国优秀教育科研成果、论文一等奖,主持开展了“农村英语教学现状与改进方法”“任务型教学理论与实践”“名师成长经验研究”等课题的实验,撰有《新课程理念下的英语教学》《任务型教学理论与实践》(省十年课改成果一等奖)《中职英语教材》《阅读中国》《课程标准新教案》等多部著述;本人现兼任中国教育学会外语教研会会员、国家基础教育实验中心外语教育研究中心研究员、中国外语教育研究中心中小学英语研究中心研究员、中国外语学习学研究会理事、《英语辅导报》等20多家报刊特约编辑,1989年被评为省优秀教师,1996年获全国外语教师园丁奖, 1999年破格晋升为中学高级教师,2001年被公开选聘为地市英语教研员,2002年被评为市有突出贡献的中青年专家,2006年被评为特级教师,2007年被评为省学术和技术带头人、市名师,2008年享受省人民政府津贴,2012年被评为省课改先进个人,培养10多位教师获全国、全省优质课一等奖,事迹刊于《教师报》《安徽日报》《中小学教师培训》等20多家新闻媒体。笔者将同仁的多篇论文修改后推荐发表在《英语辅导报》《中小学英语活页文选》等报刊上,笔者还为上海、广东、陕西等地的20多位教师指点写作、修改论文。在实践中感悟、积累、沉淀、反思、总结、内化、升华,做研究型教师,实施科研兴教,有力地促进了本学科课程改革的发展。科研是源,教学是流,科研兴教显成效。近年来,笔者在省级以上报刊发表教学论文、教学案例、课题实验成果报告400余篇,其中,10余篇被中国人民大学书报资料中心《中学外语教与学》《小学各科教与学》全文收录,指导教师发表作品50余篇,辅导学生发表习作40余篇,出版理论专著两册、教材两册。无数次的实践证明,每一位教师都是可以造就的,只要通过不懈的努力,我们中小学教师完全有可能撰写出精品论文!

严谨治学是中小学教师职业道德规范之一。它要求我们树立优良学风,刻苦钻研业务,不断学习新知,探索教育教学规律,改进教育教学方法,提高教育教学和科研水平。古人云:“活到老,学到老。”当前,国内外教育家们也在探讨、提倡“终身教育,终身受教”等问题,继续教育赐予我们不断学习、不断充实自己的契机,有利于我们更新知识,捕获本学科教育科研前沿信息,了解本学科发展的动态。

我们中小学教师不仅要当教学能手,而且要力当教育家。积极探索魅力课堂的教学模式,不断加强教学研究,我们是教学法的使用者,也要力当教学法的创造者,特级教师魏书生、李吉林、马芯兰、张思中等就是我们的光辉典范。理论来源于实践,服务于实践,并有待于实践的不断检验,撰写论文不是空中造楼阁,教学研究植根于教学实践之中。所以,我们要认真教学,加强学习,勤做读书笔记,为撰写论文积累材料,同时要善于总结自己的教学经验,把它上升为理论,从微观研究到宏观研究,从理论研究到实践研究,从知识探讨到方法研究,从教法研究到学法研究,不断摸索,勇于创新,形成自己的教学研究特点,撰写出优秀的教育科研论文,实现教学实践活动由传统经验型向经验与理论相结合的科研型转化,以此指导自己今后的教学实践,甚至可向外界推广,为振兴我国的教育事业不懈地探求!

21 世纪呼唤素质教育,素质教育在呼唤高素质的教师,高素质的教师必须具备较强的科研能力。让我们拿起笔杆子,为描绘新世纪祖国宏伟的教育蓝图添上璀璨的一笔!

教育科研课题研究的路径与方略

中小学教师参与教育科研是提高自身素质，提高教育教学质量的重要途径。当前，教育事业不断发展，素质教育日益深入，广大教师必须不断更新教育思想，转变教育观念，完善知识结构，提高综合素质，努力实现由传统意义上的教师向专家型、科研型、学者型教师的转变，才能适应时代对高素质人才的要求。

教学即研究。绝大多数的教育科研，最终都要在教育教学实践活动中来进行，在课堂中进行，就是少数基础性的理论研究，其成果也要在教学中得到检验和应用。教育科研工作从来不是额外的工作，教学和科研也不是截然分开的“两张皮”，其实，真正的教学活动有着科研的性质和色彩。有效的教学不是日复一日地简单重复，而是教师自觉学习新的教育成果和理论，充满激情的创造性探索活动。当然不是所有的教学都是教育科研，必须是“真正的教学”和“有效的教学”，除此之外，还必须符合开展教育科研的一般规范。这样说并不是要混淆教学和科研的界限，降低科研的标准和要求，这恰恰是中小学教育科研的独特之处，也体现了中小学教师工作的性质和特点。近年来流行的“行动研究法”，从本质上讲就是通过行动和研究的结合，创造性运用理论解决现实中的实际问题。

科学发展观，是我们工作的指南，也是学校教育科研工作的指南。学校教育科研工作的主要任务是结合学校教育教学的实际，探索、发现、掌握教育的客观规律，寻找提高学校教育质量的途径，促进学校教育教学的改革。开展学校教育科研活动的过程是一个顺应教育改革趋势，根据学校的教育教学现状，不断提出问题和解决问题的过程。

课题研究的实质是科学研究。科学研究在本质上是探索真理，发现问题，解决问题的过程，科学研究过程包括发现问题-分析问题-提出假设-检验假设(如图1)。中小学课题研究以教育教学理论为先导，以教育教学改革为突破口(教学试验)，大面积提高教学质量。

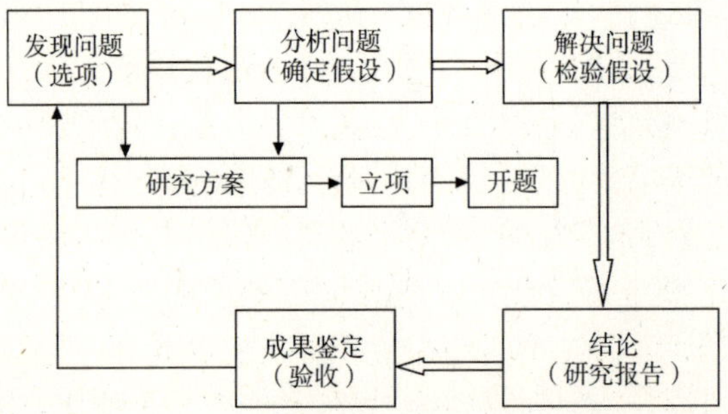

图1　教育科研的基本流程

第一部分　课题研究的一般程序

教育科研遵循科学研究的一般程序，大致可分为四个阶段：

一、准备阶段

（一）课题的选择

选题是教育科研的起点，是教育科研中最重要、最关键的一步，在整个科研工作中有着举足轻重的地位。一是要“新”，与时代发展相适应或别人没有研究过，有特色；二是要有实用价值。

课题的名称要简洁明了，突出关键词。“提出课题比解决课题困难，所以，选择课题便成了研究战略的起点。”“题目选得好等于完成工作的一半。”

教科研的根本目的就是为了解决教育教学过程中的实际问题，为了提高教育教学质量。教师参加教育研究的特点是“面向实际，重在应用”。其研究内容表现为“实践性”特征。科研课题的确立是学校教育科研的出发点，也是课题建设的第一步。课题的选择直接关系到科研工作能否顺利开展、能否成功、成果是否有价值。对于中小学教师来说，主要精力要放在“留心身边事，关注身边人”上，即关注教育实践，从教育教学实际工作最迫切需要解决的问题中选择课题，而从研究的类型看应更着重于应用研究和发展研究。所以中小学课题研究应从教育教学面临的突出问题中、从成功的教育教学经验中、从教师自身课堂实践的矛盾冲突中等方面进行选题。事实上，只要留心关注、追踪一些问题，教育教学中的任何问题都可以成为教师进行研究的科研课题。每位教师都可以根据自己教育情境的不同，用反思的眼光去研究自己的教学行为，用科学的思想指导和改进自己的教学行为，并以此为基础确立研究课题，逐步展开研究。我们不能将课题指南中的选题范围当做选题本身来操作，致使题目过大过宽，研究者无法对实施步骤及具体操作过程进行可行性描述，这样势必造成该课题在具体实施时的操作障碍、使研究过程无法实施而导致该研究项目难以完成、科研的实效性也就无从谈起了。课题研究的出发点要切实结合一线教育的实际，从一线教育来到一线教育去。在选题时，我们要尽量做到“小切入，深发展”的原则。对于课题的研究方向，我们最好能具体化，做到“小”。比如，在课题研究中，要关注对理论和实践的研究；在课题的进展中，我们会发现，关于理论研究的难度比较大，于是，我们可以做出适当的调整：侧重实践，在实践中形成一定的理论。

首先，我们在选择课题时注意科学性，即看课题的提出有无充分的理论依据和实际依据，研究的步骤是否科学、合理，所获得的研究资料是否客观和完整，研究的结论是否正确；关注理论性，就是要求我们关注已有理论的不足，关注理论的最新进展，关注理论界的各种教育思潮，关注不同理论之间的交锋或论争；关注实践性，就是要留心教育教学实践中出现的新情况、新问题，尤其要留心与各种社会热点相联系的教育现象，看研究的问题是否属于教育教学的实际问题，成果对实践有无应用价值和指导意义;体现先进性,即看研究课题是否具有创新意义或与同类研究相比是否更为完整成熟,或在操作上是否更简便、更便于学习和推广。

其次,我们不但从教育教学实践的迫切需要着眼,而且还考虑把那些对教改实际工作有指导、参谋、咨询、决策等作用的课题作为选题对象。

再次,我们还注重去发现、总结、研究优秀的教育经验,并以此作为选择科研课题的一个重要方面。我们感到教育经验是认识教育规律性的一个重要源泉,研究这类问题,并不是为了对实践经验中的现象加以描述和叙述,而是去分析、研究,挖掘其中的本质规律,对经验进行理论的概括。

我们在实践中遇到的问题可以分为三种类型:一是直接性问题。就是明显存在,需要我们直接面对,又必须想办法加以解决的问题,比如学生的成绩很差、学生纪律松散等等。二是探索性问题。就是将教育理论、教育观念、教育成果转化为具体的教学实践活动时所遇到的问题,比如,启发式教学应该怎样操作,综合实践活动应该怎样搞等。三是反思性问题。这是具有"问题意识"的教师,为改进自己的专业水平,通过对自己教学行为的回顾和检讨所发现的问题,比如"为什么会这样?""应该做哪些调整和改进?"

任何研究都是从问题的发现开始的,提出问题是研究的第一步,没有问题就不会有研究的冲动,没有研究的冲动就不会有研究的行动,没有研究的行动也就不会有问题的真正解决。提出问题是研究的出发点,解决问题是研究的终点。

1. 什么是课题、教育科研课题及课题与问题的区别

所谓课题,就是指研究或讨论的主要问题或亟待解决的重大事项。

所谓教育科研课题,就是针对教育科学领域中具有普遍意义的特定问题,有明确而集中的研究范围、研究目的和任务的研究题目。

所谓问题,就是客观事物之间的矛盾在人们头脑中的反映。

课题首先是问题("问题即课题"),但教育中的一般问题还不能说就是教育科学研究的课题。

问题变成课题的条件:

问题应是教育科学领域的问题要具有研究价值;

问题是尚未解决且待解决的;

问题必须具有普遍意义的(如"怎样帮助学生提高外语成绩",而"英语学习困难学生怎样形成的?有什么特点?"——关于英语学习困难学生成因和特点的调查研究);

问题要有明确集中的范围和研究的任务(如"学生个性发展问题的研究""学生智能培养的研究")。

2. 课题的类型

基础理论研究课题;

应用性研究课题。

选题的方法：热点法、信息法、成功法、困惑法。

选题的来源或途径：

(1)纵向来源的课题

全国教育规划办、省市教科所

(2)横向来源的课题

指一些教育科研部门进行的研究项目。一般为一个大课题下设若干子课题，由不同类型的研究单位共同参与，协作攻关。

(3)从教育教学实践中自己发现课题

怎么选题？——问题来自于反思；

不知道研究什么——寻找或发现；

教育教学中遇到的问题——问题排队——找出突出的问题——形成课题——开展研究

案例1：看见一个现象：学生沉迷电脑游戏 反思：这是一个什么问题？是个别的还是带有一定的普遍性？以前有无相类似的？如有，我是如何处理？在处理的方法中哪种最好？如没有，我今天应如何去处理呢？提出自己需要研究的问题。

选题的基本原则：

科学性原则、需要性原则、新颖性原则、可行性原则。

选题前的准备：查阅文献，实地调研，尽快确定研究方向。

3. 选题应该注意的问题

(1)研究的范围大小要适度。

(2)研究的问题难易要适度。

(3)课题的主攻目标要明确。

(4)感想、体会不是科研课题。

(5)对选择的课题要进行科学性和可行性的论证。

(二)课题的论证

选定了一个课题，我们还要对它进行论证。对课题的论证是在我们对问题进行分析的基础上，对所选的课题作更进一步的深入讨论。目的在于避免选题中的盲目性。在选好题目的时候，我们就要查看已有的研究成果，制定研究计划，组建研究队伍，商讨研究方法。在开展这些工作的时候，我们的建议是进行草根研究。也就是说，我们查看的研究成果，要侧重那些和一线教育结合比较紧密的研究成果；对于研究计划，要和教学的进度以及教学的积累、本校教学的特长等联系起来；组建研究队伍，要组建一支能战斗的平民队伍，大家的研究不是为了什么荣誉，而是喜欢研究；商讨的研究方法也要尽量可行，适用。这些就是开展草根性的研究。

进行课题论证，本身也是一种研究。它必须依据翔实的资料，并以齐全的参考文献和精细的分析来支持自己关于课题的主张。通过课题论证,进一步完善课题方案。

有些申报材料选题尚可,但由于申报者对教科研的概念理解不够透彻,对于如何做教科研心中没谱,因而在对课题研究方案进行论证时不知从何处着手,又如何去展开,对整个研究程序、时间等具体实施步骤缺少精心的策划和翔实的描述。致使整个课题设计论证空洞无力,无操作性可言。事实上,教育科学研究并非是高不可攀、只有专家才可做的事情,作为一种实践性的研究活动,教科研的实施是一个从假设到验证、再到推广,或者是调查研究、经验概括、实施推广的过程。它追求的是实践中的探索,注重的是过程中的实效。每一个致力于教育事业的教师都可以结合自己身边的教学实践去进行研究。

1. 课题论证的必要性

(1)是保证课题研究顺利进行的必要措施。

(2)是使研究课题具体化的中心环节。

(3)是课题研究成果质量的重要保证。

(4)有利于检查和自我检查。

2. 课题论证的主要内容

课题研究方案是研究人员为了完成研究任务而进行的总体谋划。制定课题研究方案意义在于保证课题研究具有明确的方向和目标,保证课题研究步骤有序化,保证课题研究的质量。

(1)课题的界定与表述

任何研究课题必须有一个名称表述其所研究的问题。课题名称简明、醒目,使人一看就能对课题有个大致的了解,并留下深刻的印象。

课题名称最多不超过 30 个汉字(包括标点符号)。

有的学者曾建议,在课题名称中应尽可能表明研究对象、研究问题和研究方法。

(2)研究的现状和选题价值

研究的现状和选题价值,回答的是为什么要进行这一研究,它有什么价值,它产生的背景是什么等问题。其目的是使人们(包括研究者本人)认识进行该研究的必要性。它可以从以下方面来阐述。① 研究的历史背景;②研究的现实背景;③本研究可能做出的贡献。

(3)研究的基本内容

研究内容也是研究问题,它是研究计划的主体,主要回答研究什么的问题。它可以把课题所提出的研究问题进一步细化为若干小问题。

(4)研究的主要思路和基本方法

研究思路

①研究假设。研究假设是研究者根据一定的科学事实和科学理论对研究中所要解决的问题的结果所做的猜测,即对课题中涉及的两个变量之间相互关系的设想。

假设在课题研究中具有定向、限定和标准的作用。

②理论依据。说明本课题所依据的理论基础是什么。可以是他人的理论成果，如素质教育理论等，也可以自己创立的不一定很成体系的但是比较成熟的理论。主要说明原理性理论。要求：少而精，针对“问题”，能指导操作，表述简明、准确，有具体贯彻要点，涵盖子课题，以便教师理解和把握。可引经据典，自圆其说。防止搞成目录式，似贴标签。

③研究目标。明确为什么选择该目标进行研究，或者说为什么希望实现该目标，该目标的完成具有的重要意义。一般来说研究意义要从科学本身研究的价值和现实意义两方面去入手分析。表述时要注意顾名思义、切题、个性化。作为应用性研究课题至少说二点：

理论目标——如何做。也称中介目标、自变量，即解决问题的对策。常简述如何操作，包括途径、策略、方法和模式等。

实践目标——预期效果如何。也称教育目标、因变量。常简述由于实施上述操作，学生发展将如何，教师的专业发展将如何，学校的管理质量将如何等。

研究方法适当与否，直接关系着课题研究的成败。一些课题研究报告也谈到了具体的研究方法，但只是一带而过、流于形式，无操作过程，由此得到的研究成果难以让人信服。

“研究思路和方法”这部分，主要反映此项课题的研究要“如何做”“怎样做”。要叙述清楚课题研究的主要思路和主要研究方法。

课题研究主要方法有：行动研究法、观察法、调查法、实验法、文献法、比较法、个案法、经验总结法等。

①经验总结法：坚持理论研究与实践探索相结合，边实践思考提炼，及时总结，及时推广。

②文献资料法：搜集、提炼历史上与“动手做”相关的理论和实践精华，收集国内外教育教学的相关理论，不断充实我们的“动手做”理论，改进我们的科研实践和教学实践。

③实验法：选定实验班，根据研究目标，对研究过程中涉及的各种变量作出分析和控制。

④行动研究：行动研究是教师在学校真实的教育环境中发现问题、研究问题以及解决问题的一种工作方式，即为行动而研究，在行动中研究，由行动者研究。行动研究强调理论与实践、研究与行动相结合。行动研究使我们的教研、科研找到了一个很好的结合点，化“天马行空”为“脚踏实地”，使人有一种回归本真的感觉。

行动研究的步骤：任何研究都始于“问题”（以及由问题而发生的“惊异”）。当教师意识到自己的教学中出现了某种“问题”并想方设法（“设计”）在“行动”中解决问题且不断回头“反思”解决问题的效果时，教师也就踏上了一条由“问题——设计——行动——反思”铺设的校本教学研究的旅程。在这个过程中，教学“问题”如何经由“设计”转化为研究课题呢？教师的“行动”如何经由“反思”而成为反思性实践呢？

行动研究是教师在教学过程中对所从事的教学活动不间断的反思，实验，再反思，强调把教学过程变成一个不断发展的、螺旋上升的过程。

(5)完成课题的条件和保证

①课题负责人和主要成员已取得的相关研究成果。

②课题负责人及主要成员的学术背景和人员结构情况(职务、专业等)。

③完成本课题的保障条件(时间、精力、资料、设备、科研手段等)。

④本课题设计论证的主要参考文献(限填20项以内)。

课题确定后，要认真查阅资料，了解前人、今人所做的与此课题相关的研究状况，从直接的、间接的，经验的、理论的诸多方面查阅资料，检索文献，调查现状，详尽地占有文献资料。这样才能知己知彼，找到自己的努力方向和突破点，从而保证研究的质量。

只有占有翔实的资料，才能得到基于这些资料的可靠的数据。翔实的资料包括用科学的方法与文献检索得到的有关资料等。

(6)研究步骤、进度及预期成果

研究总是一步一步进行的。先做哪一步，再做哪一步，每一步都要达到什么要求，用多少时间，这些都要在制订计划时有所考虑。它使得研究者一开始就心中有数，在实施研究中一环接一环、有条不紊地开展各项工作，从而保证研究能按预定要求如期完成。

说明如何实施目标管理、规定时间、明确责任、计量成果等，例如，大多数研究步骤都可分为准备阶段、实施阶段、成果整理与鉴定阶段等，但是，也可以分得更加细致，以便于操作。

研究的预期阶段性成果，最终成果及成果评价形式：在研究计划中，还要设计好研究成果的形式，即最后的研究结论、研究成果用什么形式来表现。研究报告和论文是教育科研成果最主要的两种表现形式，说明不同研究阶段研究成果的名称及形式，成果的形式有：研究报告、研究论文、专著、教材、音像制品、实物教具、电脑软件以及以活动为载体的现场展示等。

在研究计划中设计出成果形式，从研究者角度来说，可以明确将来用什么表现研究成果，从开始就可以着手向这方面努力，积累材料，构思框架，进行分工，以利于研究成果的顺利问世。从课题研究的管理者角度来说，可以据此进行检查验收。

(7)课题经费预算

经费是开展教育科研的条件。经费的支出主要包括：

资料费：购买、检索或复印文献资料；

印刷费:印刷问卷调查材料、成果材料;

差旅费:外出调查、考察、学习;

会议费:组织或参加研讨会、课题论证会;

设备费:购置研究所需的设备、器材,如录音机、电脑等。

经费预算要本着少花钱多办事的原则,实事求是地谋划。

(8)推荐人意见(有高级职称者不填)

不具有高级专业技术职务的申请人,须由两名具有高级专业技术职务的同行专家推荐。推荐人须认真负责地介绍课题负责人和主要参加者的专业水平、科研能力、科研态度和科研条件,并说明该课题取得预期成果的可能性。

(9)课题负责人所在单位意见

申请书所填写的内容是否属实;该课题负责人和主要参加者的政治业务素质是否适合承担本课题的研究工作;本单位能否提供完成本课题所需的时间和条件;本单位是否同意承担本课题的管理任务和信誉保证。

教师可以从平常教学中的小问题入手,在不断积累经验的过程中,以研究者的眼光审视已有的教育理论和教育实际问题,探索出科学研究的原理、内容和方法从而建立起有针对性的、有实际应用价值的研究课题并从以上各方面加以充分的论证。

(三)课题的立项

进行课题立项是保证课题研究科学、有序进行的重要手段。只有进行课题立项,才能保证课题选择有方向、研究有指导、问题有帮助、评估有价值、推广有保障。

课题的立项原则:

1. 有一定的学术价值, 对教育教学发展、教育科学决策有一定作用, 对教育教学改革有实际意义, 对提高教育教学质量有指导作用。

2. 指导思想明确, 立论有根据, 有合理的研究方案。

3. 研究工作具备必要的条件, 具有深入研究的能力。

4. 研究目标明确, 工作步骤可行, 能按计划取得研究成果。

(四)课题的开题

1. 开题的意义

主要是从理论价值和实践价值两方面,阐明选题的意义。对所选课题的目的意义、价值作用进行论证,课题研究的目的意义、价值、思路,要阐明和论述清楚,把选题时已经有的基本思考或初步设想进一步细化,提出明确的认识。

2. 开题内容

报告研究现状

报告研究内容

报告研究思路

报告研究目标

确定研究方法

确定人员分工

3. 开题方式

开题可在立项前,也有在立项后。开题的方式一般是召开课题组成员会议,由课题负责人报告课题研究方案,课题组成员进行讨论,统一认识,确定任务,明确分工。也可邀请专家作相关内容的学术报告。

中小学教育科研的开题报告会主要是向全体课题组成员进行课题研究的宣传发动,介绍课题研究的方案,布置近期的研究工作等。

4. 开题报告

开题报告撰写的格式及内容与研究方案大同小异:

(1)课题的名称("……"开题报告)

(2)课题来源(问题的提出或研究的背景)

(3)课题研究的目的和意义(理论意义和实践意义)

(4)国内外研究动态

(5)本研究的范围和内容

(6)预期目标

(7)研究方法

(8)研究人员的安排及组织机构

(9)进度安排和完成时间

(10)经费来源及其他保障措施

二、实际运作阶段

教育科研方案的制订为课题的运作提供了蓝图,接着就是按照方案去具体实施。而具体实施的过程,其实就是检验假设的过程,例如,就"小学生说谎现象的成因及矫治研究"这一课题,研究者通过观察、访谈、问卷、作品等手段获得了小学生说谎的成因,然后制定了矫治方案。这个"方案"就是一个假设,还未经过检验;实施这个"方案",就是要检验这个矫治方案是否有效;如果有效,则肯定下来;如果无效,说明需要反思,重新制定矫治方案,也就是调整研究方案,重新建构理论假说。

在这个阶段,还要明确以下几项任务:

(1)将课题研究计划进一步细化,将任务落实到人,将每一阶段的任务进一步分解,使之变得更加易于操作。

(2)对研究人员进行课题研究的专业培训。通过培训和学习,把握课题研究的目标,明确自己的任务与操作要点,按课题设计要求正确地实施。

(3)实施过程中,要及时检查执行情况,反馈信息,及时予以调整。

(4)做好研究过程的各项管理工作。对研究资料、数据的积累、整理、归档、分析，都要有序进行。

(5)组织课题组成员交流、分析研究进展情况，掌握研究进度，协调研究力量的配备，保证研究的规范运行。

(6)做好经费、设备的管理工作，有计划地安排经费，加强对研究设备、技术的配置和管理，保证研究工作的顺利进行。

三、成果表述阶段

通过课题研究的实施，最终将形成研究成果。研究成果可以下列形式表述：研究报告、研究论文、专著、教材、音像制品、实物教具、电脑软件以及以活动为载体的现场展示等。成果的表述应该具有科学性、创新性和规范性。

结题报告(研究报告)的撰写：

结题报告是课题研究人员撰写的，旨在反映课题研究过程和结果的书面材料，是课题研究的最后一个程序。研究人员通过撰写结题报告向上级汇报开展研究工作的情况和成果，取得上级的承认、支持和理解；通过结题报告在同行之间进行交流；在学术刊物上发表自己的研究成果以扩大影响。

基本格式：

1. 题目(主标题)(“……”研究报告)

2. 摘要

3. 关键词

4. 正文基本结构：

(1)背景；

(2)目的与内容；

(3)方法；

(4)成果；

(5)社会反响或应用情况(包括本单位、学生以及社会的反响或效应)；

(6)继续探讨的有关问题与对策建议或设想。

5. 注释及参考文献

6. 后记

四、成果鉴定与转化阶段

成果鉴定是对研究成果的科学性、创新性、应用性作出价值判断，亦即下一个结论。成果鉴定有助于研究成果的进一步修正、改进和完善，并为研究成果的转化奠定基础。

成果的鉴定一般采取会议鉴定方式，并在课题所在单位进行；视情况的需要，将辅以现场听课、汇报演出、操作演示和实地考察等形式。对成果鉴定一般从指导思想、学术价值、应用价值和研究方法等方面进行综合评价。

一项富有先进性、创新性、成熟度和可操作性的研究成果应该在转化的过程中得到推广与应用。研究成果的转化为教育思想、教育观念,可以转化为教育决策方案,可以转化为课程、教材、教学软件等物化产品,可以转化为教育技术,可以转化为教育实践工作者的行为。

第二部分 课题研究的注意事项

一、课题研究的问题与对策

根据过去一些课题研究的实际,在开题后,大部分参与研究的人员都能够积极探索、认真实践,并取得了一些积极的成果。但是从整体来看,还存在着一些问题,影响课题研究的深入开展。为了使我们的研究少走弯路,愿与大家一起分享:

1. 存在的问题

(1)经验多,创新少

有一些课题停留在实践经验层面上,成果多是经验总结,谈不上创新性。理论研究中缺乏对当前学科发展现状了解和把握,调查研究不够全面细致;实验研究中缺乏理论指导,有程式化、形式化的现象。

(2)缺乏科学的研究方法

许多教师是第一次参加课题研究,对于研究方法的理解和掌握尚需一个过程。由于缺乏科学的研究方法,在研究过程中出现了问题,不知如何处理;有的实验研究没有明确的假设,自变量、因变量的选择不科学,它们之间的关系也不清楚,实验难以深入。有的课题取得了阶段性成果,不会写研究报告或实验报告,只是就事论事,使研究成果不能得到充分展示和升华。

(3)时间精力投入不足

从过去的课题研究中所反映的情况来看很多参研教师感觉教学任务与科研任务时有冲突;时间紧,任务重,没有足够时间精力去思考更完善的方法。

2. 解决措施

有些研究并不是一次成型、到位,而是需要教师的日积月累。但无论哪种研究都需要研究者精心的策划、实施和总结。倘若有些课题遇上难题,我们不妨改换思路,再重新进行研究。总之,研究的过程就是学习的过程,而学习的过程也就渗透着研究。针对上述问题,拟采取以下措施来解决:

(1)加强相关理论的学习,用先进的理论和观念指导实践。

(2)聘请指导专家,加强研究的科学性、规范性,提高研究质量。

(3)通过网站刊登指导科学研究的文章的方法提高研究者的水平,内容主要是:确定科研课题的原则与方法、实验研究方法、行动研究方法、怎样撰写研究报告(实验报告)等。

(4)课题组需要对自己的研究题目、研究对象、研究途径等进行“再设计”,以研究促教学,使课题研究和日常教学相得益彰。

(5)加强与校领导及教科所等的沟通联系,从时间、人力、物力配备等各个方面争取上级科研部门对课题研究最大程度的理解与支持。

教育有规律,科研有程序。只要我们遵循规律,按照一定的科研程序,扎扎实实地进行研究,课题研究就一定能取得预期的效果。

二、课题研究要争取领导的重视

学校教育教学工作千头万绪,教育科研工作不同于学校的常规教育教学工作,其工作难度大,专业素质要求高,不投入一定的人力物力,是难以把这项工作落实到实处的,课题研究更是如此。应该说选择好课题只是开了一个好头,科研要出成果还有很长的路要走,其中最关键的一点,就是要领导重视,特别是在课题上舍得投入一定的人力和物力。

三、课题研究要切实发挥专家的引领作用

课题要达到一定的高度,要有比较科学的理论指导,专家的指导不可或缺。对于专家的指导,以下经验可资借鉴:专家的指导不是仅仅邀请专家来出席开题会或者是结题会。专家的指导包括两方面:一是课题组要及时将课题的研究现状和研究进度报告给专家,并取得专家的意见。二是要定期邀请专家亲自到课题组,或开展必要的理论讲座,或与课题组的其他成员进行有效的沟通。

四、课题研究要加强课题的管理

课题研究中,课题的管理是很重要的内容,是保障课题顺利进行的有利武器。我们要把课题管理落实在实处。为了更好地管理课题,我们应做到以下几点:

(1)重视发挥主持人的作用。主持人是协调整个课题开展的关键,主持人最好是课题研究的主要研究人员。

(2)多采用新的管理模式和方式。课题组成员来自不同学校的课题研究使大家不会经常见面,但是,课题的具体的事情必须做到及时地沟通,于是,我们可以充分利用博客管理课题。这就突破了时间和空间的限制,课题组的成员可以随时到博客了解课题的开展情况,并交换意见。

五、课题研究要关注过程

课题成果固然重要,但是,课题更重要的是在过程。一个课题的研究必须要有一个清晰、不断有改进的过程的方案和内容。在课题的开展中,我们认为可以从以下方面着手:

(1)研究方案的制定应该充分考虑课题研究各种物质条件,如研究者的研究能力、时间保障、经费保障及研究所必需的教学设施等。

(2)研究的过程,就是执行研究方案的过程。研究者必须按照预定的研究目标(研究假设或变量),有计划地有组织地步步推进,层层深入。

(3)在研究的中期,有必要组织各种形式的学术活动,如研究课、研讨会、阶段性成果展示会。

(4)定期写出工作总结,全面整理已有研究成果,反思研究过程中出现的各种问题,及时调整和优化研究方案。

(5)课题研究中要重视各种不同的反馈。比如,在课题研究中必须做好几个反馈:实验教师的反馈、学生的反馈、其他教师的反馈、学校领导的反馈、专家的反馈。

(6)重视实验的过程。一般来说,课题的研究可以分成:申报阶段、立项和开题阶段、研究初期阶段、研究中期阶段、研究后期阶段、结题阶段。

(7)课题研究要着重抓好研究计划的制订,即定研究目的、研究对象、研究范围、研究方法、资料来源、研究步骤、经费预算等;抓好计划的执行、检查和提供服务,即定期检查各研究人员的工作进度,为他们提供必要的帮助,如提供资料和经费,及时调整、修改、补充计划;重视各方面的数据的收集;抓好资料的收集存档;抓好科研成果的撰写等。

六、课题研究要重视成果的积累、物化和推广

课题最终的结果是要以成果的形式体现出来。课题研究的成果有如下特点:

(1)成果一定是在课题研究的过程中体现出来的,而不是临时的拼凑。

(2)阶段成果不是最终成果,要不断地结合课题的纵深推进而不断地反思和提升,形成过程性的成果。

(3)物化的成果必须是对教学的实践有指导意义,必须要有一定的推广意义。

(4)物化成果的时候,不要仅仅着眼于通常观念认识的论文、大部头的著作,最好有叙事性的文章、有价值的案例等,虽然短小,但是,来源于研究的一线,又能为其他研究者提供借鉴。

(5)重视成果的发表质量。成果发表的途径和形式多种多样,如期刊发表、出版专著、学术会议宣读和交流等。

(6)推广成果,实质上是将教育科研所具有的潜在的生产力转化为教育实践中的现实生产力,转化为教育实践的现实效益。推广成果的过程,是一个动态发展的过程。在这一过程上,不是简单模仿其做法,而是在推广过程中不断学习,不断更新,并且吸收更多其他成果的信息,广采他人之长,只有这样,成果的转化才会“注入”合力,充满生机,得到发展。

七、课题研究要有务实的工作作风

老子曰:“民之从事,常于几成而败之。慎终如始,则无败事。”就是说,人们办事,往往是在快完成的时候失败的。如果像刚刚开始时那样,谨慎地处理最后阶段的问题,就不会出现失败的结局了。“为山九仞,功亏一篑。”(《尚书·旅獒》)比喻一件大事只差最后的一点儿努力而不能成功。实践、研究中要有踏实的工作作风。

选题、申报、实施等与项目有关的一系列工作是一个科学实验和论证的过程。无论题目是大,还是小,每个参与者都要本着对项目认真负责的态度积极做好每一件细小的工作。从个案调查、发问卷、访谈、观察到测试,都需要研究者善始善终。这里,我们不妨提到美国一位叫做路易斯·特曼有关天才儿童的一项研究。这个研究早在六十多年前就已经开始了。特曼用斯坦福大学比奈智力测试题对智商在150以上的1500名学生进行跟踪调查研究,这项研究要到2010年才彻底结束。目前,有关的研究数据正在陆陆续续地整理和收集。从以上的例子,我们可以得出一个结论,实验的过程是需要时间的,而正是这个时间保证了我们的项目顺利进行。尽管我们每位教师所处的岗位不同,所教的学生不同,但只要我们有着踏实的工作作风,不求大、不求全、不宽泛、不笼统,从身边的学生做起,从自己的班级、年级、学校做起,从开学的第一天做起,认真收集、分析和研究数据、只要方法得当,思路正确,经过几个月,一个学期,一年甚至几年时间的努力,所研究的项目一定会硕果累累。

教育科研不是为研究而研究,而是为教育而研究。如果教师把教育科研看作是对自己教学的补充,是自己专业生活的一种方式,那么他就会凭借自己的力量,把研究和自己的教学实践紧紧地联系在一起,就会成为研究的主人。一旦教育科研成为我们中小学教师的一种态度,一种专业生活方式,并且这种态度和专业生活方式是集教育、研究、学习和反思于一体的,那么,教师就会真正走进属于自己的教育教学研究,就会通过教育科研来检验自己对教育教学的看法是否正确,检验自己解决问题的假设和办法是否真正有效,而不会把教育科研当做幌子,就不会作秀式地搞些课题。

随着研究的深入,参与科研课题研究的教师的理论、科研水平一定会有较高层次的提升,这也必将带动我们的研究向教育科学理论与教学实践的不断统一,并促使科研成果能够真正用于指导或服务自己的教学实践。

总之,课题的研究虽然是一个比较复杂的过程,但是,也是有其研究规律的。只要我们是为了教育教学的实际开展研究,并在研究中立足实际,坚持科学方法的草根研究,就一定能取得对于教育教学有益的研究成果,提升教育教学的质量,促进教育教学改革的顺利发展。

希望课题研究者能够借助课题的研究所提供的教育科学研究平台充分彰显自己的教科研能力,认认真真投入到教科研中来,让自己的研究在教学一线的实践中开花结果,实实在在促进自己的教学实践活动。我们要坚决杜绝“立项时积极,研究时消极，结题时东拉西凑穷应付”的不良现象。只要大家坚持“科研兴校”的路子，扎实工作，刻苦钻研，勇于探索，开拓创新，我们一定能够按照预期的目标圆满完成研究任务，多出成果，出好成果，为教育教学质量的提高，为推动教育科研走向辉煌，做出应有的贡献。

让研究成为一种需要，让教学成为一种享受，让读书成为一种习惯，让反思成为一种力量，让写作成为一种快乐。

——·教师成长篇·——

成为有思想的教师

一、思想与教育思想

笛卡尔说:“我思故我在”。思想,通俗的说就是做事、说话不跟风,不人云亦云,保持自己的独立思考。从教学的角度来说,有思想的课堂总是呈现出独特的思考,从教学者的组织课堂的程序,到教师本身的语言,不是每个人都可以学的“套路”,总有属于这个教师自己的东西,其他人是学不来的,那就是风格。教师的思想,是指在教育教学实践中形成的思想体系,涉及教师的政治、哲学、教育思想等方面,但最主要是教师的教育思想。

我们在分享他人思想成就的基础上,经由观察、体验、悟识而创生思想。思想使我们所做的一切有一种自觉的追求,使生命挺立着,并有一种把酒临风的旷达和潇洒。你真正的生命是你的思想,你的思想就是你的处境。理论、学说、观念、主张等都不过是思想的表现形式。

做一个有思想的教师,就是对教育教学有认识、有独创见解并能自成体系的人,也就是善思考、会思考的教师。教育者应该是一个思想者,因为教育首先是一个活生生的、寻根究底的、探索性的思考,没有思考就没有发现,而没有发现就谈不上教育工作的创造性。

肖川说:“很多教师对操作方法感兴趣,但是操作方法后面一定有一套关于‘良好教育’和‘有效教学’的思想。剥离了思想根基的操作方法就像折断的树枝,很快就会枯萎和断裂,它绝不会变得更强健和更茁壮。”也就是说,有思想的教师在课堂操作表象的背后,都有属于自己设计的理念,有自己的理论支撑。没有思想的课堂只是单纯的走过场,除了机械的操作还是操作。思路决定了出路,想法决定了方法。

二、教师要有思想

(1)有思想,使得我们不人云亦云,不简单化,使得我们葆有自由意志和独立人格。

(2)做有思想的教师,会使我们变得更具有思想,能够使我们更好地理解课程内容,会对学生的心灵丰满和精神充实有一种自觉而又自然的引领。

有思想,会使得我们兴趣广泛,内心鲜活,积极地捕捉各种有意味的信息,会使我们的人际交流变得更有品位,使我们的生活,特别是精神生活变得丰富,从而使我们从琐屑、无聊、单调、平庸的生存境遇中摆脱出来,有一种"一蓑烟雨任平生"的豪迈和超脱。

教育,更需要成千上万有思想的教师,用自己明确的教育理想和教育追求,提升教育的品质,用思想重塑教育行为,用思想陶冶学子心灵,用思想把学生引向成功。

一个教师,应时常思考:我的这张旧船票,能否登上它的新客船?倘若脑子里总认为是"换汤不换药""旧瓶装新酒",那恐怕还是"涛声依旧"了。

三、做有思想的教师

教师,要有自己的思想,唯有此,教师才能充满魅力,才能有一种精神感召力,才能谱就出一首快乐、幸福的当代教育的和谐乐章。

做一个有思想的教师,应具备一些优秀的品质:

(1)一个有思想的教师应该是一个有爱心的教师,对学生充满人文关怀,实施民主教育。

罗曼·罗兰:"爱是生命的火焰,没有它,一切变成黑夜。"

(2)有思想的教师,应该有一定的底蕴,勤奋、谦虚、好学,向名家大师学、向同仁学、从经典书籍中学,善于反思自我,淡泊名利,求真务实,宽容豁达。

(3)一个有思想的教师应该是一个有激情的教师。

比尔·盖茨:"每天早晨醒来,一想到所从事的工作和所开发的技术将会给人类生活带来的巨大影响和变化,我就会无比兴奋和激动。" 一个人在一生中的成就,取决于他对待工作的态度。

(4)有思想的教师应该是有智慧的教师,善于想办法解决问题,启迪学生的思维,思考教育的良策。

有思想的教师应该是懂得教育规律的老师,他们会思考用什么样的方式教学是学生能够接受、愿意接受的进而会产生主动学习愿望的;他们会思考怎样教育学生会让学生感到如沐春风、如淋甘露,即使批评也是和风细雨、润物无声。

有思想的教师,在结束了一天的教学之后,会认真反思自己教学中的表现,成功的、失败的做法,反思教学目标的达成、反思学生的课堂表现、反思教学策略的选择、反思课堂教学的流程、反思课程资源的开发、反思教学个性的张扬、反思教学的简约与有效,反思如何把教材变浅、把教法变简、使效果更彰显,期待明天的教学能够改进、完善,使学生在自己的课堂上享受学习。

一节好课是激情与智慧和谐统一的生态课堂,是教师生命力的载体与再现,凝聚着教师一生的感悟和追求,闪烁着教师的教学智慧和创造精神;一节好课让学生心满意足,意犹未尽,依依不舍,受益一生,甚至会激发学生一生的追求。

(5)有思想的教师,应该有自己的教学主张与独特的教学风格。教学主张是指向教学实践的个性见解,教学主张是教学风格的内核。钱梦龙提出了"三主"的主张——以教师为主导,以学生为主体,以训练为主线;李庾南,在长期的数学教学中,总结、提炼出"自学·议论·引导"的教学方法和教学模式,实际上这就是她的教学主张。

我们在开展国家级课题"任务型教学的理论与实践"实验中提出了生态课堂的主张:生态的课堂是以人为本的课堂,关注人性,突出发展,是学生成长的乐园;它是由认知领域到生命全域,是教师、学生、文本之间多维的对话过程。构建生态课堂,可以激发学生情感,唤起学生学习动机,培养学生积极的情感态度和价值观,师生共同形成活泼和谐、平等互动的教学氛围。

教学主张的外在表现是教学风格与教学特色。纵观那些名师,他们大都会有自己的特色,并靠它们"出彩":于永正的特色是"幽默",让学生们在笑声中学知识、受教育;李镇西的特色是"充满激情",他立志"一定要把我带的班也建设成为《青春万岁》所描绘的那样的班级";霍懋征的特色是博爱,她认为"没有教不好的学生";名师如同名城,只有具备自己的特色,才能形成强劲的竞争力,甚至在教育上享有盛誉。

我们的队伍中不少教师不断地探索创新,追求卓越,形成了自己的教学风格,初尝了教科研的甜头。无数次的实践证明,每一位教师都是可以造就的。

做一个有思想的教师,当然不是胡思乱想,标新立异,以偏激为深刻,以逆反为新颖。而是在坚持正确的思想方法的大前提下,弘扬追求科学、崇尚真理的理性精神,张扬个性,尊重心灵,冲破迷信权威、盲从书本、膜拜圣贤的思想牢笼!

人因思想而伟大。在思想的原野上,既需要参天的巨树,也需要无名的小草。思想家有思考的使命,普通人也有思索的权利。不能苛求每一位教师都是思想家,但每一位教师至少应该是一个独立思考者。让教育充满思想,让思想充满智慧,让生活充满人性的光辉,让我们的心灵荡漾在博大、丰富、深邃、光明、温暖的思想之中——有一天,我们的年华终将老去,但我们的思想会在足迹中闪光,并照亮前行的路。

做一名有思想的教研员

笔者不敢自说是一位名师,但30年的磨砺使笔者逐渐走向成熟;笔者不敢说是一位思想者,但近30年的教学与研究使笔者形成了自己的教育教学见解和主张;一位名师要走得更高更远,其研究领域要基于学科,超越学科,依托大教育,拥抱大教育,迈向大教育。

一、敬事细行:矢志不渝 服务教师

作为教研员,笔者与县(市、区)教研员、一线教师交朋友,用心交流,诚恳待人,努力践行教研员研究、指导、服务、管理的职能,切实发挥名优教师的聪明才智,发挥他们的示范、引领作用,关注教师的成长,研究教师,发现教师,培养教师,使课堂从有效走向高效,从优质走向高质。近年来,策划并主持开展了教坛新星精课精评、名师课堂教学展示与教学特色研讨、成功教学模式与典型教学经验研讨、读书报告会、专题教学研讨、学科教研会、英语故事会、课本剧展演等活动,做到教研活动主题化、专题化、系列化;重心下移,走进农村,深入安庆市7县1市4区开展教学调研、送教上门、同课异构活动,每次都是起早去,下午返回;成功举行九届英语学科优秀课例展示活动;每天七点半上班,每年听课百余节;圆满完成学情调研检测的命题、阅卷及分析反馈,为安庆师范学院国培班、桐城师范高等专科学校骨干教师培训班及各县(市、区)教师讲课;通过网络工作室与学科教研平台为一线教师提供信息与指导;指导学校课题研究工作。

作为教研室副主任和综合研究室主任,笔者尽心尽力为学科教研员服务,为领导献策分忧,为师生服务,敬事细行,做好每一件简单的事,做好每一件平凡的事。笔者参与筹划的安庆市首届校本教研现场会有助于创新新课程背景下的教研形式,安庆名师、名校长工作室的评选与设立赢得了社会的广泛好评,开创全省先河,影响波及省内外。为全省第十批特级教师评选考评课的顺利实施上下沟通、协调,排课、派车,做出了大量的努力,受到省教科院领导嘉许;组织开展了对省、市示范学校进行教育教学视导、开展小班化教学实验调研工作;组织举行全市义务教育阶段教学教研工作会议、全市高中教学工作会议;举行全市教学论文评选;组织优秀教研员、骨干教师赴南昌、铜陵参加金太阳教学模式研修、铜都教学模式观摩学习;组织开展初中学业考试阅卷工作,组织、实施七年级入学学情调研检测、学期期末调研监测的制卷、送卷及阅卷工作;在学业水平测试工作中,一丝不苟,任劳任怨;每年编拟文件、函件近百份,编辑《教育教学视导反馈报告》《安庆市普通高中教学工作经验总结》等十余本册子。

二、教育理念：与教育同行 追教育梦想

人生应该有梦想，我们的梦想应该与教育的梦想结合起来。笔者在每次教研活动中都会发声，给老师们带去新的理念、有益的见解，为教师进修、教研服务。笔者在全市的讲座“校本教研，教师成长的良田沃土”发表于《中国民族教育》，讲座“新课程 新理念 新景观——英语课程标准与英语教学”与“任务型教学的理论与实践”连载于《英语周报》达半年之久，讲座“走进新课程 实践新理念”发表于《英语学习辅导》等。

三、教师成长：与名师为友 创精彩人生

教研员被誉为“教师的教师”，对教师的成长起着唤醒、点拨、引领的作用，引导教师并通过教师引导学生迈上一个力所能及的台阶，再迈上另一个力所能及的台阶；引导他们不断地追求成功，设计成功，而更重要的是撞击成功。教师的专业成长主要靠内在的动力。教研员要引领教师向名师学习，像名师那样关爱学生，拥有一颗爱心，不断学习，拥有一颗进取心，加强反思，形成独特的教学思想。在实践中笔者始终努力践行着这样的理念。

阅读经典使教师站在大师的肩膀上前行。三年来，笔者组织开展了英语教师新春读书报告会，激发了教师的读书热情。这样，学生在学校能看到“精神明亮的人”，能找到人生的精神标杆，能跟随真正的读书人一起学习。

看到教师的进步犹如自己进步了一样。笔者为教师们开设了“修炼内功 走向成功”“脚踏实地 仰望星空”“成为有思想的教师”“行走在理想与现实之间”及“How to Be a Successful English Teacher”等有关教师成长的主题讲座，笔者的讲座“投身课程改革 做研究型教师”连载于《英语周报》，讲座“务实创新 追求卓越 做理想的教师”发表于《教育艺术》，讲座“与名师为友 创精彩人生”发表于全国核心期刊《中小学教师培训》。

四、教学思想：20 字教法 比较教学法 任务学习 三轮复习法

一位优秀的教研员应当有也必须有自己的教学思想或教学主张，唯有此，我们才能充满魅力，才能有一种精神感召力，才能谱就出一首快乐、幸福的当代教育的和谐乐章。笔者不断创新，探索不已，形成了“激发兴趣 指导交际 精讲知识 培养能力 加强反馈”20 字英语教学法（刊于《中学教学参考》，获中国外语学习学研究会优秀科研成果一等奖）、英语比较教学法（刊于全国核心期刊《中小学英语教学与研究》，主张英语语音、词汇、语法、文化可以通过比较来教学）、“兴趣开路 任务推进 学会学习”英语学习方式（刊于《中学外语教与学》，获中国教育学会外语教学专业委员会优秀科研成果一等奖，主张英语学习兴趣优先，学习活动化，活动生活化，变学会为会

学,主动发展)、“纵向搜索 横向贯通 综合演练”英语三轮复习法(刊于《中国高校招生》,主张课本为经、纵向搜索、夯实基础,语法为纬、横向贯通、形成网络,纵横交织、综合演练、深化提高,运用该复习法可全面提高学生运用语音、词汇、语法进行听、说、读、写的交际能力)及“归纳 浏览 联想”复习法(刊于《学英语》,依据考点分类归纳,使学生复习能举一反三,以一当十,既见树木又见森林,起到事半功倍之效;这两种复习法被二十多家报刊转载,配套用书由新世界出版社、江苏教育出版社及青岛出版社出版)。

五、生命课堂:激情 智慧 互动 发展

一节好课是激情与智慧和谐统一的生态课堂。针对课堂教学,笔者举行了“关于课堂教学的几点思考”“创造生态课堂 促进师生发展”“同课异构 和谐共进”“Enthusiasm, Wisdom ,Interaction and Development”等讲座,在主持开展国家级课题“任务型教学的理论与实践”实验中,我们提出了生态课堂的主张,在构建生态课堂上作出了积极的探索,取得了有益的成效。课题成果《实施任务型教学 享受教育的幸福》获中国教育学会外语教学专业委员会优秀科研成果一等奖,讲座“创造充满生命活力的课堂”获中央教科所全国优质教育成果一等奖。

六、教育科研:敬业乐研 反思前行

课程改革要求我们成为一名研究者,成为一名研究型的教师。当一名幸福的研究型教师,是当代教师追寻的目标。教育科研是名师与普通教师的分水岭。教育科研不可畏,用心感悟,反思前行,积累、沉淀、思考、总结、内化、升华就是从事教育科研的有效作法。

教学是研究不竭的源头活水,研究是教学富有生命与活力的有力保障。教育研究与写作使教师站在自己的肩膀上攀升,教育研究与写作,尤其是课题实验,为教师的成长插上了腾飞的翅膀。善于反思必定受益无穷。反思要从我们的日常生活开始,关注我们每天都要进行的备课、上课、听课与研课活动,关注教学目标的达成、关注学生的课堂表现、关注教学策略的选择、关注教学流程、关注课程资源的开发、关注教学个性的张扬、关注课堂的预设与生成。

教研员是一座桥梁,其得天独厚的优势在于兼有理论工作者的研究经验与一线教师的实践经验,我们有责任、有义务、更有优势将实践经验上升为理论成果,用先进理论指导实践。做有心人,做有用功。笔者把自己在全省基础教育英语教学座谈会上的发言修改、完善后以《关于中小学外语教学的几点思考》为题,从几个侧面谈中小学外语教学,该文被中国人民大学《小学各科教与学》全文收录;笔者的讲座“教育科研论文的写作”发表于全国核心期刊《中小学英语教学与研究》;安庆教研室主办了安庆市“庆入世 迎奥运”英语演讲大赛,并将大赛作品整理、完善,形成了《新世纪中学生英语演讲精粹》(初、高中版),由新世界出版社出版;笔者把新课改以来的讲座、研究成果进行了归类、梳理,由吉林教育出版社出版了著作《新课程理念下的英语教学》;笔者主持开展了国家级课题“任务型教学理论与实践”,并作出积极的探索,课题著作《任务型教学理论与实践》由团结出版社出版;我还指导教师发表教学案例、论文50余篇,辅导学生发表习作40余篇。

作为教研工作者,我们要有较高的人格魅力,做人谦虚 ,待人真诚,与人和谐;甘为人梯,乐作铺路石,善待教师,鼓励创新,宽容失败,引领教师把志趣与事业结合起来,在实践、研究、反思中不断总结、创新和成长,使教师有归属感、成就感和幸福感。教研员要凝聚教师,构建教研文化,教研文化的核心是追求和树立一种共同的价值观,从而对教师形成一种无形的向心力,把教师的行为系于一个共同的文化精神上;优良的教研文化,具有强大的吸引力,这种吸引力不仅表现为教师的认同感、自豪感和荣誉感,也表现为社会的瞩目和认可。

笔者坚信:一位优秀的教研员就是一支优秀的学科教师队伍。

让我们携手共进,做一名有思想的教研员。

探寻名师成长规律　提升教师队伍素质

——“安庆名师成长经验研究”课题实验报告

一、问题的提出

《国家中长期教育改革和发展规划纲要(2010-2020年)》指出:“教育大计,教师为本。有好的教师,才有好的教育。提升教师素质,努力造就一支师德高尚、业务精湛、结构合理、充满活力的高素质专业化教师队伍。”

一流的教育,需要一流的师资。名师是教师队伍中的精英。名师集中了职业教师中的精粹,张扬着教师理念和精神。一个时代的名师是那个时代教师群体中的旗帜和领军人物,他们代表着那个时代教师的精神风貌,引领着教师的专业化成长与发展的趋势。名师作为一定时代背景下的教师精英群体,往往是他们所处的那个时代的教育理念和价值观的忠实实践者,他们的教育实践活动及其理论和认识成果深刻生动地体现着特定时代的教育价值理念的精粹和内核。正因为如此,名师的教育实践活动方式和教育思想理念,也会自觉或不自觉地成为影响教师群体实施教育行为的价值标尺。

(一)研究背景

在具体的教育过程和教育活动中,名师是一种最为宝贵的教育资源;尤其是在当今知识经济社会以及教育竞争愈演愈烈的背景下,名师作为一种优质的教育资源,其地位和价值与日俱增。教师是最重要、最根本的教育资源,而优秀、杰出的教师则是一种优质的、珍贵的教育资源,因而也是优质教育的象征。名师作为一种优质的教育资源,他们直接决定着教育教学活动的得失与成败,对于青少年学生的健康成长影响最为深远。教师尤其是名师这一特殊教师群体的成长与锻造更是备受人们的关注,推进“名师工程”也已成为各级政府以及教育机构促进教育事业发展战略与实践的重要组成部分。

名师是教育的旗帜。培养、造就一批扎根于当代中国教育事业的名师,推介、弘扬名师的教育风范和教育精神,研究名师现象及其内在规律,就是为了高扬教育理性的旗帜,促进教育事业的科学发展,从而引领当代教育遵循其内在的规律和社会发展的客观规律昂首阔步地前行。基于这样的认识与理念,名师现象以及名师的成长与培养规律也开始为教育理论工作者所关注;也是基于这样的认识与理念,我们试图通过探寻名师成长的轨迹,对名师现象、名师的成长经验与培养规律进行一些思考与探索。

(二)研究的目的和意义

胡锦涛同志在“十七”大报告中指出，要“优先发展教育，建设人力资源强国”。振兴民族的希望在教育，振兴教育的希望在教师。袁贵仁在《教育家成长丛书》出版座谈会上强调：“要认真研究总结并大力宣传广大优秀教师的教学经验，这是整个教育战线的共同财富，要对他们的思想、经验进行总结、提炼。”《国家中长期教育改革和发展规划纲要(2010-2020 年)》把“造就一批教学名师和学科领军人才”作为加强教师队伍建设的一项重要内容列入其中，可见国家对名师的培养工作是十分重视的。当前，全国各地各级教育行政部门都在积极实施“名师工程”，以此促进教师素质的提高。

名师是社会和时代共同锻造出来的。首先，社会需要并呼唤着名师，这是因为社会需要卓有成效的教育事业和教育实践活动来维系其生存，支撑其发展，而所谓名师则体现着教育的主体精神和主流方向，也体现着社会对于教育的价值期待。名师归根结底是一种社会现象。一方面，社会通过意识形态和主流文化对名师进行精神上的培养，通过一系列的政策机制对名师进行激励与扶持。另一方面，名师也在通过自身的教育实践活动，传承、彰显着民族的文化传统、社会的主流价值体系。从这样的意义上说，名师工程应当是社会主流文化建设主题中应有之义；教育也应当从自身的社会责任与使命出发，高度重视、大力推进名师工程建设，包括通过相应的教育理论研究推动、引导名师工程的健康发展。

为适应安庆市“打造教育品牌，建设教育强市”的需要，建设一支高素质、高质量的教师队伍，鼓励安庆市广大中小学教师长期从事教育事业，激发他们教书育人的积极性，全面推进安庆市教育事业的改革和发展，安庆市教育局于 2007 年、2008 年及 2009 年教师节设立了三批名教师工作室，这些名教师奋发有为，利用网络平台，以点带面，为安庆教育事业的发展作出了突出的贡献。近年来，安庆教研室又卓有成效地开展了“教坛新星精课精品活动”“名师课堂教学展示与教学特色研讨活动”，帮助名师形成个性化的教育思想和教学策略。开展安庆名师成长经验研究，有助于更好地实施“名师工程”，充分发挥名师资源的优势及名师的引领、示范与辐射作用，通过名师的成功轨迹的研究，总结名师成功的规律和特点，进一步促进中小学教师在教学思想、教学观念、教学方法方面的转变，提高广大教师的专业水平和教学技能，促进安庆教育可持续、高水平的发展。

二、理论依据与研究假设

(一)理论依据

1. 基于马克思主义关于人的全面发展与全面发展基础上个性发展的学说

这是我们开展本课题研究的基本指导理论，这一理论同样指导着教师的成长，包括名师的成长。

2. 基于教师的主体教育理论

主体教育理论是依据马克思主义“人类主体”的思想和“主体性发展”理论建立起来的一种当代教育理论。站在主体教育理论的高度，站在学生主体、教师主体性（自主性、主动性、创造性等）建构与发展的高度去开展名师成长经验的研究，进而促进教师队伍整体素质的提高，可以使本课题的研究实现较高的教育价值定位。

主体教育思想是一种围绕如何看待人在教育过程中的地位、作用和发展目标而阐发的理论。现代教育应该把发挥和培养人的主体性作为一项核心目标。而要实现这一目标，需要教育过程中师生双主体的协同活动。教师是教育活动的组织者、创造者。教师职业的本质是创造人的精神生命。教师不仅要创造学生，教师还要创造自己。一个墨守成规的教师对于学生创造性的发展无疑是一种近乎灾难的障碍。创造是教师职业内在尊严与欢乐的源泉。教育是一种智慧的艺术，是人对人的启示、引导、激发和唤醒，是人们心灵的体操和精神的交流与对话。教师只有用智慧的心灵才能点燃学生智慧的头脑。当代教师不再是被动的“教书之匠”，他们的角色形象将不再被限定在“蜡烛”“春蚕”“园丁”“人梯”等单向性的社会价值隐喻里。教师专业成长主要靠内在的动力。美国著名作家弗格森说：“每个人都守着一扇只能从内开启的改变之门，不论动之以情或晓之以理，我们都不能替别人打开这扇门。”教师的成长之门只能由教师个人打开，别人是无能为力的。进行积极的自主发展，努力成为名师，是越来越多的教师的美好愿景和努力的目标。

3. 基于教师的成就动机和人格完善

人本主义心理学强调人的价值意义，强调自主的人格，强调人所具有的现实潜在的能力。人本主义心理学家一直把教育视为发展人类内在潜力的历程。人本主义心理学理论认为自我实现是人类最基本的动机。人类都有一种自我实现的需要，即最大限度地实现自身的各种潜能的趋向。因此，他们认为人都是“积极主动的、自我实现和自我指导的。”这是人本主义心理学理论的核心。著名人本主义心理学家马斯洛认为，人类的多种需求，可按其性质由低而高分为七个层次：生理需求、安全需求、隶属与爱的需求、自尊需求、知识的需求、美的需求、自我实现需求。前四种属于基本需求，后三种属于成长需求。教师的发展除了需要满足基本需求之外，更要满足其成长的高级需求。罗杰斯也认为，在人际交往中，人总是愿意自己的行为受到别人的尊重。当一个人的行为产生了积极的自我体验，同时又能受到别人的尊重和肯定时，他的自我概念就是准确的，他的人格就能正常发展。人本主义还确信，人需要发展并运用他们所具有的天赋、潜力，以使自己发展并达到自我实现——这就是心理健康。基于此，名师更具有较强的成就动机，渴望人格得到完善，这为我们的课题研究奠定了基础。

4. 基于科学发展观

根据科学发展观及和谐社会的发展理论，每一个人都应该得到和谐的发展，教师和学生的和谐发展对构建和谐社会具有十分重要的意义。只有当教师的身与心、情与意、知与行等各方面获得和谐发展时,教师的人格才是健全的,教师和学生也才可能获得真正的全面发展,才可能获得成功,收获幸福。教师的和谐发展不是面面俱到,更不是整齐划一,而是教师个性的充分、有效的发展。即在总体上是和而有序,和而不同。从某种意义上讲,教师是教育过程的组织者,是素质教育的最终实践者,建设一支高素质的教师队伍,是实施高质量素质教育的根本保证。教师的研究包括教师个人的自我设计、自主发展,也包括团队合作与互助,包括专家的引领与提升。以名师成长的经验引领广大教师发展,让教师们在团队中得到共享,实现共进。

(二)研究假设

课题"安庆名师成长经验研究"是以马克思主义关于人的全面发展与全面发展基础上个性发展的学说、主体教育理论、教师的成就动机和人格完善理论以及科学发展观为指导。通过本课题的研究,我们旨在探寻名师成长的成因、名师成长的经验、名师的教学思想以及名师培养的策略,构建名师文化,进而促进教师队伍整体素质的提高,为学生的发展导航,实现"三个面向"的教育战略目标。

三、课题研究的方法

通过调研法、个案研究法、行动研究及理论研究等方法,建立课题研究制度,促进成员研究的自觉性,带动40位名师积极参与研究,建立有效的激励机制。

1. 调研法

以名师为调研对象设计问题,根据个人因素、环境因素和关键事件三项指标了解名师成长的因素,并进行剖析,为名师的发展把脉,为名师的培养服务,为建设一支高素质的教师队伍打好基础。

以学生为调研对象设计问题,了解学生对名师的教育思想、知识能力、教学策略、教学技巧的评价,侧面了解学生对教师资源的需求特点,成为诊断教师专业化发展的参照内容之一。

2. 个案研究法

研究名师的专业化发展经历,通过研究,总结出名师专业化发展的一些共性特征,从而明了当今为师之道,知晓教师何以由合格到优秀、由优秀到卓越,从而激励更多的教师向优秀教师努力。同时,探寻名师成长的个性特点,找出他们迅速成长的规律,推广经验,促使教师的专业化发展。

3. 行动研究

"行动研究"是一种操作性强的研究形式。它是以学校为研究基地,以实际教学中生成的问题为研究课题,以学校和教师的发展为研究目的。它更有利于体现教师进行研究的主体性和主动性,促成教师从"教学型""经验型"向"研究型""专家型"的提升。

组织名师把自己的教育教学活动作为研究对象,持续不断地对教育和教学行为进行反思，从而积累教育智慧，提升教育教学水平。引导名师在教学实践与研究中总结出自身成长的经验，形成自己的教学特色，创立名师的教学思想。

4. 理论研究

通过名师课堂教学展示、名师网络工作室、名师的作品及名师教学思想研讨活动等多种途径，研究、探讨名师的教学风格，提炼名师的教学思想，并在实践中不断加以充实与完善，形成理论，进而指导实践。

四、课题研究的基本结论

名师是指在教育界影响广泛并拥有知名度和追随者的杰出教师。通俗地说就是学生最喜爱、家长最放心、同行最佩服、社会最敬重的教师。他们是师德的表率、育人的模范、教学的楷模、科研的能手。但是，随着教育的改革与发展，在教育走向现代化的新时期，社会希望名师具有与时俱进的素养，诸如成为教育理论的建设者、教育事业的探索者、教育实践的改革者和教师发展的引领者等。

名师有“名”与“实”两个方面的内涵。名师之“名”是指其在教育及社会生活中的广泛影响力，它包括教师教育教学实践活动对于受教育者以及社会各方面所产生的良好效应，以及他们先进的教育理念和具有鲜明个性的实践模式、教学方法对作为同行的其他教师所产生的示范功能，和对整个教育事业发展的引领作用。名师之“实”则是指名师在长期的教育实践中养成的、卓越的教师素质和良好的性格特征，和先进的教育理念、具有鲜明个性特征的实践模式、教学方法，及其所产生的高质量、持久性的教育教学效果。

安庆名师是安庆市中小学教育教学工作中德才兼备、贡献突出的代表，在安庆市或全省乃至全国有较高知名度的教师，是安庆市教育教学改革和发展的领军人物，有个人独特的教学思想与风格。

本课题旨在通过对名师成长规律的研究，探讨名师成长所需要的社会环境、基本途径以及名师内驱力的形成等基本因素。

本课题以安庆40位名师作为样本进行案例研究。在整合案例研究成果的基础上，进行理论研究，以求在教师专业化成长过程中所涉及的成长环境、成长规律、成长障碍、促进策略等相关理论问题上，能够有所突破和深化；再通过实践探索，从中总结出能够有效地促进教师专业成长发展的原则、途径、方法、模式，形成一些可资借鉴的普遍经验，提出更具操作性和高效性的教师群体专业化成长的模式和策略；最终通过推广所研究的模式和策略，提高广大中青年教师群体的创新意识、科研能力和教学水平，构建教师专业成长模式，打造名师文化，进一步推进“名师工程”。

1. 名师成因的条件

根据中国知网数据库、报纸杂志、网络等搜集到40余篇介绍了名师个人情况和成长经历的相关文献，在分析和整理的基础上，根据研究，本课题组归纳出影响名师成长的因素。影响因素分为个人因素、环境因素和关键事件三项指标，为了尽可能准确、真实地总结和概括影响名师成长的具体因素，又对各类指标进一步细化，具体如下：

第一，个人因素，分为责任心、教学反思和研究、人生态度、口才、教学和科研的融合、宽博的知识结构、学习经历等指标。个人努力是影响教师成功的最主要、最根本的因素。

第二，环境因素，分为学校环境、领导支持、老教师与专家的引领和指导、同事或团队的帮助、教学互动、教改、课题研究等指标。环境造就人，环境因素是影响教师成功的重要因素。

第三，关键事件，分为教学的挫折、自尊的伤害、特有的经历、第一次上课等指标。“教师的专业成长受到过去的经历和经验的影响，但是，并不是过去所有的经历或经验都对教师的专业发展起着重要影响。只有一些重要的事件或称‘关键事件’才会对教师专业发展起重要影响，促使教师对个人的教育信念、行为进行反思、重组和改变。”

2. 名师成长的经验

对名师文化的研究，既要通过探索名师星空的史实和个案，来分析与梳理名师的特征和内涵，寻求名师形成的机制与规律、策略与方法；又要依据合乎时代发展的新的价值取向，揭示名师培养的传统经验改造和价值提升方向，使名师的成长与教师的发展，名师的影响力与教育的优质化，能在更高的层面上寻求统一。打造名师文化需要研究名师成长的经验。

(1)人格特质—大爱无疆

谈及名师，我们不难感受到他们谈论最多的话题是一个字：爱。爱，是教育永恒的话题，教育的全部过程都充盈了爱。爱的教育，是教育力量的源泉，是教育成功的基础。斯霞、霍懋征、李吉林、于漪、窦桂梅等名师教会我们学会用学生的眼睛、学生的情感、学生的心理来构筑自己的内心世界。只有这样，我们才能真正走近学生、了解学生、认识学生，才能真正走进学生们五彩缤纷的内心世界，捕捉到藏在学生心底、影响一个学生整个人生的梦想与追求。当我们触摸着自己的爱心，把学生的身心健康发展和祖国的前途命运紧紧地联系在一起的时候，我们才能感受到教育的幸福、教育的旨趣。

“一个好教师一定能不断地唤起学生对于未来热烈的憧憬与向往，能把人生美妙的前景呈现在学生的面前。教师能让学生带着美好的期待、美好的渴望健康成长。”名师的爱主要包括向“上”、向“善”、向“真”、向“美”。这种爱是名师所共有的人格特质，比教师职业道德更深地渗透、融通于教师的所有职业生活乃至生命历程之中。

(2)广博的学识

广博的学识,是名师文化之源,包括广博深厚的文化知识、全面准确的教育知识、系统精深的专业知识。新时期名师尤其要具有组织化、系统化的专业知识体系,对专业知识的学科架构、来龙去脉、前因后果、发展趋势,能做到了然于胸、稔熟于口。广博而精深的知识体系是名师的坚强支撑。

阅读经典,与教育大家对话。书籍可以滋养心灵,读书是最好的美容,读书是最好的心灵体操,书籍是帮助我们战胜"职业倦怠"的良师益友。专业阅读,使我们站在大师的肩膀上前行。大凡名师,他们往往专注于专业书籍,从中吸纳、借鉴,加之以自己的实践,逐步探索学科教学的一般规律,因而对课堂教学调控自如;名师还大量阅读教育类书籍,像中外教育家、教育教学专家的著作,他们大都读过,不少教师还读过《论语》《教育诗》,这是和一般教师最明显的不同。阅读,让贫乏和平庸远离我们!让博学和智慧拯救我们!

追寻名师成长的轨迹,我们发现,在名师成长的过程中,总有两类人在引领或帮助着教师的成长。一类是中外教育家或者教育教学专家,如苏霍姆林斯基、杜威、陶行知、叶圣陶、李希贵、魏书生、朱永新等,他们的影响更多的是对名师思想上的启迪和引领。当遇到困惑时,当有问题需要破解时,他们总是从大师这里寻求答案。大部分教师通过阅读上述中外教育家或者教育教学专家的书籍获得影响,曾经有调查显示,80%的名师读过苏霍姆林斯基《给教师的建议》。另一类是对自己的成长给予具体帮助和支持的人,比如校长、教研员,名师无一例外地得到过校长或教研员的支持。正因为这样,人们常说,一位好校长就是一所好学校,同样,一位好的教研员就意味着一支优秀的学科教师队伍。

(3)激情和智慧的课堂

教师生涯离不开课堂,虽然不仅仅是课堂。同样,教师之所以能成为"名师",无疑也是"名"在课堂,"名"在他们长年累月打造的"经典课堂"上。而不同的名师所创造的经典课堂又往往各具特色,折射出不同的文化修养,但激情与智慧的"和谐天然"是其共同的艺术特质。课堂文化,无疑成了名师文化的重要组成部分。

激情,成就一个教师。教育不是填满一桶水,而是点燃一个火把。激情和诗意正是这个"火把",她使我们真情面对,激活学生,享受课堂,她是激励学生幸福成长的探照灯。

一节好课是激情与智慧和谐统一的生态课堂,是教师生命力的载体与再现,凝聚着教师一生的感悟和追求,闪烁着教师的教学智慧和创造精神;一节好课让学生心满意足,意犹未尽,依依不舍,受益一生,甚至会激发学生一生的追求。

(4)反思研究成就名师

叶澜教授认为:写一辈子教案不一定成为名师,若写三年教学反思即有可能成为名师,若坚持写十年二十年,就会形成大气象。一个教师不在于他教了多少年书,而在于他用心教了多少年书。教育科研是名师与普通教师的分水岭。教育科研不可畏,用心感悟,反思前行,积累、沉淀、思考、总结、内化、升华就是从事教育科研的有效作法。

反思是一种好习惯,它传承精华,去除糟粕,孕育智慧。善于反思必定受益无穷。反思要从我们的日常生活开始,关注我们每天都要进行的备课、上课、听课与研课活动,关注教学目标的达成、关注学生的课堂表现、关注教学策略的选择、关注教学流程、关注课程资源的开发、关注教学的简约与有效、关注教学个性的张扬。正是总结反思这种螺旋上升的过程,优秀教师才会拾级而上,抵达名师之巅。

新课改以来,我们观摩了无数光彩照人的优质课,有了无数个一等奖获得者;但是,随着时间的流逝,不少一等奖的获得者在我们的视线中逐渐消失了。为什么?因为比赛不是教师一个人的功劳,而是集体智慧的结晶。很多年轻教师都是在还没有自己的风格、体会的时候走上讲台的,然后经过大家的无私帮助获得了桂冠。然而在比赛之后,一些年轻教师就很少再去研究教学了,所以也就慢慢地"泯然众人矣",这种现象值得我们反思。教学与研究是成就名师的"双翼","教"而不"研"则浅,"研"而不"教"则浮。教学是研究不竭的源头活水,研究是教学富有生命与活力的有力保障。教育研究、写作使教师站在自己的肩膀上攀升,教育研究与写作尤其是课题实验为名师插上了腾飞的翅膀,可以说,没有教育研究,名师必然半途"夭折"或者昙花一现。

(5)前卫的教学思想

名师,都有自己的思想,唯有此,名师才能充满魅力,才能有一种精神感召力,才能谱就出一首快乐、幸福的当代教育的和谐乐章。

做一个有思想的教师,就是对教育教学有认识、有独创见解并能自成体系的人,也就是善思考、会思考的教师。教师是思想者,因为教育首先是一个活生生的、寻根究底的、探索性的思考,没有思考就没有发现,而没有发现就谈不上教育工作的创造性。

前卫的教学思想是名师的文化之魂。名师文化离不开前卫的教学思想的光照,而这些前卫的教学思想又无不流淌着民族传统文化的血脉。唯此才激励着他们的昂扬斗志,照亮着他们前行的方向,导引着他们披荆斩棘的人生道路。

(6)非一般的人生磨砺

名师之所以成为名师总是与他们的人生经历有着深刻的联系。有的身处逆境,却未曾悲观消沉,反而频添斗志,养己浩然之气;有的虽步坦途,却没有玩物丧志,依然不敢安逸懈怠,终于苦练成才。可以这样说,凡名师,不论其成长于何时何地,其人生之路必有其非凡之处,正是这种非常的生命轨迹,才磨砺了名师的才情。这正是名师文化之血脉所在。

魏书生说:"人生最大的幸福是实现对自我的超越。把工作、学习、压力、打击、磨难都当作超越自我的阶梯，踩着它，一步步地提高自己的素质。超越不是颠覆，不是折腾，不能浮躁，不能没有根基。”名师们会不断地挑战自我，敢于超越自我。

3. 名师的教学思想

思想是一个人的灵魂。教育要教会人思想，教育者首先应当是思想者。“总有一些瞬间，让人回味；总有一些经典，让人感触。选择了瞬间，便意味着选择了智慧；选择了经典，便意味着选择了永恒。”名师如何才能让自己的课堂成为经典、成为永恒？答案是特色，只有特色教学艺术才能达到这一目标，这包括教师的特质、教育的与众不同、教学的秘诀、特色案例解析等，真正的名师都会有适合自己的特色教学艺术。

(1)名师是思想者

名师不是思想家，但应该是思想者。名师应当有也必须有自己的教学思想或教学主张。

教学主张是名师成熟、成功的核心因素。它在很大程度上表达着教师成熟的程度和专业发展的深度。同时，教学主张的形成是教师长期历练和专业发展深化的过程。在形成的过程中，教师不断总结、提炼自己的经验，不断汇聚、提升自己的实践智慧，开发了自身生命的活力，积蓄着可贵的能量。这个过程是教师不断成熟的过程，过程中积蓄的能量将成为教师可持续发展的力量，提炼的经验和智慧，必然形成教师进一步发展的平台，开始新的探索，最终走向成功。

(2)教学主张是教学风格的内核

教学主张是名师教学风格的内核。名师应当有自己的教学风格，教学风格的内核就是思想。没有独特性就没有风格，没有教学风格。这种独特性说到底是一种创造性。

教学主张的外在表现是教学风格与教学特色。纵观那些名师，他们大都会有自己的特色，并靠它们“出彩”：于永正的特色是“幽默”，让学生们在笑声中学知识、受教育；李镇西的特色是“充满激情”，他立志“一定要把我带的班也建设成为《青春万岁》所描绘的那样的班级”；霍懋征的特色是博爱，她认为“没有教不好的学生”；名师如同名城，只有具备自己的特色，才能形成强劲的竞争力，甚至在教育上享有盛誉。

(3)教学主张是指向教学实践的个性见解

教学主张是一种个性化的教学见解，它坚定地指向教学改革的实践。

教学主张是对教学、对教学改革的一种坚定的见解。这种见解是个性化的、独特的、稳定的。它指向行动，坚持在教学实践中运用，被证明而发展。特级教师李庾南在长期的数学教学中，总结、提炼出“自学·议论‘引导”的教学方法和教学模式，实际上这就是她的教学主张。

4. 名师培养的策略

名师的成长不仅仅是教师个人的事情，它也是学校环境和教育制度共同作用下

的结果,所以教育部门和学校在名师的培养过程中在以下方面可以着力:

(1)关注有潜力教师的发展

在进修学习、课题研究等方面重点关注和照顾具有发展潜力的青年教师,并在制度和政策上予以保证。学校层面可以考虑设立专项基金,鼓励青年教师通过各种途径,到国内外知名高校去进修学习,以开拓他们的视野;教育部门在课题的立项、申报、审核、评价等方面,同等条件下,可以优先考虑青年教师,从而使他们在科研中成长。我们要引导他们迈上一个力所能及的台阶,再迈上另一个力所能及的台阶。

(2)名师示范引领

名师善于挖掘潜力、磨砺自身,通过带教、带学、带研等方式来传播先进的教学理念,传授精良的教学经验,指导其他教师不断地提高教育、科研水平,使自己真正成为教师群体发展的"辐射源"和引领者。

深入教学一线,对教师口传心授,或集中培训、或个别指导、或师徒互动交流、或小组研修。同时, 通过上示范课、开设专题讲座、下乡支教等方式将新的教育思想和新的教育教学技能传递给同行。促进广大教师教学观念的更新, 教育教学能力的提高及科研能力的增强, 使名师效应的示范和辐射作用最大化。名师工作室是交流教育教学经验、发表教育教学见解、彰显专业话语权的自主空间,日益受到名师及其培养对象的青睐,并成为拓展教师知名度的有效载体。

(3)帮助新任教师入行

对新进教师进行岗前培训,激发教师对教育教学的热爱,着重培养他们的职业责任心,用脑思考教育,提高自己的教育深度、教育内涵,丰富教育手段,真正做到学生的良师益友;用心去理解学生,给予学生平等与真诚,不带有伤害的教育手段,必定会让学生接受;用情去呵护学生,用自己的真情对待学生,学生也会用真情来回应。引领他们做高尚的人和师,做有激情和智慧的教师,严谨笃学,淡泊名利,自尊自律,以人格魅力和学识魅力教育感染学生,做学生健康成长的指导者和引路人。

(4)创造有利于青年教师成长成才的环境

在教师职业生涯中,教师的发展并非总是一种正向的成长过程,而是有停滞期、有低潮期、有倦怠期、有高原期,呈现出明显的阶段性。如何依据教师发展阶段的特点,给予教师适当、适时的协助和教育,使教师自身蕴含的潜能不断发掘出来,继续发展成长,这是我们迫切需要研究的问题。因此,教育部门和学校要为教师的教学、科研等方面创造一个良好的成长环境。构建专业发展共同体,发挥同伴互助的效应,使青年教师站在集体的肩膀上飞翔,实现"以老带新",促进青年教师的快速成长。

(5)做思考的实践者,做实践的思考者

备课上课听课研课是教师的日常生活,我们要做思考的实践者,做实践的思考者,从点滴做起,坚持写教育札记,摄下自己的得意瞬间,记下自己的某一失误,录下自己的困惑,这些就是校本教研很好的素材,是我们提炼案例从事行动研究的源头活水。

我们要善待教师，鼓励创新，宽容失败，引领教师把志趣与事业结合起来，在实践、研究、反思中不断总结、创新和成长，使教师有归属感、成就感和幸福感。我们的队伍中不少教师不断地探索创新，追求卓越，形成了自己的教学风格，初尝了教科研的甜头。无数次的实践证明，每一位教师都是可以造就的。

名师有自己的土壤，在成长和发展中有独特的风格、路径，形成了自己的教育理念、教育情怀、教育风格和实践风范。名师的教育教学经验与思想是一笔宝贵的财富，有待我们进一步去发现，去开掘，这笔财富将给我们更多的启迪。

与名师为友，与大师对话，与经典交流，可以更新我们的教育理念，影响我们的教育行为，让它们时时滋养我们的语言，激活我们的心灵！让我们走进名师的世界，追寻名师足迹，感悟名师人生，和名师们一同感受教育的幸福！

学而不厌　探索不已

——我的自学之路

教师要给学生一杯水，自己必须像一条奔腾不息的河流，能源源不断地流出知识的琼浆。“问渠哪得清如许，为有源头活水来”，学习是知识的不竭之源。

1984 年 7 月，只有中师文凭的我应组织分配来到安徽省安庆市远郊长风中学开始了我的粉笔生涯。学历不达标．学识浅薄，阅历有限……我感到忐忑不安，为了弥补“先天”不足，我走上了艰难的自学之路。

在教学中，我认真钻研教材，虚心向前辈求教。积极订阅《中小学外语教学》、《中小学英语教学与研究》等报刊，不断丰富自己的业务知识，加强自身修养。

1985 年，我参加了安徽世界语专科学校的世界语函授学习。世界语对我是那么陌生，我只有从字母学到单词、句型和课文；说真的，这是一件苦差事，我中途曾几度想放弃自学，但教材中世界语诗人苏阿芒通过不懈的自学掌握了 20 多种语言的事迹打消了我半途而废的念头，使我振作起来。有志者，事竟成，1987 年，我终于获得了世界语专科文凭。

时代在前进，知识在更新。教学实践使我深感自己知识的不足，面对同学们那一双双求知若渴的眼睛，我感受到了一种光荣，一种人生价值，也深深感受到了一种责任和义务。正是这种责任感驱使我继续发奋，去追求，去不断地学习，不断地进取。在搞好教学的同时，我花了几倍于他人的时间复习英语专升本课程。经过一番刻苦的努力，1988 年 7 月，我终于以优异的成绩被安徽师大外语系英语专业首届本科函授班录取。于是，我的自学又登上了一个新的台阶。书山有路勤为径，学海无涯苦作舟。在三年的学习期间，我俨然以一名学生的身份严于律己，每逢寒暑之际，当人们在舒适的小窝里享受天伦之乐，新春佳节举家欢聚兴致正浓时，我总是背起行囊到芜湖参加学习，不曾请过一天假，旷过一节课，上课时专心聆听教师的谆谆教诲，做好笔记，下课后不失时机地向老师、学员请教；工作时，对于班级管理、几个毕业班的教学，我从不松懈，总是挤出点滴时间进行自学，早读时给学生带读之后，我拿着教材随同学们一道大声朗读；放学后，我捧着课本旁若无人地在野外背诵，过往行人还以为是中学生在复习迎考呢！在夜晚，我备完第二天的课，改完当天的最后一本作业，当人们沉浸在足球赛、电视剧的欢乐场面中时，我依然借着灯光，冒着严寒酷暑，任凭蚊虫叮咬。我当时的工资不足百元，除了支付生活费、学费、接济贫困生及几位攻读硕士研究生的同学，几乎都用来购书了，所以囊中羞涩，连一台电风扇也不曾添置，摊开《英语语言学》《英美文学史》《报刊选读》等教材，不时地查阅词典，细心地搜寻，虔诚地探求，像小学生那样一丝不苟地完成作业，一旦弄清一个疑点，我总会眼睛一亮，仿佛发现了新大陆一样兴奋不已。为了学好日语,我省吃俭用,买了一台旧收录机,听讲座,听录音。有的同事好心地劝我:马虎一点,混一纸文凭算了,可我不这么想,我多羡慕那些有幸在大学教室里的同龄人啊!我怎能不珍惜呢?为学趁年少,我总想多学一点,再多学一点!功夫不负有心人,我以顽强的毅力战胜了学习上的重重艰难,修完了本科全部课程,并以三年总平均85分的优异成绩荣获安徽师大优秀毕业生的光荣称号。这段时间的自学也大大地促进了我的教学:每次面授归来,每学完一门课程,我都会有许多新的感受,诸如语言学,教学法等课程的学习,对我后来的教学、教研、写作大有裨益。正是这些新知识,使我的教学水平不断提高,驾驭教材的能力不断增强。1989—1991年,我所授班级的英语中考成绩一直在全区名列前茅:1989年,我被评为安徽省优秀教师,并有第一篇论文发表;1990年,我的第一本著作出版……由此,我亲身体会到:自学也能成才!在我的启发下,不少同事纷纷进行岗位自学,积极参加本科进修,这有力地促进了本校教师的学历达标,使更多的优秀教师涌现出来。

吾生也有涯,而知也无涯。随着学科的飞速发展,知识在不断更新,我们农村教师信息量少,参考资料不丰富。更需要更新专业知识,否则,我们的“老生常谈”就不会受学生欢迎,自己也可能被淘汰,而一个好学进取的教师则会感化他的学生,促其奋发向上。为了求得源头活水,我泡图书馆,手抄笔录,积累资料,节衣缩食,自费订阅了《人民教育》、中国人民大学书包资料中心的《中学外语教与学》等权威期刊,添置了《怎样当个好教师》《班主任工作漫谈》《中国著名特级教师教学思想录》等经典著作,如饥似渴地学习教育学、心理学、教学法,从中汲取营养,用先进的教学理论指导自己的教学实践。

学然后知不足,教然后知困。九年义务教育初中英语新教材对教师提出了更高的要求,为了适应时代的潮流,我积极参加各种培训班,加强自学,以提高听、说、读、写、演、唱、画七项教学基本功,1996年暑假本人被评为区简笔画培训班优秀学员。

在坚持“充电”的同时,我以教育科学理论为指导,探索外语教学规律,创造温馨和谐的语言情境,走进师生共享的课堂,变“要我学”为“我要学”“我爱学”,并注意总结教学经验,更新观念,改进教法。通过多年的实践,形成了“激发兴趣 指导交际 精讲知识 培养能力 加强反馈”20字英语教学法(荣获中国外语学习学研究会优秀科研成果一等奖,并发表在《中学教学参考》上)、英语比较教学法(刊于国家级核心期刊《中小学英语教学与研究》)、“纵向搜索 横向贯通 综合演练”三轮复习法(被多家报刊转载,配套著述由新世界出版社、青岛出版社出版)、“归纳 浏览 联想”复习法(被多家报刊转载,拙著《英语复习新概念》正是该复习法的体现)。

本人也经常帮助其他同志修改论文,并见成效:我将同事的论文加工后推荐发表在《英语周报》《英语学习辅导》等报刊上;本人多次接受《学英语》《学习报》《中学教学参考资料》等10多家报刊特约撰稿,常为山西、陕西、福建、深圳等地的教师修改论文或指点写作。教是为了不教，我还将自学经验向同学们进行介绍，交给他们开启心智之门的钥匙，培养其自学能力，拙作“目的+方法+恒心=成功”使他们找到了学好英语的窍门，该文连载在《学习报》上，并荣获中国外语学习学研究会优秀科研成果一等奖；在我的感染和言传身教下，同学们坚持记英文日记，写英语作文，迄今已有40多篇优秀习作发表。本人被授予优秀辅导奖；我编导的英语话剧《香港，欢迎回归祖国母亲的怀抱》刊于1997年7月《英语周报》头版头条。

自学路艰难，虽苦犹甜。不懈的自学使我走向成功，给我带来乐趣。自学虽然辛苦，但也是一种快乐，一种享受。它使我更加充实！更加富有！我们一定要树立继续教育、终身教育的观念，不断地“储水”“充电”，以便更好地“供水”“发电”。

自学使笔者插上了教育教学教研成功的翅膀，先后公开竞聘为区、市英语教研员。笔者愿一如既往，坚持岗位自学，活到老，学到老，学以致用，同时积极发挥自己的帮带、辐射作用，以点带面，影响一片，为振兴教育事业奉献毕生的精力。

与书籍为伴　与智者同行

一、为何读书

莎士比亚说:“生活里没有书籍,就好像没有阳光;智慧里没有书籍,就好像鸟儿没有翅膀”。学习活动是润泽人的一生中最积极、最有意义的活动。只有学习精彩,生命才会精彩,只有学习成功,生命才会成功。

时代之需。对学习发生重大影响的有四大方面——知识爆炸、知识共享、即时通讯、即时查询。社会加速发展引起学习革命。读书是学习的基本形式。人们知识信息的获得,75%是靠视觉获得的。让学习成为工作需要,让读书成为生活习惯。

立身之道。工作是谋生的手段,是展示自我的平台,是成就事业的依托。我们应该让学习、读书与工作同步。终身学习是打开21世纪光明之门的钥匙。活到老,学到老。让学习成为一种生存方式。

读书对教师专业成长起着积极的促进作用。阅读经典,阅读名著,阅读美文,与过去的、现代的教育家对话,是教师成长的基本条件,是教师教育思想形成与发展的基础。教师专业成长最主要的是教育思想的成熟。要提升自己的教育思想就必须读书,必须博览群书,向教育界的大师、专家、名师学习,吸取他们思想的精华,形成自己的教育思想框架。站在伟人的肩膀上,我们能形成自己的真知灼见,能对教育实践具有深刻的认识,能对教学发展有着准确的把握。教师专业成长主要靠内在的动力。美国著名作家弗格森说:“每个人都守着一扇只能从内开启的改变之门,不论动之以情或晓之以理,我们都不能替别人打开这扇门。”教师的成长之门只能由教师个人打开,别人是无能为力的。我们可以用教育经典的金钥匙来打开自己的成长之门!

古人云:三十而立,四十而不惑,五十而知天命。无论从事什么专业,要想取得显著的成就,必须具备广博的知识。广博的知识是一个人获得成功的基础。在事业上,成就越是辉煌,基础越是应宽广坚实,这就像盖高楼大厦,基础不坚实,要想很容易地取得成功是不可能的。

加强学习,提高自身素质,是我们可持续发展的有效途径。学习是一种“解读”,能推动我们观念的变革:人本主义、多元智能、任务驱动型学习、建构性学习、发展性评价等先进理念,我们唯有学习才能融会贯通;学习是一种“唤醒”,能激起我们自主学习的愿望;学习是一种“整合”,促进我们综合能力的发展;学习是一种“激发”,能挖掘我们创造的灵感;学习是一种“沟通”,能带动我们彼此的合作。让读书成为我们的习惯,读书可以创造生命的神奇,读书可以让我们的精神生活神采飞扬。

二、读什么书

教师读什么书？程红兵在《做一个书生校长》中指出：一读教育经典，真正的经典永恒而平易；二读教育报刊，了解同行在思考什么；三读人文书籍，拓展自己的人文视野；四读学生写的和为学生写的书，走进学生的心灵。

我们可以读三类书：一是专业类的，如读教育名著，读孔子、孟子、韩愈、陶行知、叶圣陶、杜威、苏霍姆林斯基，开阔教育视野；读教学专著，掌握教学规律；读管理学，提高管理的能力和水平；读少儿读物，把握学生的思想发展脉搏；读心理学，了解学生发展的身心特点。二是素养类的，读文学作品，陶冶情操、丰富心灵；读史学著作，了解历史，以古看今，淡泊名利，笑对得失；读哲学著作，辩证分析，用哲学审视教育实践，找出问题的关键，把握事物的主要矛盾，增强处理问题的能力。三是励志类，如成功学、名人传记等，鼓舞斗志，振奋精神，增强自我发展的动力。

读什么书是战略，怎么读书是战术，战略与战术同等重要，因此，我们要学会择书，要冷静地分析读那些书与我们所从事的专业密切相关，读这些书对提高我们的业务能力有何作用。择书要看前言、目录和内容纲目。我们可以通过朋友的介绍和推荐选择书来读。通过百家讲坛，我发现了曲黎敏的《黄帝内经·养生智慧》，《黄帝内经》是中国最著名、最古老的中医典籍之一，也是一本包罗万象的奇异之书。它不像西医书籍那样总在解析生理、病理等专业词汇，它还在帮助我们认知日常事物中的玄妙智慧，比如东西南北、春夏秋冬…… 聆听曲黎敏的精彩解读，是一次对自我身体与心灵的全新认知与呵护，是一次捕捉天地自然光影流转的美丽旅程。她的讲座让我们既能领略中华传统文化的智慧与玄妙，又能学到切实好用的养生智慧，实现对自身生命切实的人文关怀。

别林斯基说过"阅读一本不适合自己阅读的书，比不阅读还要坏。我们必须会这样一种本领，选择最有价值、最适合自己所需要的读物。"我们要博览群书，但一定要有选择地读，一定要读健康有意义的书。我们读书的渠道不再单一，方法也不会受到局限，时间地点不必有统一的要求。古今中外，天文地理，篇幅长短，体裁多样，殊途同归，只要有价值的书籍都可以阅读。要学会吐故纳新，知道学以致用，做到读后有感有思有练。我们要驾驭阅读之上，让阅读为自己导航，指点迷津，把握方向。

三、怎样读书

卢志文提出三种方式：一是"专题式阅读"。一段时间集中读一类书，围绕一个专题读，容易"读得快""进得深""悟得多"。二是"任务式阅读"，以完成任务为中心，带着问题读。这种阅读"指向明""有时限""效率高"。三是"休闲式阅读"，用"快意阅读"丰富生活。这种阅读"涉猎面广""兴趣浓厚""快乐感强"。

我们可以采取三种形式读书：一是任务驱动，根据工作需要阅读某一专题的图书,这样有压力。二是兴趣导航,根据兴趣爱好阅读某一类型的图书,这样有动力。三是休闲调适,随意翻阅,放松身心,调节情绪。

精读与泛读相结合。精读要读烂几本好书,能熟烂于心、脱口而出、融会贯通。泛读要广泛涉猎,了解教育、文学、管理、哲学、历史等各方面的知识,有时"功夫在诗外"。阅读改变命运,学习成就未来;读书贵在持之以恒。

四、学以致用

思想照亮前程,激情点燃信念;理论拓展视野,实践增强能力。读书贵在领悟与运用。

第一、做高尚的人与师

读书人加惠于人们的不仅是知识的增长,而且还在于精神的感化与陶冶。人们从读书学做人,从那些往哲先贤以及当代才俊的著述中学得他们的人格。人们从《论语》中学得智慧的思考,从《史记》中学得严肃的历史精神,从《正气歌》学得人格的刚烈,从马克思学得入世的激情,从鲁迅学得批判精神,从列夫·托尔斯泰学得道德的执著。歌德的诗句刻写出睿智的人生,拜伦的诗句呼唤着奋斗的热情。一个读书人,是一个有机会拥有超乎个人生命体验的幸运人。一个人一旦与书结缘,极大可能是注定了与崇高追求和高尚情趣相联系的人。笛卡儿说"读一本好书,就是和许多高尚的人谈话",这就是读书使人向善;雨果说,"各种蠢事,在每天阅读好书的影响下,仿佛烤在火上一样渐渐熔化",这就是读书使人避恶。读书人是幸福的。

凝聚着中国古圣先贤智慧的《易经》,曾长久地被误解为一本算命的书。随着科技的发展,东西方文化交融,《易经》越来越受到中外科学界、文化界的重视,西方学者称之为"一部奇妙的未来著作"。曾仕强认为:孔子一生最大的贡献,就是把《易经》整理出来,把《易经》从一本用来占卦的书,提高为宣扬哲理的书。而这种哲理是完全可以在日常生活当中真正实践的。曾教授《易经的奥秘》因百家讲坛而畅销,其中,一段含义使我深受启迪,人生要学会调整自己,人生经历六个阶段,即潜龙勿用(备用,初九),充分准备;现龙,表现自己(九二);惕龙,谨慎警惕(再充实),避免灾祸(无咎,没有打的过错);跃龙,跃过龙门;飞龙在天(九五之尊),利见大人(有大人风范,受大人赏识;亢龙有悔(上九),适可而止。

第二、做有情智的教师

(1)激情感召学生

余秋雨说:"阅读,需要一种激情。"美国学者威伍说:"激情,成就一个教师。"激情和诗意正是这个"火把",它使我们真情面对,激活学生,享受课堂,她是激励学生幸福成长的探照灯。

但激情过热,激情就会把理智烧光。热情中的冷静让人清醒,冷静中的热情使执著。窦桂梅提出的主题教学有三个"维度":温度、广度、深度。温度强调的是情感,要求教师用激情点燃学生的激情,使学生身心地投入到学习之中;广度强调的是知识,要求教师精心备课,查阅大量资料,以拓宽学生视野和知识面;深度强调的是思维,要求教师引导学生就是一些关键性的问题进行深刻思考,理解和把握文章的主题。

(2)智慧生发思想

如果说智慧是创造的源泉,那思考便是智慧的起点。我们应用思考启迪智慧,用智慧装点人生。教学智慧是教师面临复杂教学情境所表现的一种敏感、迅速、准确的判断能力。如,在处理事前难以预料、必须特殊对待的问题时,以及对待一时处于激情状态的学生时,教师所表现的能力。教学智慧的内涵三点:一是问题复杂。面二是情境紧急。是"急中生智"的产物,它没有最好,只有更好。三是行动艺术。解决问题的行动艺术、技术巧妙、方法高明。

一节好课是激情与智慧和谐统一的生态课堂,是教师生命力的载体与再现,凝聚着教师一生的感悟和追求,闪烁着教师的教学智慧和创造精神;一节好课让学生心满意足,意犹未尽,依依不舍,受益一生,甚至会激发学生一生的追求。一位学生网友的网络留言:一位好的老师可以影响学生的一生,甚至改变学生的一生。我们学生需要有震撼力的老师作为我们上路的指引者,需要一位像袁腾飞这样的老师来清醒我们的头脑,使我们认识学习的价值。袁腾飞是纪连海之后第二个走进《百家讲坛》的中学教师,和纪连海不同的是,袁腾飞在《百家讲坛》亮相之前,已经是一个"网络红人"了。2008 年,网上出现一系列袁腾飞在中学讲课的视频,幽默风趣的语言、与众不同的方式和热烈的课堂氛围让袁腾飞获封"史上最牛历史老师"的称号,24 段视频的点击率在三个月内就超过了 1000 万。数以万计的评论中,被重复最多的是"当年我要是遇上这样的历史老师就好了"。

第三、做思考的实践者

(1)反思。理性批判——勇于质疑。在教育路上不要走得太快,需要时常停下脚步进行反思。做思考的实践者,做实践的思考者。反思是一种好习惯,它传承精华,去除糟粕,孕育智慧。善于反思必定受益无穷。反思要从我们的日常生活开始,关注我们每天都要进行的备课、上课、听课与研课活动,反思教学目标的达成(教学的有效性)、学生的课堂表现("以学论教")、教学策略的选择(自主性教学策略、合作探究性策略、激励性教学策略)、教学流程、课程资源的开发、教学个性的张扬,Always think: How to make your classes easy? 把教材变浅-把教法变简-使效果更明显(不简简单单地上课,而要上简简单单的课,要深入浅出)。

(2)研究。专题研究——勤于钻研。专题研究的切入口要小,需要我们从高处着眼,从小处入手,着重搞好资料的积累、思想的梳理、观点的比较、空白点的查找。小课题研究就是专题研究,倡导小步子、低台阶、快节奏、求实效。对专题研究要深入持久,具有钉子精神。

(3)应用。改进实践——锲而不舍。改进实践,这是我们读书的意义所在。

第四、做有思想的教师,做实践的思考者

思想是一个人的灵魂。教育要教会人思想,教育者首先应当是思想者。教师如果不能成为思想者,只能靠别人的思想指导自己的行动。因此,我们要做一个有思想的教师。读书关键是完善自己的思想。思想的深刻源自读书的广博,而读书的多少直接关系着思想是否丰富!

对课堂教学来说,每个专家名师都有自己的思想观点。例如,特级教师窦桂梅提出主题教学,王崧舟提出诗意教学,薛法根提出简单教学,孙双金提出情智教学,那么我们学习他们的哪些教学思想,怎么吸纳他们的教学思想,这都是我们应该思考的。二十多年来,笔者在英语教学与研究中形成了"激发兴趣 指导交际 精讲知识 培养能力 加强反馈"二十字教学方法、英语比较教学法、"归纳 浏览 联想"复习法、"纵向搜索 横向贯通 综合演练"中高考英语三轮复习法,发表于《中国教师报》《中国高校招生》《中小学英语教学与研究》,并被二十多家报刊转载,配套用书分别由新世界出版社、江苏教育出版社及青岛出版社出版。我们在开展国家级课题"任务型教学任务型教学的理论与实践"实验中提出了生态课堂的主张,即课堂是一个生态系统,要弘扬学生的主体精神,张扬学生的个性特长,让课堂充满生命活力,就必须建设良好的课堂生态。

孟子曰:"资之深,则取之左右逢源。"在平时教学和课外阅读中,我们要做有心人,善于观察,将教学实践中有益的感受记载下来,利用报刊图书,广阅博览,摘录有关资料、信息,作学习札记,制作成卡片,并分类归档,以备参考选用,做到厚积薄发。实践证明,投资学习就是投资未来;开卷自有益,见多方识广,多输入才能多产出。

开卷有益,学贵心悟。用心感悟,反思前行,教育科研不可畏,积累、沉淀、思考、总结、内化、升华就是从事教育科研的有效作法。我们要做思考的实践者,做实践的思考者,从点滴做起,坚持写教育札记,摄下自己的得意瞬间,记下自己的某一失误,录下自己的困惑,这些就是校本教研很好的素材,是我们提炼案例从事行动研究的源头活水。我们的队伍中不少教师不断地探索创新,追求卓越,形成了自己的教学风格,初尝了教科研的甜头。无数次的实践证明,每一位教师都是可以造就的。

加强师资队伍建设　为农村英语教学护航

一、农村小学英语师资队伍建设的必要性

2001 年 1 月，教育部在《关于积极推进小学开设英语课程的指导意见》中提出了推进小学开设英语课程的基本目标，即“2001 年秋季开始，全国城市和县城小学逐步开设英语课程；2002 年秋季，各地乡镇小学逐步开设英语课程。小学开设英语课程的起始年级一般为三年级。”但迄今，我国的小学外语教育形势仍不容乐观，广大农村地区仍存在：教师不愿教，学生不爱学，学校少关心，家长不重视等诸多问题，农村小学英语教育的现状远不能适应我国社会经济建设的需要。振兴民族的希望在教育，振兴教育的希望在教师。教师是学校之本，是进行课程改革的主体，他们不仅是课改的实践者，也是创造者；教师素质的高低决定着新课改的进一步深化和学校的成败兴衰。素质教育的最终实施有赖于教师，课堂是实施素质教育的主阵地，教学改革的措施要通过每一位教师落实到每一堂课、每一次活动，体现在每一位学生身上。高质量的教师队伍，是全面推进素质教育的一个基本保证。师资是决定外语教学成败的关键，任何好的外语政策、教法和教材都必须有合格的教师来实施，外语教师本身的素质对实施外语素质教育起着决定作用。我国基础教育的重点、难点在农村，实施和发展九年义务教育的关键在农村。师资队伍建设应作为农村教育教学工作的重中之重来抓，为了积极推进小学开设英语课程，农村小学英语师资队伍建设显得异常迫切而必要。

安庆市郊区小学英语课程始于 20 世纪 90 年代初期，1996 年基本上从五年级开齐了英语课，2001 年从三年级起开设了英语课。为了分析、调查农村小学英语教学的现状，探索建设一支合格的农村小学英语教师队伍的途径，潜心研究农村小学英语教学行之有效的方法，缩小城乡英语教学的差距，促进农村小学生生动愉快地学习英语，安庆市郊区于 2001 年申报的实验课题《农村小学英语教学的现状与改进方法》，经国家基础教育实验中心外语教研中心批准正式立项，被批准为全国基础教育外语教学研究资助金项目 2001-2002 年立项课题。

二、基本情况分析

师资是小学开设英语课程的最大瓶颈：

1. 农村小学的师资力量薄弱，兼职比例大，其业务水平偏低，口语表达能力差。

2. 英语教师的教学负担重，一个教师往往要担任五、六个班的教学。有的除教授

英语外还担负有语文、数学、自然等其他学科的任务，而专职英语教师也存在担负多班、多年级甚至多所学校的教学，任务繁重。课时间隔过长的现象在所难免。

3. 许多学校无专门负责英语教学和教育研究工作的领导，更无专业人员具体到校指导英语教学与教研工作。

4. 不少农村小学英语教师不能正确地按教材组织教学，主要表现在：

(1)对教材内容和精神实质领悟不通、不透，组织学生运用英语的机会很少。

(2)教学方法呆板、单调。有的教师教学实践时间过少，缺乏教学经验，上课时学生只是背单词、背短语、背语法。大多数学校教师仅仅依靠一本书、一支粉笔、一张嘴进行教学。

(3)教师业务水平低。有的教师用全汉语来组织教学，对一些新的教学理念和教学方法知之甚少。

(4)教师只满足于完成教学任务，学生听、说、读、写、演、唱的能力得不到有效的训练。

(5)教学手段单一、落后。有的学校连基本的教学卡片和录音机等教具都不能配备。教师整堂课往往只能进行带读这样简单的操练。

外语教师的学历基本达标，但农村外语教师仍有一部分未达标或非专业人士。有些教师学历达标，但能力不能达标；其专业知识老化，教学观念陈旧，方法过时，舍不得放手，电教设备不利用、懒得用，多媒体成为摆设，为考试而教，教死书、死教书，不愿意、不勤于充电、探索和研究，继续教育在一些地区流于形式，未能收到实效，教学实验与调查在一些地方几乎是空白，教研员成了行政机关的勤杂员，致使相当一部分教师“摸着石头过河”，不能够用科学的理论和方法来指导教学实践，教师教人以渔不足，学生跟着教师转，缺乏主动参与、探索的学习品质和能力，说、写的运用能力薄弱等。

三、农村小学英语师资队伍建设的基本原则

在抓师资队伍建设时，我们把握以下三个原则：

1. 实效性原则

师资建设必须围绕当前新一轮的课程改革、农村开设小学英语的契机进行，具有实效性，要体现具体的效果，能对当前的农村外语教育起促进作用。

2. 针对性原则

师资的建设要有针对性，要有目的、有意识地进行。必须从农村实际出发，因地制宜，有的放矢。如提高教师的业务能力、科研能力、组织教学能力、专业水平等。

3. 持续性原则

师资队伍的建设是一项长期而艰巨的工作，应贯穿于农村教育改革的始终。加强师资队伍建设是提高农村英语教学质量的必由之路。小学英语师资建设不是权宜

之计，而是一个系统的、庞大的工程，它应作为农村外语教育发展的重要保障而长期坚持下去。

四、精心培养小学英语师资队伍

1. 务实培训，提高小学英语教师整体素质

（1）加强理论培训。“要想学生好学，必须先生好学，唯有学而不厌的先生，才能教出学而不厌的学生。”几年来，安庆市组织小学英语教师积极学习先进的教学理论，搞好继续教育，既学习本专业的新知识、新理论，了解本专业的新成果和发展动向，也掌握一定的英语语言知识和词汇量，涉猎一些英语国家的历史地理、风俗习惯等文化知识。熟悉英语课程标准英语教学法及教学艺术。

（2）利用暑期开展一到两个月的培训，对小学英语教师进行基本功培训，主要包括语音、语调和课堂口语的训练、简笔画、教学方法的培训，还包括教学论文的撰写、学习方法指导、现代化教学手段与实验操作培训等。我们在安庆市郊区开展了三期暑假培训班，为学员们聘请了师范院校 的专家执教有关课程，确保了培训质量。吴雄英老师撰写的《小学英语课堂任务型教学实践》获第四届全国小学英语课程与课堂教学研讨会优秀论文一等奖，2001 年暑期，培训学员表演的短剧 *Beijing, the winner*！ 刊于《英语辅导报》。

（3）抓好业务能力的培训，我们着眼于课堂教学、教材，不断提高教师的口语表达能力、阅读能力、写作能力。将发音和口语表达作为培训的突破点，通过参加外教口语训练班等业务培训、观看中国教育电视台的少儿英语教学节目，完善教师的发音，提高口语表达能力，缓冲当前师资水平差的问题，提高教师的基本素养。

（4）对具有一定英语基础，基本能胜任小学英语教学的教师，鼓励他们在原有的基础上参加函授、电大、自修提高自身的专业水平。正如苏霍姆林斯基所说“教师进行劳动和创造的时间好比一条大河，要靠许多小的河流来滋养它，教师时时要读书，平时积累的知识越多，上课就越轻松。”近年来，安庆市小学英语教师比学赶超蔚然成风，学历层次不断攀升。

2. 另辟蹊径，壮大小学英语教师队伍

增设师范院校英语专业有关必修课，安庆市太湖师范学校、桐城师范高等专科学校相继开设了五年制英语专业，太湖师范学校还为在职教师开办了为期一年的脱产培训，这对壮大本地区小学英语教师队伍、提高小学英语教师素质起到了很大作用。

3. 加大教研科研力度，促使教师幸福成长

教学与科研是教师的两大任务。鼓励英语教师参与教学研究，让他们走出去，把专家请进来。加强校本教研，形成英语教研和常规教学的相关，引领教师开阔眼界，走上以研兴教的幸福之路。2001 年以来，安庆市小学英语教师在《英语辅导报》《基础教育外语教学研究》等报刊上发表了一百多篇教学论文、教学案例。

(1)成立中心教研组,开展校际教研活动。

开展集体备课,发挥群体优势,弥补个体的不足,学校之间成立中心教研组相互交流,相互学习,取长补短,互派教师学习,交流经验,深化教学研究,促进共同发展。

(2) 开展教学研讨,相互促进提高。

教育是科学,也是艺术。我们用全新的教育理念来指导教育教学实践,实施任务型的教学途径,进行发展性评价,积极开发、利用课程资源,培养学生语言技能、语言知识、情感态度、学习策略、文化意识的综合素养,将素质教育落到实处。

开展公开课、示范课、研讨课教学,组织教师上课、听课、评课,创造充满生命活力的英语课堂。引导和帮助广大教师从实践中学习,在反思中进步,不断提高教学水平,促使教师队伍整体素质的提高。

(3) 强化科研意识,实施科研兴教。

在英语教学中,过去教师"只顾埋头拉车,不顾抬头看路",我们引领教师转变观念,强化科研意识,让青年教师多参与到教改实验和科研项目中去。通过教改科研提高理论水平、科研意识以及运用现代教育技术和科学方法进行教学的能力。"教而不研则浅,研而不教则空。"教和研两手抓,两手硬,教学与科研相辅相成。强化农村教师的科研意识,真正实现教科研一体化。

4. 加强领导和常规管理,创设教师成长的良好氛围。

安庆市教育行政部门充分认识到推行小学开设英语课的重要性,加强领导,积极为小学英语教学创造条件。加大力度对常规教学进行规范化管理。小学英语教师认真备课、上课,教师的计划、备课笔记、听课笔记有专人定期检查,每周定期开展教研活动。

五、积极进取,努力开拓,农村小学英语师资力量显著增强

安庆市是农业大市,农村人口多,搞好农村的教育至关重要,农村的师资问题一直是各级领导关注的焦点。安庆市也是一个教育强市,市区的一批中青年英语教师迅速成长,成为教科研的佼佼者。为了提高安庆市英语师资的整体水平,在安庆市市教研室带领下,近年来又以农村小学英语教育为突破口,真抓实干,以提高教育质量为归宿点,采取各种方法,加强业务培训,提高教师的整体素质。通过几年来不断地探索、实践和创新,安庆市农村的小学英语教学步入了正轨。小学英语教师在教研活动和师资培训中逐步成长起来,农村教师的能力结构有了较大的改观。经过多年的努力,我们成立了小学外语教学专业委员会,形成了网络,建立健全了师资培训制度。

1. 建立、健全教研网络,定期开展活动,不断提高小学英语教师的整体素质和教学能力。自 2001 年以来,我们组织了多次教材培训和小学英语教师培训班。

2. 坚持"先培训,后上岗;不培训,不上岗"的原则,对拟进入新课程的教师,采取多种行之有效的途径和方法,进行不低于 50 学时的新课程岗前培训,未经新课程岗

前培训的教师不能实施新课程。大力开展业务培训活动，加大培训投入，坚持借用外界力量和发掘内部潜力相结合、岗位培训和脱产学习相结合、文化知识学习和业务能力培养相结合，提高教师的整体素质。仅以安庆市郊区为例，现有的156名小学英语教师中，已有35人获得大专学历，10人获得本科学历，21人系英语专业毕业，其余均为中师学历，14位英语专业，1人获安徽师范大学外教听说培训班结业证书。（统计到2001年底）经过近年来的实践打造、学习及磨炼，在新一轮高起点、高要求的课程改革中，一批年轻、可塑性强的英语教师迅速成长，并已初步形成了一支骨干教师队伍。

3.“一个好的教师，是一个懂得心理学和教育学的人。”（苏霍姆林斯基）在不间断的业务培训和考核中，教师们学习了《英语课程标准》等先进的教育教学理论，并能充分展现在课堂上。有相当一部分教师能够根据小学生的心理和学习特点创建形式多样的教学模式，以激发兴趣和爱心为首，远离了填鸭式的灌输，运用丰富多彩的教学活动激发学生学英语的兴趣，充分利用教学资源，采用听、做、说、唱、玩、演的方式鼓励学生积极参与，大胆表达，培养了学生听、说、读、写的能力。在市优质课竞赛、技能大赛、说课等比赛中，安庆市郊区的农村教师崭露头角，获得一、二等奖的选手达十几人次，有的教师还代表安庆市参加省技能大赛，分获一、二等奖，一人获得全国优质课一等奖。

4.加强教育教研，挖掘自身潜能。改革教研活动，健全科研机制。全国基础教育外语教学研究资助金项目2001～2002年立项课题《农村英语教学的现状与改进方法》已经完成了实验工作，中国基础教育英语教学研究2004～2007年资助金项目《任务型教学理论与实践》、市级课题《农村英语开放式教学探索》、《英语快乐教学法实验与探索》等都在按部就班地进行中，各项资料都在认真收集、整理。我们坚持以科研促教研，随着教育理念的更新，一大批来自一线的教学经验汇成一篇篇颇有深度的教研论文。《中小学英语教学现状分析与对策》《21世纪基础教育英语教学法探讨》《关于中小学英语教材建设的几点建议》《新课程 新理念 新景观》《撩开面纱赏其美 践行教学领其魅——任务型教学理论与实践》《多元智能理论与小学英语教学》《投身课程改革 做研究型教师》等国家、省、市级论文近百篇，发表在《光明日报》《英语辅导报》《中小学教材教学》等报刊上，《关于中小学外语教学的几点思考》等被中国人民大学书报资料中心《中学外语教与学》《小学各科教与学》全文转载。

5.奔驰见骏马，竞争出人才。我们为青年教师创造公平竞争机会，为之提供施展才华的舞台。我们举办各种竞赛，夯实教师教学基本功 。安庆市举办了优质课大赛，教师技能大赛，说课比赛。论文、案例、课件比赛每年一次，大力开展业务练兵活动，促进教师业务能力的提高，教研活动成就了大批的教学骨干和精英。

6.“新竹高于旧竹枝，全凭老干为扶持。”我们采用“导师制”培养方法，发挥老教师传、帮、带作用，帮助青年教师尽快提高业务素质。功夫不负有心人，一支爱岗敬业、乐于奉献、充满活力、积极上进的小学农村英语教师队伍已基本形成，必将为推进新课程的全面实施奠定坚实的基础。

7. 开展送教下乡活动，为农村小学英语教师传经送宝。安庆市教研室组织教师赴郊区、太湖、岳西、望江等农村地区送教，发挥名师效应，以部分带动全体，以城带乡，形成帮带网络；同时邀请专家到郊区等地方讲学，提高教师的理论水平，促使他们迅速成长。

六、有待进一步解决的问题

1. 稳定农村师资队伍的基础和关键是确保教师工资的足额发放，不断改善教师的工作与生活条件，努力解决好教师的后顾之忧。

2. 继续加强对教师的培训。新形势下的外语教育改革已经蓬勃开展。但目前农村外语教育还面临着教师观念滞后，知识结构陈旧等不利因素。我们须一如既往地加强教师的继续教育。各地要按照“边实验、边培训、边总结、边提高”的原则，根据新课程实验推广的要求，统筹规划、分区推进、分步实施，分阶段、滚动式地展开新课程师资培训。改善农村中小学教师继续教育条件，另外，农村各中小学办公经费应有一定比例保证教师继续教育工作。

3. 要切实关心和帮助农村教师，减轻小学英语教师的工作压力和负担。目前由于教师紧缺的缘故，几乎所有的小学英语教师都在超负荷地工作着，他们有的周课时达到了 20 节以上。在农村，很多教师任务繁重。这种现状亟待改进。

4. 我们要鼓励本科生、研究生到小学任教，大学外语系应开设小学教育学、心理学、小学外语教学法课程，有目的、有计划地培养一批合格的小学外语教育后备人才，为落实教育部最新的中小学外语课程开设计划作准备。

5. 建议有关部门组织专家编写小学英语教师的继续教育教材，主办符合小学教师特点的培训班，以此提高在职小学英语教师的素质，加强小学英语教师队伍的建设。

综上，安庆市农村小学英语师资建设在数量上、质量上、结构上都有了很大提高，师资队伍建设的成效越来越明显，但还有待进一步加强，这将是我们今后努力的目标。我们要多渠道、多途径地组织教师钻研业务、加强进修，规范继续教育行为，切实提高听、说、读、写、译、演、唱、画八项教学基本功，使外语教师的知识融汇成一条奔腾不息的河流，源远流长。科研是“源”，教学是“流”，科研应成为教学的一部分，并走在教学的前头；教科研工作能使教师以理性的态度、全新视角、更高层次的认识水平去审视自己所从事教育教学工作；进行教育科研是高层次的进修培训，教育科研不可畏，积累、沉淀、思考、总结、内化、升华就是从事教育科研的有效作法；我们外语教师应加强教育科学研究，掌握先进的教育、教学理论，并用之指导实践，开展教学实验和调查，实施科研兴教工程。我们要积极搭设舞台，为外语教师的成长铺路架桥，鼓励和支持教师冒尖,鼓励和支持教师当领头雁,将外籍专家请进国门,选送优秀教师走出国门,走入高校接受短训,使教坛新星、优秀教研员、优质课的评选、评比制度化、经常化,积极开展讲座、特色培训、示范课等活动,充分发挥教研工作者、先进教师的模范带头作用,以点带面,影响一片,培养一批名师,着力实施跨世纪园丁工程!

路漫漫其修远矣,吾将上下而求索。农村小学英语教学要想缩小与城区的差距,要想取得长足的进步、持续的发展,依然任重而道远。

让优秀成为一种习惯

——长沙市麓山国际实验学校学习见闻与感悟

一、印象“麓山”

2013年11月28日上午,我们一行14人走进了湖南省长沙市名校长郡集团旗下的麓山国际实验学校,开始了为期两天的学习之旅。集团化办学是长沙市发挥名校辐射效应的一大战略,长郡集团是长沙市五大教育集团之一。

走进校园,首先映入眼帘的是一个巨型雕塑,寓意学海无涯,麓山有路,下面书写着校训“学会生存 学会关心”,树高千尺,固本根基,锐意进取,奠基人生;转过身,面向学校大门,“做豪迈的中国人”(Be a Heroic Chinese)无比的醒目,这是教育的永恒追求,是崇高价值的引领,每当学生步出学校,这七个大字令人自豪,让人神清气爽!

我们一行,来到学校运动场,这是初中部分年级的跑操时间,队列整齐,朝气蓬勃,彰显了麓山学子的风范。

上午的见面会由教导处廖俊宁主任主持,校长助理彭云介绍了学校的概况。麓山学校是十二年一贯制学校,学生8500余人,初中生4000余人,教职工725人,140个班级,学校成绩在长沙市名列前茅,2013年6人进入北大清华。麓山是全寄宿学校,住校生7000余人,实行全方位24小时服务,“质量+服务”是麓山的办学模式,也是其立校之本。

麓山国际实验学校,是长沙市唯一公办、12年一贯制寄宿式特色学校,侧重制度建设,实行问责制,强调执行力。学校是北大实名推荐学校,培养国际公民,是长沙市唯一一所外商子女就读学校,成立了国际部,外语开设有外教口语课,每天下午第8节课20分钟为听力课,假期开展中外师生交流,每年交流人数达到百余人,学校各类标志采用英汉双语;实验,凸显创新,奥赛成绩居全省前五名。学校精神是追求卓越,永不满足。育人模式实施课程育人,具体有基础课程、拓展课程及活动课程(典型的形式是“六节”,即体育文化节、人文与社会节、英语文化节、心理文化节、数学与科技节及艺术节),课堂育人。学校管理注重法治和文治,实行人文化管理,做到人本性、开放性及生态性。

二、做最好的自己,让优秀成为一种习惯

1. 做最好的自己,让优秀成为一种习惯。这是初一年级组的理念,奋斗的青春最美丽,人是需要赏识的,以此奠基幸福人生。张贴于每间教室的后墙上,以唤起学生的内在动机。

这一理念由初一年级组长张小娟老师2007年提出。她想,把卑微的小事提升到一个目标,把小事往一个神圣的境界思考、追求,管不如教,教不如引;作为教师,我们不能是警察、不能是看守,必须激活学生的内在需求、激活其内动力,这样,教育就事半功倍了。习惯可以是人的个性,也可以是人的共性,张老师现身说法,她5岁上学,小学5年,初中2年,高二上大学,用心写作,老师经常读她的作文,她享受着这种感觉;认认真真工作,高高兴兴欣赏音乐,开开心心享受生活,活得精彩,活出品味,做最好的自己,从写字开始,等号也要画得整整齐齐,追求完美,但不执著于完美,没有最好,只有更好,关注细节,从点点滴滴、方方面面做起,管好自己,守护好自己,点滴成就好习惯,享受心情舒畅、愉快的教学之旅。

2. 每学期抓一件大事:初一上学期注重养成教育。抓"三前",早自习前、课前、晚自习前,早上7:20进班,班干部组织学生读书;课前,预备铃响起,课代表组织朗读,语文背诗文,精彩段复习,新课预习,有助于教师组织教学;晚自习7:05开始,学生6:40到7:00进行语文、英语的练字,帮助学生静下心来读书,培养学生的意志力。抓"三自",自习、自我反思、自我警醒,做到自主、自信、自立、自强,信其成则必成。初一下学期和初二上学期开展青春期成长教育,培养健康身心,为学生成长保驾护航,举行生理卫生讲座,设立心理月、心理周,进行心理咨询、辅导、讲座,与父母、老师谈心,参加志愿者活动。初二下学期中考第一站准备生物、地理学业考试,初三以积极的心态直面升学,初三下学期培养母校情节。

3. 注重团队合作:学科备课组团队,班级任课教师团队,年级班主任合作团队,学生合作团队(5~6个人1个团队)。教育教学管理均以团队进行,消除内耗,提升管理水平,团结和谐,劲往一处使。注重新老结合与更替,发挥团队的感染力、凝聚力,引领青年教师在摸索中、在磨炼中成长。为了教育梦想,全校师生累但幸福着。

4. 寄宿制管理:中学每80人、小学每40人配一位生活教师,班主任配合,晚自习任课教师管理。全校有7栋学生宿舍楼,学生统一就寝、起床,中午静寝,确保师生下午有充足的精神上课;室内整齐划一,所有鞋子摆放在楼道里,廊道墙壁上张贴了"谁言寸草心,报得三春晖"等双语标志。

三、风筝理论

1. 风筝理论

学生处黄斌主任颇有思想,他认为教师之于学生犹如妻子之于丈夫,妻子管死丈夫,结局往往是离婚,抑或是丈夫成为懦夫,这样的"囚笼政策"不可取。教育提倡"风筝理论",教与学犹如放飞风筝一样,如果攥得太紧,风筝可能飞得不高,一旦松了手,风筝可能落地。让学生在你的视野之内、在你的风筝线牵引下自由翱翔,教师握住此线,把最难的交给学生管,一切都在你的引领之下,让你的思想、理念、制度、文化牵引学生、激励学生成长,恐吓与扣分是囚笼政策,核武器的作用在于威慑,使管理更加有效。发挥社团作用,把最难的交给学生管理,学生的智慧无穷,希望得到认可,表现欲强,搭建平台展现自己,传递快乐,施展管理才能,形成学生管理文化,实现价值引领下的管理飞跃。让学生人人有事做,从食堂到宿舍到教室,每个点不会有漏洞。黄斌主任从政府部门转行教育,充满激情与热爱,教育有梦,他的座右铭是谋大事,抓小事,管闲事(帮助解决教师的困难),他认为这样被人"利用"是一种幸福。

2. EEPO 有效教育

"EEPO"的英文表达是 Effective Education in Participatory Organizations 的简称。其核心理念是:有效教育是通过组织和参与来实现的。它是由孟照彬教授创建的,孟教授是教育部干部教育委员会和 SDP(Skills Development Programme,即剑桥大学技能拓展课程,是剑桥大学国际考试委员会设计研发的思维训练和学习技能拓展课程)专家组成员、云南师大教育学院党委书记、副院长。

"EEPO——有效教育"是一个集"学习方式——课型方式——评价方式" 教育教学方法,三位一体的系统操作性、实用性强。其操作技术容易被教师普遍接受,尤其是年轻教师更容易接受。它是在传统教学模式基础上进行的创新,符合新课改理念,强调课堂教学的宏观调控,师生、生生互动的实效性,讲究课堂资源的充分利用,注重学生个性张扬和团队合作精神的培养。

3. 开放教育

教育是艺术,需要用心摸索。接天线也要接地气,形成自身的文化。适合学校的是最好的,鞋子合不合脚自己最清楚。分担教育的责任,赶牛不如牵牛,构建家校互联平台、点对点飞信、家长 QQ 群,由管理员把握方向,凝聚家长的心,讨论如何教育孩子,提出建设性的建议,实现 1+1>2 的功效。

4. 践行"风筝理论"

11 月 29 日,我们一行 14 人分组进入三个年级的三个班,进行跟班交流。我全天都在初三 16 班,七节课分别是数学、语文、历史、化学、物理、英语和班会。整体印象:课前 2 分钟诵读,开始上课,师生敬礼,下课鼓掌,可谓训练有素。教师敬业有加。

语文老师兼班主任易曼文的教学特色在于:以教师为主导,以学生为主体,充分发挥"风筝理论""游泳理论"的效应,可谓是二大理论的实践范式。教师是引领者、激励者、参与伙伴,引领学生自主学习、感知体验、交流协作、张扬个性、实践提高、探索发展。语文课的内容是"作文互评互改",教学流程:互评好处呈现-组内传阅(10 分钟,教师巡看)——通读全文(欣赏)——团队讨论(10 分钟,依据内容与结构)——修改、评价(15 分钟,眉批、尾批,具体涉及主题、立意、选材、感情等内容,标点、修辞、表达方式、语句等语言问题,开头、结尾、过渡、点题、照应等结构问题。)小老师批阅作文,有模有样,积极、主动参与其中,他们在欣赏、讨论、思考、评判,教师在课堂上注重引领与点拨,板书精彩开头法、精彩结尾法,学生有充分的时间评判作文,眉批、尾批、旁批一应俱全。

班会的主题是月考分析会，全班 70 人分为 10 个小组，小组准备 5 分钟，汇报时间 3 分钟。教师任意抽取每组 5 号学生汇报，2 号学生、听课教师及班主任担任评委，评审依据为：声音洪亮、有内容（各组员的优点、缺点以及帮扶、改进策略等），评分范围 8-10 分。团支部书记受班主任委托向我介绍月考分析会的背景，并主持分析会，以英语谚语 Nothing is impossible; the word itself says "I'm possible"！（万事皆有可能，"不可能"的意思是，"不，可能。"）开场；教师引领，学生自主，培养了学生的自信、自立、自强。

英语课的内容是新目标英语 9 年级 P79-80 的听读训练。基本流程：热身准备，师生做愚人游戏，激发兴趣；新课导入，介绍愚人节的来历并提问，让学生互相开愚人玩笑，答案光怪陆离，幽默风趣；开展有关愚人节的听力活动（2a &2b）；阅读有关愚人节的短文（3a），完成阅读任务；拓展阅读有关 Bill Gates 的愚人节经历，开展讨论，引领学生形成正确的认知。这节课信息量大，表现出教师较高的素质与基本功，课堂教学任务驱动，学生在听和读上获得了发展，同时也享受了学习的快乐。建议教师将开火车式的提问改为随机提问，这样让所有学生处于思考与适度的紧张中，其效果一定更好。

数学、物理、化学以及历史课堂的共性在于，教学贴近学生、贴近生活，关注学习过程，注重自主、合作与探究，激励情趣，启迪思考，给学习小组加分激励。

麓山人有一种精神，那是积极向上的、锲而不舍的，那是湖南人的精神。用餐时，教学处的廖主任说，晚上睡不着时，突然闪现了一个点子之类的，立马起床记下来，以备不时之需。

麓山之旅虽然只有短短两天时间，但我们却满载而归，尤其是先进的理念、团队的建设、家校互联、学生自主管理等工作很有特色，有待我们慢慢地吸纳、咀嚼、消化，为我所用。愿我们一起，做最好的自己，让优秀成为一种习惯！

A Memorable Person I Have Known
——Memorizing My Dear Father

It's more than two years now since my father passed away on Feb. 5, 2006. As time went by, I have been thinking of writing something to memorize my dearest father all along.

I. About my father

On Nov. 5, 1939, a baby came into being in a small village. That was my father. My grandparents still sent him to school even though the family was very poor. Father was hardworking and did very well in his lessons. Having finished middle school, he began to make a living as a teacher in 1958.

Father was handsome and of the middle height with wide expressive eyes. He enjoyed singing and playing the Chinese erhu. He was warmhearted and used to help others a lot. For example, once when a neighbour of ours had a high fever at midnight, Father still sent him to the hospital. Father was so talented that he could make quilts and baskets himself. What's more, he could repair the roof of our old house. I admire my father for his great talents.

II. Father's work

Father had taught for over 40 years when he retired. As a teacher, Father was diligent. Every day he was the first to go to work and the last to go home. He used to stay up late at night. In less than 10 years, Father became the headmaster of a school. He was kind & friendly to his colleagues so that everyone liked to talk with him & ask him for help. Whenever a teacher had difficulties whether at home or at the school, Father was always ready to give him or her a hand. He often said that every student in the class is like a member of a big family and he showed his love to each student, especially to those who lagged behind in study.

Father was more outgoing than me. In spite of his old age, he started to teach the babies in the kindergarten of his school at age 54. He sang, danced and painted with the babies. You cannot imagine how happy he was in the kindergarten! He often said teaching is great fun.

III. The Present Father Gave me

I have a brother and a sister. Having been well trained by my parents, all of us three have grown up well and received very good education.

Father loved me, so he was very strict with me. He wanted me to be a useful person in society. He taught me new things whenever and wherever possible. He taught me ways to do things. It is because of his influence that I like reading very much . But the most important thing he has taught me, I think, is to think with my own brain, and think before I leap. I think this is very helpful to me. Thinking helps me to make progress.

I liked to talk with Father who was also my good friend. He had much more experience in life than me, so I have learned a great deal from him. We talked about things we were interested in, such as study, life, work or country, society and how to achieve one's worth. Such talks help me to grow up.

Even in my childhood, Father taught me how to be a true man. He told me that it is essential to be kind, helpful, tolerant and patient in life whatever happens. And that remains the most valuable present he gave me, I think. To be tolerant and patient, I need to keep calm when great trouble lies in front of me, however difficult it is to overcome. To be tolerant and patient, I need to resist the temptation of all kinds of the outside world , even if it is so attractive. To be tolerant and patient, I need to pull myself in terms of extreme sorrows and joys, no matter how they affect me.

And this is, in my opinion, the most precious present Father gave me. I have been making progress little by little with his help. My diligence, my honour and all of my achievements owe to my father′s good instruction. I'm proud of having such a good father. I 'm proud of being offered such a good present.

IV. Missing My Father and Cherish the Memory of Father

It was on the afternoon of June 15, 2004 that I made up my mind to go to see my dearest father, although it was raining hard. Father talked a lot with me on that day. But the next day when I went on business, he suddenly fell ill and was sent to the hospital. Although Father was cured by the doctors, yet from then on, Father became dumb and paralyzed. In other words, I couldn't hear a word from him or see him walk after that. Nobody knows how much he suffered from that!

I still regret that I wasn't at his side when he passed away . If I had been a doctor, maybe Father wouldn't have left us at such an early age.

Father enjoyed traveling and he traveled to Nanjing and Hefei with Mother. If Father were still alive today, I would show him around our beautiful capital and some other sceneries.

I miss the good old days in which Father lived with us. I will never forget the days on which Father sent me to the college and on which he sent me to work. Every time I see fathers and children pass aside me, I feel so enviable and sorrowful.

How I longed that my father hadn't left me!

My father is not only my father, but also my teacher and my friend. I'll love him forever. Father always stands in the centre of my life, from past till now and of course in the future!

Some Advice on How to Be a Good English Teacher

1. Carry out new progressive ideas:

student-centered, task-based & encouraging assessment etc.

(1) Limiting teachers' talking time can make the classroom more learner-centered.

(2) Teach communication, not just knowledge. Try to make students understand & be understood with real communication. Make an information gap by setting up a guessing game or letting students do a survey etc.

(3) Every student needs the feeling of success. Appreciation leads to success while complaint leads to failure. To give the students encouragement will make them confident. And confidence makes one success. Encourage students to keep on talking even when they make mistakes because a few mistakes don't usually cause much of a problem in understanding the passage.

2. Well designed & carried-out.

3. Practice with engineers′ wisdom, poets' emotion , actors' enthusiasm & cooks' art.

4. Good quality in pronunciation, intonation & language.

5. Suitable teaching approaches, such as WLL (Whole Language Teaching Approach) & TBLT (Task-based Language Teaching Approach), Communicative Approach etc. have different advantages. It's up to us to use the appropriate approach accordingly. No matter what it is, to be effective is the most important. The best method is the one which is effective and can arouse students′ interest of learning English.

6. Some teaching skills:

(1) Good organization, natural introduction, ingenious transition and wise ending.

(2) Involve all the students all the time. We learn to swim by getting into the water and swimming. We learn football by going and kicking a ball. And we learn English by using it to do things but not just by being told something about it. Tell me and I'll forget. Show me and I'll remember. Involve me and I'll understand.

(3) Question first, then pounce on students.

(4) Teach it as a whole according to the students' learning regularity step by step. (from easy to hard, from simple to complex, from old to new)

(5) Use English if possible, use Chinese when necessary. It's good for the development of students' English language ability and thinking ability

(6) Always think how to make our classes easy. Try to make the teaching material simple, make our classes easy and effective and get all the students to develop actively.

7. Develop students' own particular learning style. Give a man a fish and he'll eat for a meal. Teach a man how to fish so that he can go fishing himself. Encourage students to use English outside the classroom as much as possible. Learning and using must proceed hand in hand.

8. Try to be a thinking practicer and a practicing thinker.

主要参考文献

[1]陈俊.21世纪英语基础教育前瞻[J].中学教与学,2002(12):1-3.
[2]陈俊.引领教师走上校本教研之路[J].山东师范大学外国语学院学报:基础英语教育,2006(1):88-104.
[3]陈俊.新课程理念下的英语教学[M].长春:吉林教育出版社,2004.
[4]陈俊.全品中考复习方案(英语)[G].北京:中国致公出版社,2007.
[5]陈俊.任务型教学理论与实践[M].北京:团结出版社,2008.
[6]成尚荣.名师应当是思想者[J].人民教育,2009(1):43-45.
[7]程晓堂.任务型语言教学[M].北京:高等教育出版社,2004.
[8]龚亚夫,罗少茜.任务型语言教学[M].北京:人民教育出版社,2003.
[9]郭根福.让教师在反思性教学实践中成长[J].人民教育,2003(3-4):56-58.
[10]郭华.在新课程中生发的以校为本教研制度[J].人民教育,2003(5):26-27.
[11]胡春洞.英语教学法[M].北京:高等教育出版社,1990.
[12]教育部.基础教育课程改革纲要(试行)[R].2001.
[13]教育部.英语课程标准(实验稿)[M].北京:北京师范大学出版社,2001.
[14]教育部.关于积极推进小学开设英语课程的指导意见[R].2001.
[15]教育部.普通高中英语课程标准(实验)[M].北京:人民教育出版社,2003.
[16]教育部.义务教育英语课程标准(2011年版)[M].北京:北京师范大学出版社,2011.
[17]教育部.关于加强和改进教研工作的意见(讨论稿)[R].2012.
[18]李建平.教研:如何适应课程改革的需要[N].中国教育报,2003-5-25.
[19]李建平.引领教师走上研究之路[N].中国教育报,2003-8-2.
[20]李岚清.改进外语教学方法,提高外语教学水平[J].人民教育,1996(10):10-12.
[21]刘岸英.反思型教师与教师专业发展[J].教育科学,2003(8):40-42.
[22]刘坚.关于实验工作管理的讨论[J].小学青年教师,2002(9):38-39.
[23]刘良华.怎样做"校本教学研究"[J].人民教育,2003(5):31-33.
[24]柳斌.三谈关于素质教育的思考[J].人民教育,1996(9):4-8.
[25]柳斌.四谈关于素质教育的思考[J].人民教育,1997(6):3-7.
[26]鲁子问.中小学英语真实任务教学实践论[M].北京:外语教学与研究出版社,2003.

[27]《人民教育》编辑部. 人民教育丛书:与名师为友[M]. 北京:高等教育出版社,2005.
[28]王斌华. 双语教育与双语教学:中外比较——王斌华教授在全国部分省市双语教学论坛上的讲演[N]. 文汇报,2003-11-09.
[29]王蔷. 英语教师行动研究[M]. 北京:外语教学与研究出版社,2002.
[30]王世英. 关于教育反思的思考[J]. 现代教育科学,2003(2):40.
[31]吴刚平. 校本教学研究的意义和理念[J]. 人民教育,2003(5):28-30.
[32]《小学青年教师》编辑部. 新课程:实践、反思与行动——刘坚教授访谈录[J]. 小学青年教师,2004(1):7-8.
[33]杨剑. 教师自主发展和英语反思性教学[G]// 中小学英语活页文选编辑部. 中小学英语活页文选. 北京:人民教育出版社,2000.
[34]赵桂霞. 从名师的成长经历看教师培养[J]. 基础教育,2007(3):10-12.
[35]中共中央,国务院. 国家中长期教育改革和发展规划纲要(2010-2020 年)[R]. 2010.
[36]朱浦. 论上海中小学双语教学实验[J]. 课程. 教材. 教法,2003(6):52-58.
[37]朱浦. 双语教学的定位、分类、任务和模式[J]. 现代教学,2004(3):13-14.
[38]朱浦. 小学英语独立语段教学的实践和思考[R]. 上海:上海教育出版社,2009.
[39]朱永新. 新教育之梦[M]. 北京:人民教育出版社,2004.
[40]郑金洲. 教师如何做研究[M]. 上海:华东师范大学出版社,2005.